U0938568

想像的異邦

絲路上的「西遊記」

張國剛 著

中華書局

想像的異邦：絲路上的「西遊記」

責任編輯　李茜娜
裝幀設計　鄭喆儀
排　　版　賴豔萍
印　　務　劉漢舉

出版　中華書局（香港）有限公司
香港北角英皇道 499 號北角工業大廈一樓 B
電話：（852）2137 2338　傳真：（852）2713 8202
電子郵件：info@chunghwabook.com.hk
網址：http://www.chunghwabook.com.hk

發行　香港聯合書刊物流有限公司
香港新界荃灣德士古道 220-248 號
荃灣工業中心 16 樓
電話：（852）2150 2100　傳真：（852）2407 3062
電子郵件：info@suplogistics.com.hk

印刷　美雅印刷製本有限公司
香港觀塘榮業街 6 號海濱工業大廈 4 樓 A 室

版次　2025 年 3 月初版

規格　特 16 開（210mm×150mm）

ISBN　978-988-8912-53-7

目錄

序

絲綢之路上的政治經濟學

歐亞大陸和瀕臨地中海的非洲北部，自古以來構成了一個「世界島」。軸心時代的巴比倫文明、埃及文明、印度文明、希臘文明和中華文明，都孕育於茲，繁榮於茲。20 世紀初葉，英國學者麥金德（H. J. Mackinder，1861—1947）認為，相對於世界島而言，美洲大陸、英倫三島、澳大利亞、日本列島，只屬於被大西洋、太平洋、印度洋、北冰洋隔絕的邊緣地帶。

——其實，這個世界島是被絲綢之路連接着的。

至少在古羅馬時代，地中海周邊的海陸通道都是暢達的。西歐亞大陸乃至南亞地區，自古以來就交往密切。比如，公元前 2000 年到公元前 500 年，印歐人的民族大遷徙，從今天的伏爾加河、第聶伯河中下游出發，重塑了西歐、南歐、北歐、西亞、南亞的民族分佈。又比如，公元前 4 世紀馬其頓國王亞歷山大東征，從地中海橫掃西亞、中亞和南亞，把希臘文明帶到了巴克特里亞（興都庫什山）。總之，西歐亞大陸及北非地區，由於種族、宗教、文化、戰爭和經濟的聯繫，交流密切。只有更加遙遠的極東地區——中國，因為高山（喜馬拉雅山山脈）和大漠的阻隔，處在一個相對獨立的地理區域，發展出獨特的華夏文明。所以，對於西部世界而言，真正具有「他者」異質的東方，不在尼羅河，不在高加索，而是在天山以東地區，在中國。

把中國文明與西歐亞及地中海世界連接起來的通道，就是陸上和海上的絲綢之路。

一、絲路貿易始於走私？

公元前 2 世紀中葉，張騫受漢武帝派遣，鑿空西域，開通絲綢之路，成就了他的一世英名。這是眾所周知的事實。其實，早在張騫之前，有眾多不知名的英雄走通了東西方通道。商周玉器，並不產自內地，而是通過「玉石之路」從新疆和田運來。《管子》多次談到「禺氏之玉」（王國維認為「禺氏」就是「月氏」），也許就是這條路上的「走私品」。但是，為什麼到了張騫之後，絲綢之路才真正通暢發展起來呢？這與絲路此端的漢唐帝國國力強盛密切相關。

先秦時期，玉石之路上的商品往來具有私人販運性質，而且販運的主體很可能是西戎民族。秦穆公稱霸西戎，對於東西貿易的開拓，有一定促進作用。秦朝及漢朝初年，匈奴幾乎壟斷了通往西域的道路，也自然壟斷了絲路貿易。只是到了漢武帝之後，憑藉父祖幾代六十年的休養生息政策，積累起來的國力，果斷採取反擊匈奴的政策，因此才有張騫的出使。

張騫來到大月氏新定居地（今日之阿富汗），引起他注意的是蜀地的竹製品和紡織品，當地人告訴他，這些物品是從印度來的，帶着軍事外交目的出使的張騫，不經意間就發現了經過四川、雲南到緬甸最後至印度的商貿通道。張騫第二次出使，攜帶了更多的物品，分送出使諸國，雖然這不算官方貿易，卻促進了西域諸部族和邦國來華。這些外邦來使，與其説是向風慕義，不如説是為了經貿往來。

繼漢武帝建立河西四郡之後，昭宣時代和東漢王朝，致力於建立西域地區的軍事管理體制——西域都護，從而保障了這條貿易通道的暢通。唐朝設立安西四鎮以及伊西北庭都護府，對葱嶺東西地區的羈縻府州，實行了有效的控制，從而使唐朝的絲綢之路，比之於漢代有了更加長足的發展。可以説，漢唐時代的國力強盛，是絲綢之路得以建立、鞏固與發展的先決條件。

值得提出的是，葱嶺以西的道路建設，早在漢代官方開通絲綢之路交通之前，古波斯帝國和亞歷山大帝國時期，就有相當成熟的水平。

羅馬和波斯，都很重視道路的修建與維護。以波斯帝國為例，修建了從帝國的四個首都通向各地的驛道。在帝國的西部，有一條從古都蘇撒（Susa）直達小亞細亞以弗所城（Ephesus）的「御道」，長達 2400 公里，每 20 公里設一驛站及商館，亦有旅舍供過往客商留宿。驛站特備快馬，專差傳送公文，急件可逢站換騎，日夜兼程，整個路程 7 日到達。波斯皇帝誇口說，他在蘇撒宮中能吃上地中海的鮮魚。這速度似乎比楊貴妃在長安吃上四川的新鮮荔枝有過之而無不及。在帝國東部，自巴比倫橫跨伊朗高原，經中亞各城市而到達大夏（即巴克特里亞，阿富汗北部地區）、印度。顯然，波斯帝國的道路，把中亞、兩河流域、小亞細亞、敍利亞和埃及串聯了起來。亞歷山大帝國時期，在從大夏到埃及的廣大東方地盤上建立了以「亞歷山大里亞」為名的新城 70 餘座（經考古證實的不下 40 座），從地中海濱向東蔓延到阿富汗、印度邊境。在西漢張騫打通西域而建立起從中原經新疆至大夏的商路後，中亞原有道路網中的主要幹線便成為絲綢之路的西段，從長安橫貫中亞、西亞到歐洲，構成了陸上絲綢之路經濟帶。

二、漢唐盛世的邊境貿易

中國利用絲綢之路最初主要集中在邊境貿易，中國人主動進行的出境貿易不佔主流。文獻資料記載，利用陸上絲綢之路從事東西貿易的商人主要是塞種人，即大月氏人、匈奴人，中古時期則以粟特人為主流。《北齊書 · 和士開傳》說這位北齊寵臣是西域胡商之後。前些年出土的虞弘墓、安伽墓、康業墓等，都是在華粟特胡商或者其後裔。唐宋以後海上絲綢之路，主要是波斯人和阿拉伯人為主，還有部分猶太人。這並不是説華人沒有參與絲路貿易的。《法顯傳》上提到，他從斯里蘭卡返回中國的途中，就是因為中國商人（同時也是法顯的檀越）對他的保護，才免於同船婆羅門商人的戕害。但是，由於社會結構和宗教信仰的原因，也由於中國政府對於國外經商的嚴格管控，華人參與絲綢之路上的貿易，不是用部族或家族方式，而是以單兵游勇的方式。阿拉伯人文獻記載，在公元9世紀的廣州，外商有數萬人之多。

關於邊境胡商前來貿易的情況，《洛陽伽藍記》卷三《城南》有一條對於北魏「四夷館」前來販貨客商的記載：「自葱嶺已西，至於大秦，百國千城，莫不歡附，商胡販客，日奔塞下，所謂盡天地之區已。」這裏的「商胡客販，日奔塞下」已經把來華貿易的熱絡情景表露無遺。外商來了之後，「樂中國土風，因而宅者，不可勝數。是以附化之民，萬有餘家。門巷填列，青槐蔭陌，綠樹垂庭，天下難得之貨，咸悉在焉。」據記載，這些僑居商人，即所謂西夷，「來附者處崦嵫館，賜宅慕義里」。

隋唐一統，特別是唐太宗平東突厥、平高昌，促進了絲綢之路貿易發展。唐太宗對來自昭武九姓的使者（他們關心的大約正是貿易）説：「西突厥已降，商旅可行矣。」於是，「諸胡大悦」（《新唐書．西域傳下》）。唐人文獻和小説筆記裏，商胡或胡商，是出現頻率甚高的詞彙。吐魯番出土文書中，對於貿易物品的規格和價格管理，井井有條，就是為適應邊境貿易的外商而訂，當地居民不可能有如此巨大的需求。唐朝在邊境地區，設置了管理商貿活動的「互市監」，安祿山和史思明最早在幽州做互市牙郎，就是管這項工作的。他們通「六蕃語」，與外商談生意有優勢。邊貿開市，「市易之日，卯後，各將貨物、畜產，俱赴市所。官司先與蕃人對定物價，然後交易。」（《白孔六帖 · 互市》）邊境節度使熱衷於邊貿，因為這是其重要的財政收入之一。而這筆收入，中央政府是把它計算在邊軍經費開支中的。《新唐書 · 西域傳下》說：「開元盛時，稅西域商胡以供四鎮，出北道者納賦輪台，地廣則稅倍」。

宋代，西北地區掌握在西夏政權手裏，海上貿易因而興盛。13 世紀的蒙古帝國建立了橫跨歐亞的大帝國。東西方貿易也空前高漲，馬可波羅一家就是從這條路上來華的。《馬可波羅遊記》關於中國的記載，最為突出的描述集中在經濟、商業、道路走向和地形上，反映了作者作為商人的主要興趣所在。他不僅提到金銀、寶石、珍珠、鹽、稻米、穀物、大黃、薑、糖、香料，令他關注的還有瓷器、紡織品和絲綢。他詫異地說，「大汗用樹皮所造之紙幣通行全國」，當金銀一樣充軍餉。國內的交通運輸、關津道路、驛站以及物價的管理，以及蠻子（原南宋地區）居民的工藝和經商才能，宏大而美麗的城市與港口，有着舟楫之利的廣闊的水域系統，都令馬可波羅讚歎不已。

三、大航海時代的中歐通商

16 世紀開始的大航海事業，是近五百年以來最重大的事件之一，歐洲人的東來形塑了今日的世界格局。這一偉大事件背後，就與「絲綢之路」直接相關。

元朝以後，西域地區出現了哈密、別失八里、柳城、于闐、火州以及吐魯番等割據政權。帖木兒汗國（1370—1507）控制了中亞，奧斯曼帝國（1299—1922）統治了西亞，特別是 1453 年拜占庭滅亡之後，絲綢之路的陸上通道和海上通道，都不同程度地受到阻礙。因此，15 世紀歐洲人的大航海事業，其重要動力之一就源自於破除絲綢之路的阻塞，適應東西方貿易增長的需求。歐洲人不滿意絲綢之路被西亞和北非的阿拉伯中間商人所壟斷，他們這回攜航海技術進步的優勢，要直接走到東西方貿易的前台，航船所向，就是遙遠的中國和印度。

在葡萄牙人 1498 年進入印度洋以前，東方商品運往歐洲和非洲北部的通道有波斯灣和紅海兩條。波斯灣這條通道自波斯灣入口處的霍爾木茲上行至巴士拉，敍利亞和土耳其商人在此提取盈利豐厚的商品，經西亞陸路運往敍利亞或黑海的大港口，威尼斯人、熱那亞人和加泰羅尼亞人前來這些港口交易提貨。

取道紅海的貨物則多來自馬六甲，經印度西南的卡利卡特（即中國古書上的古里），或阿拉伯半島南端的亞丁，進入紅海，在圖爾或蘇伊士卸貨，並由陸路運往開羅。到達開羅的貨品一部分前行至亞歷山大，直接由威尼斯、熱那亞和加泰羅尼亞商人躉去；另一部分則由北非的撒拉遜商人，從亞歷山大運往北非的各地中海港口和一些內地城市。

從中可見，傳統絲綢之路的中端控制在伊斯蘭教徒手裏，在西端，整個歐洲的地中海貿易則主要被意大利人壟斷。面對豐厚的東方貿易利潤與東方消費品誘惑，歐洲各國充滿了羨慕和嫉妒。於是西班牙和葡萄牙率先揚帆，目的就是尋求一條不受意大利人控制、也避開阿拉伯人要挾的通往東方的道路，清除遠東與西歐之間絲綢之路上的所有中介掮客。

可是，西人東來，不僅衝破了中間商的盤剝與壟斷，也衝擊着明朝政府在絲路所經南海地區的朝貢體系。明朝開始直接面對西方，中國商品通過澳門大量進入西方市場。有數據表明，萬曆八年至十八年（1580—1590），自澳門運往果阿的生絲每年 3000 多擔，值銀 24 萬兩，崇禎八年（1635）達到 6000 擔，值銀 48 萬兩。經由馬尼拉運至美洲的中國商品則成為太平洋大帆船貿易中的主要貨物來源。世界市場對中國商品的大量需求無疑為中國沿海商品經濟的發展開闢了廣闊前景。清朝在康熙朝鞏固了對於沿海和台灣地區的統治後，基本上把海上貿易集中在廣州一地的十三行。中國主要外銷商品，有瓷器茶葉、布匹等。

中國在對外貿易中始終處於出超地位，積累了大量白銀。明清時代，中國的貨幣改由白銀計量，這是重要原因。這就存在一個巨大風險，明清時期國內金融政策取決於國際貿易中白銀的進口盈縮。東南地區甚至因為生產能夠賺取「外匯」（白銀）的經濟作物，而出現了糧食短缺，需要從北方或者外國進口的情況。

可是，隨着墨西哥地區白銀開採量的減少，為了平衡中外貿易，歐洲主要是英國開始向中國銷售鴉片，這些鴉片多數是英國在南亞或者東南亞殖民地生產的，運銷中國十分方便，從而使中西貿易變成了毒品換取商品的畸形結構，乃至導致雙方激烈的政治和軍事衝突。歷史於是來到了另外一個十字路口。

為什麼明清政府一次次拒絕歐洲國家主動貿易行為，諸如訂條約、設使館、開商埠，就是因為歷史上中國的陸上或者海上的絲路貿易，都是中國與周邊國家政治關係的一部分，政治上的互信與經濟上的往來密不可分。

可是，這一次，18、19 世紀的中國，面對的不再是傳統意義上的朝貢體系，歐洲人也沒有任何珍奇異寶可以平衡中國在絲綢、瓷器、茶葉等對外貿易的巨額出超。於是，大量白銀湧入中國，衝擊着中國的金融秩序，朝廷財政嚴重依賴白銀進口，中國東南地區的產業分工甚至也依賴上了對外貿易。這是漢唐時期所不曾有過的。於是，當歐洲人為了平衡貿易逆差，向中國銷售鴉片時，經濟貿易演變成政治和軍事衝突已經不可避免。

漢唐以來絲綢之路上中國與西方的經濟與貿易關係的起伏變

化，也是我們觀察「一路一帶」沿途國家和地區的政治實力興衰消長的晴雨表。

四、從絲綢之路到「一帶一路」

截止 19 世紀中葉，「一帶一路」上的中西關係，可以劃分為兩個不同的發展時期。

前一個時期，從遠古時代到鄭和下西洋結束的 15 世紀前期，可以稱為古典時期。又可以分為兩個不同的階段，漢唐盛世，陸上絲綢之路為主體；宋元時代海上香瓷之路則有了更重要的地位。漢唐時期，西域的交流最活躍；宋元時代，南海的貿易最繁盛。

從直接交往的地區而言，12 世紀以前的中西交往主要是中國與西亞、中亞及南亞的交往，與歐洲人的直接往來極其罕見。13、14 世紀，由於蒙古人的帝國造就了歐亞大陸直接交通的便利條件，歐洲的旅行家、使節、傳教士開始設法進入中國。他們都是通過西亞的陸路前來，進入西亞之後，或者北上俄羅斯大草原抵達中國邊境，或者南下波斯灣經過一段海路在中國東南沿海登陸。而且這些零星來訪者在中國多數行色匆匆，元代在北京和泉州曾建立天主教教區，無奈時間不長且在此工作的歐洲人也很少。

後一個時期，主要是明清時期，從 15 世紀後期到 19 世紀初葉，相當於新航路開闢以來的三個世紀，我們可以稱之為近代早期

（亦可稱為啟蒙時期，但這兩種稱呼都是以歐洲中心的）。就地區而言，這個時期中國與亞洲國家的交通往來依然頻繁，但是最具影響力的是中國與歐洲的交往。此時，中國在政治關係上是主權獨立的（與19世紀中葉以後逐漸淪為半殖民地不同）；在經濟上，中西仍然進行大體自願的貿易往來。雖然中國在經濟和科學領域已經逐漸落伍，但西方文明的東漸和中國文化的西傳卻保持一個互惠和平等的格局。

15世紀末期以來，以哥倫布發現美洲、達伽馬開通歐洲至印度洋航路和麥哲倫環球航行為代表的許多航海活動，促進了歐洲各國航海事業的進步，隨之而來的是海外殖民勢力擴張活動的加速發展。此時，歐洲人頻頻由海路造訪中國，大多數繞過好望角斜插印度洋，亦或有人經由美洲貫穿太平洋。取道西北陸路來華幾乎只是俄國人的專利，西歐各國雖多次努力想從俄國借道，但成果微茫。16—18世紀承擔中西文化交流使命的主要是耶穌會士。耶穌會士既深刻影響了中國人對於基督宗教的觀念，也深刻影響了歐洲人對於中國的看法。耶穌會士所塑造的中國形象成為這時期歐洲人認識中國的起點，成為歐洲人勾畫自己心目中「中國」的輪廓。

從思想文化交流的層面而言，漢唐時代，影響中國的主要是西域的佛教；宋元時代至於明初，傳入中國主要是伊斯蘭文化。至於近代早期（1500—1800），則是歐洲的基督教文化通過傳教士入華。

明清時期中西文化關係，基本上是一個中學西傳的單向流動過程，雖然經耶穌會士之手，有部分西方科技與基督宗教思想傳入中國，但與中學西傳的規模和影響相比，可以說很不起眼。相反，漢唐時期佛教入華，無論是東來傳法，還是西行取經，也幾乎是單向的自西向東。中國以「四大發明」為主體的工藝性文明則在唐宋時代傳到西方世界。

19 世紀是西方殖民主義向全球擴張的帝國主義階段，像中國這樣不曾如印度那樣淪為殖民地的主權國家，也因為鴉片戰爭而被迫打開了國門，腳步沉重地邁出了中世紀；西學東漸日益強盛，以致出現西潮洶湧的另外一種單向流動的局面。

總之，遠東地區與歐亞非大陸的絲綢貿易，從上古的走私活動，到漢唐時代的邊境貿易，乃至大航海時代以來的中歐直接通商，「一帶一路」，源遠流長。其背後的動能，也許是帝王們夾雜着野心和虛榮的政治抱負，也許有商賈們懷揣着發財夢想的各種算計，也許還有僧侶們追求真理、傳播信念的宗教熱情，以及眾多熱血男兒不辱使命、不畏艱險的報國精神。金戈鐵馬，血雨腥風；胡天漢月，羌笛駝鈴；天方海舶，賈客鄉情；絲路花雨，木鐸聲聲。

在物質和精神文明流淌的背後，人類共同的命運，也由此而編織在一起。

第一章

絲路索源與尋蹤

一、 絲路萬里：貫通東西

絲綢之路是古老的東方與不斷拓展的「西方」，數千年間經濟與文化交流的大動脈。在希羅多德眼裏，東方是那片未知的領域；在司馬遷、班固筆下的西域，也是撲朔迷離，清晰又不那麼清晰。那麼，真正的「西方」在哪裏呢？西方人眼中的東方又何所指呢？

天下有多大？

一些學者認為中國古代的「天下觀」唯我獨尊，將中華帝國看作人類唯一的文明，或者説唯一高等的文明，認為中華傳統文化是一種目空一切、排斥一切的文化。這種看法比較片面。因為它無視了中國人心目中「西」的概念。

論及中國古代的世界觀問題，有一些重要概念需要搞清楚。比如「四裔」「天下」與「絕域」。中國古代對人類居住的「天下」（世界）的認識有三個不同的層次：第一個層次是僅指「中華」，所謂「天下興亡，匹夫有責」，此處的「天下」實為「中華」。第二個層次，包括中華和四裔（夷狄），共同組成中國古代的天下觀，這個「天下」的秩序通過朝貢來維繫，其範圍大體相當於今日的東亞世界。第三個層次是包括了「絕域」，絕域一般指遙遠的西方世界，但是絕對不包括東亞各國各地區。儘管中國人主要在第一和第二種意義上使用「天下」的概念，但是，不能否定中國人對西方世界（絕域）的朦朧認識。

當然，中國古人對於四裔與絕域的區分不可能像今天的國界一樣絕然分明，實際上會隨國勢的強弱和時代的變化而有所變化。但是，這樣兩個概念毋庸置疑是不同的。唐朝強盛時為了規範派出使節問題，有「絕域」與「入蕃」（或八蕃）的區別。其中「蕃」除了東亞諸地區外就包括了波斯，「以外為絕域」（《唐會要》，卷一百《雜錄》）。

「天下」是指天子所統治的區域，並非一個客觀的關於「世界」大小的觀念。漢代以來，中國人對世界地理範圍的認知不斷擴大，「天下」的範圍也有所調整，但調整的依據並非地理知識，而是天子的影響力。西漢已發展出關於「天下」的三重範疇。第一層是漢朝的郡縣；第二層是漢朝以農業地帶為主的周邊，其中的國家是其藩屬，漢朝皇帝藉由朝貢與冊封體制與之連結。第一層與第二層即是中國人所認識的天下。第三層可謂天下之外，被稱之為異域、絕域，也是人的理性所無法認知的世界，因此天子可以不需要支配這個區域。簡而言之，「天下」是由中國以及與中國有朝貢、冊封關係的域外國家所建構的政治系統。那麼「化外」是什麼呢？

古代中國的理想政治形態可以大致分為三個層次的同心圓。「化內」是最內圈，即皇帝直轄的郡縣區域，其人民被稱為「華（人）」「漢（人）」。此層之外的區域統統是「化外」，人民即為化外之人，也被稱為「夷（人）」「蕃人」。但化外之地又可以分為二層，內層是中國的藩屬國，亦即是「天下」之內的化外之地，此區域雖屬蠻夷之地，但文明相對較高，其君長向中國天子朝貢並接受冊封，其人民也因之得以進入文明世界。化外之地的外層則在「天下」之外，是絕域、異域，是天子教化所不及之地。涉及領土歸屬權問題，則包括化內之地與「化外」內層在內的「天下」皆是天子領土。

用現代概念簡單地說，中國古代有一個「東亞世界」和「西方世界」（絕域）的觀念，東亞世界都是籠罩在中國文化圈之內，是中國人「天下」觀的主要內容。在東亞世界裏，古代中國的國家政策以追求一種文化上的統治地位為滿足。對於東亞世界的成員，只要接受中華禮儀文化，就可以被納入朝貢國的地位。否則，就有可能兵戎相見。因為古代國家的安全觀，乃是以文化和價值觀念上的同與異來確定，文化上的認同是界定國家安全與否的關鍵因素。

但是，對於西方世界（絕域），中國人自古以來就有一種異域外邦的意識，「西方」從來都是一塊代表非我族類之外來文化的神祕地方。對於西方人的朝貢，中國皇帝從來不作刻意追求，即不在乎西方國家是否入貢朝覲。1500 年—1800 年間，西方國家企圖以自己的方式擠進這個東亞秩序之內，一再遭到拒絕，拒絕的一個重要原因就是這些西洋國家過於遙遠，鞭長莫及。但是，這並不妨礙康熙皇帝基本上以平等的心態與羅馬教廷進行外交往來。到鴉片戰爭期間，西方憑藉堅船利炮轟塌了中國人的世界秩序觀。

西方在哪兒？

國人的觀念中，「西」是一個特別具有異國情調的概念。

「西方」不僅是一個方位名詞，同時也是一種文化符號。周穆王西巡、唐僧西遊、成吉思汗西征、鄭和下西洋、蔣夢麟的《西潮》、西學東漸的「西」，都是一個非常寬泛的地理文化概念。

中國人對「西」的認識是漸進式的。

最早的西域僅指帕米爾高原東西兩側的中亞地區，後來逐漸包括了南亞次大陸、西亞的波斯、地中海的東羅馬帝國以及西南亞的阿拉伯，鄭和時代又涵括了非洲東海岸。明清時期接觸到歐洲人，知其比歷史上所接觸之地更靠西，則「西」的概念又擴展為歐西，並呼以「泰西」「遠西」，以示與早年之「西」的區別。古代中國史書上的「西海」可能是指波斯灣，也可能指黑海或地中海。

元代汪大淵《島夷志略》頻繁出現「西洋」的地名，如「龍牙門」和「北溜」條還有「舶往西洋」的說法，「舊港」條提到「西洋人」。元代周致中《異域志》記載有「西洋國」，「在西南海中」，研究者認為指的是馬八兒，位於今印度之東南海岸。

明前期繼承了元代「西洋」的說法，範圍大體指今南海和印度洋地區。萬曆年間張燮《東西洋考》卷五就說：「文萊，即婆羅國，東洋盡處，西洋所自起也。」該書把交趾、占城、暹羅、加留吧、柬埔寨、舊港、馬六甲、亞齊、柔佛、文郎、馬神、地悶等國列為西洋列國，將呂宋、蘇祿、貓里務、美洛居、文萊、雞籠、淡水作為東洋列國。從今天的地理看，這些地方大都在東南亞地區，分類有些混亂。

晚明盛清時期，「西洋」已特指歐洲，各類歐洲事物都被冠以「西洋」之名，這樣的概念延續到近代。

總之，我們討論的「西方」隨着歷史步伐的演進而轉移，大致在漢唐時代，「西」就是「西域」，大體在中亞、西亞、南亞地區，宋元及明中葉以前，「西」偏向「西洋」，主要是南海地區略及非洲東海岸，晚明盛清時期指「西」的重點是「泰西」即歐洲地區。近代以來「西」的地理概念淡出，政治文化內涵加重並且比較明顯地定格為歐美文化。

「西域」「西洋」「泰西」——歷史上中國人觀念中的「西」有什麼樣的共同特徵呢？

大航海之前人類重要的文明區域，除了以中國為中心的東亞文化圈外，以印度為中心的南亞（印度教與佛教）文化圈，西亞北非（伊斯蘭）文化圈和歐洲（基督教）文化圈，都屬於「西」的範圍；

人類最重要的具有源頭性的四大文明中，其他三個文明區域都在中國的西部。在歷史上，歐洲文明與西亞、北非及印度文明的親緣關係十分密切。首先是語言學的聯繫，共同的印歐語系把相隔遙遠的印度同英倫三島、萊茵河畔連接為一體；其次是宗教的聯繫，希臘宗教、印度教、波斯古代宗教（瑣羅亞斯德教、摩尼教）、猶太教、基督教、伊斯蘭教之間的思維共性或歷史聯繫，為東西方學術界所共同認知；而與此相關的西亞大陸及地中海周邊地區擁有共同的神話和知識，也是不可否認的事實。

此外，還有戰爭的糾葛：從波希戰爭、希臘化時代，到十字軍東征等等，造就歐洲文化的綜合性。古希臘文化是歐洲文化的源頭，馬其頓國王亞歷山大（前 356—前 323）的遠征曾使西亞和北非經歷過長期的希臘化時代，雖然這些地區的居民早有自己的發達文化，希臘文化不能真正取代當地文化，但彼此都留下了很多的融合痕跡。羅馬帝國的文化不僅繼承了雅典和羅馬的古典遺產，而且也結合了西亞地區的文化。歐洲的基督教文明就帶有強烈的西亞文化精神，以至在許多方面湮沒了希臘文化的傳統。

羅馬帝國通過武力征服向歐洲各地傳播的正是這樣一種綜合性文明，在公元 1000 年前後被及今天的整個歐洲，以至公元 600—1100 年間，歐洲的古典傳統黯然失色。歐洲的中世紀其實是近東文化與希臘羅馬古典的混合物。中世紀後期，文藝復興才使希臘文化在歐洲重新顯現，然而又是以阿拉伯文化為中介來重新顯現。中世紀的拜占庭文化中，西亞特色和希臘化時代的特色更為明顯。

與以上所有這些文化相關的事物，在中國人眼裏都是「西」。由此看來，「西」其實就是中國人心目中的異域文化。中國人歷來喜歡與「西」爭奪文明的發明權和首創權，佛教傳入之時就鬧過「老子化胡」的笑話；近代西方科技文化傳入之後，又有「西學中源」的奇怪説法。當然，歐洲人關於中國文化西來説、彩陶文明西來説、中國文字起源於埃及象形文字之類的論調也不絕於耳。即使到了近代，文明的發明權之爭已經逐漸平息，中國人仍要以體用關係來調解「中」「西」的各自定位（西體中用、洋為中用）。但是，中國人幾乎從來不與「東」發生類似的糾葛。因為在東亞世界裏，中國文化長期居於輸出性、主導性地位。

説到這裏，難免又涉及到中國人的天下觀問題。

西人看「東方」

歐洲人眼中的東方，也是一個不斷變化的世界。

在希羅多德那裏，東方還是一片混沌。他根據《阿里瑪斯培》（Arimaspea）敘事長詩，對於遠東的描述，充滿了神祕色彩，有守衛阿爾泰山的金庫的雕頭獅身獸，有希伯波里安人奇異的金蘋果。至於秦尼、賽里斯等稱謂，也是從不同路徑獲得的關於中國的知識。中世紀的桃花源、契丹、蠻子、行在、刺桐，都傳遞中西方獲得的關於遠東的多多少少真真假假的信息。

在葡萄牙人於 15 世紀初開始沿非洲海岸摸索着前進以前，歐洲人所熟悉的東方世界只有北非和中東。他們關於印度的知識是模糊的，關於中亞、東亞的知識則更不清晰。歐洲人的東方意識，從近東一直到遠東，也有一個發展變化的過程。總之，中國的「西方」與歐洲的「東方」其實都表達了人類普遍存在的一種文化心理：文化本位意識和文化相對意識並存的心態。文化本位意識和文化相對意識既矛盾又統一，這是由於不同文化的差異性和共通性之間的矛盾統一關係而造成，它們是不同文化交流的一個基礎，但也經常構成障礙。文化本位意識與文化相對意識之間的矛盾與衝突伴隨人類整個文明交流史，也是中西交往中常在常新的問題。

結合近代早期以來歐洲人世界觀念的發展歷程，以及直至今天還能被感覺到並且已經不止影響於歐洲人思維的世界區域分類觀，可以總結出歐洲人自大航海時代以來不斷擴充並在 19 世紀基本確立的一個世界分級體系。

這個體系可以清晰地分為五個層級。

第一層是大航海時代萌生的舊大陸與新世界之別，以大洋之隔為劃分依據，舊大陸包括非洲和歐亞大陸，新世界包括航海活動中陸續發現的所有新土地，如美洲、澳大利亞、新西蘭和太平洋諸島。

第二層是對歐亞非這塊超級大陸內部的劃分，標準為「文明」與「野蠻」，這種觀念由來已久，並在近代早期隨着歐洲人同外界的接觸增多而不斷鞏固。撒哈拉沙漠以北以東的地帶被歷史學家稱為「核心文明區」，撒哈拉沙漠以南則是一個從文化上和生物學上都與「核心文明區」區別明顯且接觸有限的世界，而這種特徵被定義為非洲文化的基本特徵。同時，歐亞大陸的北部即北西伯利亞和中央西伯利亞並不包含在「核心文明區」，該地居民被認為僅通過皮毛貿易和技術交換而與南部地帶保持一定聯繫，實質上仍處在野蠻狀態。

第三層是「核心文明區」內部的「東」與「西」之分。前兩層劃分在形成之後的漫長時期裏基本固定不變，但第三層劃分涉及的各種概念始終在不停變化，所指的地理範圍也相應變化，這就是亞洲與歐洲之所指、東方（Orient）與西方（Occident）之所指、東（East）與西（West）之所指。「歐洲」和「亞洲」是地理實體的劃分。「亞洲」最早是指現在土耳其西北的這塊地方，然後被希臘地理學家向東和向南延伸至整個地中海東岸地區（黎凡特），隨着歐洲人對其東邊地區的認知陸續擴大而一路東擴至太平洋西岸。「東方」（Orient）與「西方」（Occident）則是歷史學家使用的表達文化差異的術語，這對名詞所指的地方並不總是與「亞洲」和「歐洲」相吻合。

不過「東方」一詞也如「亞洲」一詞那樣內涵不斷擴張。「東方」的原始含義是指西南亞一帶，7 至 8 世紀阿拉伯人征服西南亞之後，「東方」的含義變成與基督教世界相對立的外國文化區，繼而就成為伊斯蘭教的同義詞，故其所指也涵括了位居南方的北非。大航海時代以來，隨着歐洲殖民網擴張至印度洋和南中國海，「東方」的概念繼續向東推進。當 19 世紀印度逐漸成為東方學家研究的基本課題時，「中國」也開始被涵括在「東方學」領域。至於「東」（East）與「西」（West）這對概念，「東」早先是指基督教王國之內的東正教領地，即拜占庭帝國與俄國教會的勢力範圍，但後來更經常地成為「東方」（Orient）的同義詞，指歐洲範圍之外的廣闊的外國地區。從這三對概念的歷史演變過程中，我們可以看到中國明確出現在其中任何一對概念的指稱範圍內都是很晚的事。另一方面，中國到 19 世紀的時候已經同時出現在「亞洲」「東方」「東」這三個概念的指稱範圍之內，亦即此時這三個概念在「中國」這個區域是可以重合的。明瞭這一點，也就可以明白，在歐洲人的第三層空間劃分——東西之分形成與發展的相當長時間裏，中國雖已存在，但尚未真正顯影，只是作為一種模糊的傳說包含在「非西方」的土地中。

既然「亞洲」和「東方」是被歐洲人逐漸擴大的，而它們實際上包含了許多種差異巨大的文明，那麼與歐洲人的認識過程相符，接下來就是針對「亞洲」或「東方」的第四層劃分，這次的標準是宗教性的，即奉聖書的人（猶太人、基督教徒、穆斯林）與其他宗教信仰者。前者對應的是西南亞地區，也是歷史上歐洲人最先認識到的「東方」，後者所指的是更靠東的亞洲地區，而在歷史上就是「印度」（India）這個詞之所指。在古代歐洲地理學中，「印度」意指最東方，這個概念被文藝復興時期所繼承並隨着對更多東方地理空間的漸次發現而不斷擴展，直到它包括了地球的大部。比如奧特利烏斯（Abraham Ortelius）1570 年製作的印度地圖就包括了當今亞洲的南部、東部和東南部。在其他一些地圖中，甚至美洲和埃塞俄比亞也被算入印度。無疑，中國在這時也是被包括在「印度」之中的。從 18 世紀開始，「印度」的範圍漸趨縮小，先是被限於指南亞和東南亞，繼而又依循英國人的殖民範圍而專指南亞。20 世紀，這個詞的含義進一步縮小，直到僅指當前這一個同名國家。

18 世紀，隨着「印度」的範圍不斷縮小，分佈在當今印度以北和以東的地區便呈現出獨立形態，但它們並未立即被按國界線界分，而是首先以文化區域的形態出現，由此便在 18 世紀後期出現了針對東方之「印度」與「非印度」的第五層劃分。這就是以宗教紐帶相聯結的印度次大陸同儒家文明圈之分，前者是指信奉印度教、小乘佛教和大乘佛教的地區，後者則是以中國內地為核心，並包括朝鮮、日本和中南半島部分地區。

需要注意的是，在「核心文明區」範圍之內，與歐洲空間距離越遠的地區，就被認為同歐洲在精神與文化上愈加疏遠。基督教王國與伊斯蘭教王國之間的劃分其實是核心文明區之內最淺近的一層劃分，基督教徒與伊斯蘭教徒因廣泛的社會共性和哲學共性而歷史性地聯繫在一起，而雙方長期堅決否認這種共性的一個重要原因是尚未找到共同的文明對立者。奉聖書的人與印度教及印度佛教的信仰者之間在科學、數學、部分神祕主義行為和宗教概念等文化層面的各方面上也有不少近似之處，導致歐洲人把這兩個羣體分開的是雙方在基本的社會結構和意識形態結構方面的差異。事實上，現代西方學者越來越多地提到基督教文明與伊斯蘭教文明間的同源性，以及它與印度文明間的相似性。與此同時，「中國文明」相對於其外部所有文明的異質性也越來越突出，所以儒家文明圈與核心文明區其餘部分之間這條界線最晚顯現，並隨着它日益清晰而終於成為歐亞大陸上最深刻的歷史裂痕，「東方」的本質特性終於由儒家文明圈來代表。從 19 世紀以迄於今的西方公眾想像中，如果說有哪種現存文明在時間上、空間上和內涵上距離西方或歐洲最遙遠，那無疑就是「中國文明」。[1] 正是在這個意義上，才出現了「真正的東方始於天山，而不是高加索或者蘇伊士」的判斷。

總之，歐洲人地理知識的增長總是與文化觀念或意識形態上的「人我之別」日趨精緻複雜相伴隨。而且我們要記住，在歐洲人自文藝復興以來逐漸豐富完善的世界分級體系中，作為地理單元的「中國」到 18 至 19 世紀才漸趨明確，並且這又與中國的文化特徵或宗教特徵被歐洲人最後確認的過程同步。那麼將中國的地理輪廓和文化輪廓獨立出來，僅僅是由於亞洲或東方的其他部分被逐漸歸位後自然剩餘的結果嗎？當然不是。歐洲人從地理上認識中國的同時，就

1 當然，撒哈拉沙漠以南的非洲、美洲和澳洲的土著文明被認識到和被認可是更晚的事，在中國文明被界定為核心文明區的最另類時，它們還被排斥在歐洲人關於文明世界的想像之外。

一直努力從文化和宗教上界定中國，至少從中世紀晚期親臨中國的馬可．波羅就開始這樣了。而歐洲人的這種「愛好」正是歐洲人古已有之的等級制世界地理觀之自然延伸。在歐洲人「認清」中國的位置與文化性質的過程中，最堪玩味的，莫過於中國文明並非一開始就被歐洲人理解為歐洲文明的本質性他者，而其中部分原因卻又在於歐洲人那長期被宗教意識覆蓋的世界地理觀的影響。在《馬可波羅遊記》中，馬可感受到中國與「我們」不同，但是「我們」的文化內涵是什麼，連馬可．波羅自己也不太清楚。其實，歐洲人正是在認識中國文化的過程中，認識到了歐洲文化自身的獨特性。

連接東西：絲路的冠名

東方與西方的連接通道，自古以來沒有一個專門的名詞。1877 年，德國著名地理學家李希霍芬（F. von Richthofen）在其《中國》一書中，把「從公元前 114 年到公元 127 年間，中國與河中地區（transoxiana，指中亞錫爾河和阿姆河流域以及澤拉夫尚河流域，包括今烏茲別克斯坦全境和哈薩克斯坦西南部。中國古代稱之『河中』），以及中國與印度之間，以絲綢貿易為媒介的這條西域交通路線」稱為「絲綢之路」（the Silk Road，德語做 Die Seidenstrassen）。其後，德國歷史學家赫爾曼（A. Herrmann）在其名篇《中國與敘利亞之間的古代絲綢之路》一文中主張，將「絲綢之路」的西端延伸到地中海沿岸和小亞細亞。

赫爾曼的觀點立刻得到西方一些漢學家的支持，從而逐漸被學術界接受。19、20 世紀之交，一些西方探險家在新疆、甘肅等地進行考察，發現了古代中國與亞、非、歐交往的許多遺物，並在相關的著作中廣泛使用「絲綢之路」這個名稱，還把古代中原與西方以絲綢貿易為代表的文化交流所能達到的地區，都包括在絲綢之路的範圍之內，不僅使「絲綢之路」的概念更加深入人心，也進一步擴大其空間、時間和承載物內涵。

這樣，「絲綢之路」就成為從中國出發，橫貫亞洲，進而連接非洲、歐洲的陸路大動脈的總稱。此後相繼出現了「絲綢之路」的綠洲道、沙漠道、草原道、吐蕃道、海上道等提法，「絲綢之路」的內涵被進一步擴大。同時，隨着中西關係史研究的深入，「絲綢之路」也開始被人們看作是東西方政治、經濟和文化交流的橋樑。於是，「絲綢之路」幾乎成為中外文化交流的代名詞。2013 年，中國政府提出關於建設絲綢之路經濟帶和 21 世紀海上絲綢之路的倡議，即所謂「一帶一路」，不僅有着巨大的現實意義和面向未來的長遠關懷，而且包含着豐富而深厚的歷史文化意蘊。

二、絲路交通：萬邦雲集

地球上的人類究竟是從非洲走出來的，還是各大洲都有自己的人類起源，在學術界還不能説完全沒有爭議。但是，有一點可以確定，在國家制度出現之前，人類不需要護照、簽證，曾進行過廣泛的民族大遷徙。從裏海、黑海地區東遷到塔里木盆地講印歐語的吐火羅人，就是民族大遷徙中具有代表性的一支。阿爾泰山和天山之間的克爾木齊文化（克爾木齊在新疆阿勒泰市）與裏海、黑海北岸的顏那亞文化（Yamnaya Culture）具有親緣關係。後來統治河西走廊地區的具有印歐血統的月氏人（吐火羅人），很可能就是這種自西徂東的文化的傳承者。

總之，在遙遠的上古時代，遠東地區與廣袤的西域地區有交通往來。

西域地區的文化匯集

所謂「西域」，通常是對陽關、玉門關以西廣大地區的統稱，但這一概念的內涵有狹義和廣義之分；不同歷史時期的「西域」，所指的地理範圍也不盡相同。而且，「西域」不止是一個地理概念，它還是一個政治概念。

漢代的西域，狹義上是指天山南北、葱嶺以東，即後來西域都護府統領之地，按《漢書·西域傳》所載，大致相當於今天新疆天山以南，塔里木盆地及其周邊地區。

廣義上的西域則除以上地區外，還包括中亞細亞、印度、伊朗高原、阿拉伯半島、小亞細亞乃至更西的地區，事實上指當時人們所知的整個西方世界。

比較漢唐時代的「西域」概念，可以更好地看出「西域」是一個範圍不斷變動的地理區間。隨着唐王朝勢力向中亞、西亞的擴展，從前漢代的「西域」變成安西、北庭兩大都護府轄控之地，並因推行郡縣制度，採取同中原一致的管理政策而幾乎已成為唐王朝的「內地」。則「西域」被用來指安西和北庭以遠的、唐王朝設立羈縻府州的地區，具體而言就是中亞的河中地區（Transoxiana，阿姆河和錫爾河之間地區）及阿姆河以南的西亞、南亞地區。

阿姆河，《史記》《漢書》稱為溈水，兩《唐書》稱為烏滸河（當為古希臘語的對音）。錫爾河在漢語史料中稱為藥殺水（當為古波斯語的對音）。兩河地區，處在蒙古草原和南俄草原之間，以費爾干納盆地、塔什干地區、花剌子模三角洲、葉尼塞河上游、額爾齊斯河上游為中心，是古代遊牧民族生活棲息的理想地域。

唐代廣義「西域」與漢代狹義西域，其政治與軍事功能相同，都是作為中原內地的屏藩。在兩漢與匈奴的軍事鬥爭中，在唐朝與阿拉伯人的利益衝突中，各個時代的「西域」也確實起到了緩衝作用。唐代廣義的西域概念比漢代的西域有所擴大，隨着當時對西部世界認識的深入而擴展至地中海沿岸地區。

今天通常講的「西域」指的就是兩漢時期狹義上的西域概念。本書提到「西域」，也同樣多指這一地區。該地區在兩漢時期是多種族、多語言的不同部族聚居之地，兩漢政府雖然在當地設置都護府，並未改變該地區的政治結構，其主要目的在於保障絲綢之路的暢通。

從地理位置看，狹義的西域即塔里木盆地正處於亞洲中部，英國學者斯坦因將其稱為「亞洲腹地」(Innermost Asia)，可以說是非常形象，它四面環山，而斯坦因將此地的性質定義為「阻隔」古代幾大文明發生地間的聯繫。不過，這道天然屏障並未完全隔離周圍世界，一些翻越高山的進出口使它既保持與周圍世界的聯繫，又得以利用自然的形勢免遭徹底同化。

所以，西域地區其實是世界文明的交匯點，兩河流域的波斯文明、古希臘羅馬文明、印度文明和中國文明都在這裏匯聚。而在充分吸收這些文明的同時，西域也並沒有被這些文化的洪流所吞沒，而是經過自己的消化吸收，形成適合本地區本民族特點的獨特文化。在這裏可以找到眾多古代文化的影子，同時也可以感受到西域文化的獨特性，這正是西域文化的魅力所在。

北方草原之路

中西方的文化交流在絲綢還未成為主要流通商品之前的遠古時期就已存在。

草原之路與綠洲之路的出現正是這種交流存在的具體表現，它們可謂「絲綢之路」的前身。先說草原之路。

「草原之路」通常是指始於中國北方，經蒙古高原逾阿爾泰山脈和準噶爾盆地進入中亞北部哈薩克草原，再經裏海北岸與黑海北岸到達多瑙河流域的通道。古代遊牧民經常利用此通道遷徙往來，來自東歐的印歐語系族羣斯基泰人（Scythian），漢代文獻中的塞人、大月氏人，在公元前 2000 年就是沿此通道由西而東並南下印度，或東北行至阿爾泰地區。

有關商代的文獻記載從另一個方向表明了草原之路的存在。商代建立之前，先民的遷移就非常頻繁，此後商代國家鞏固和領土擴張的過程中，同北方少數民族經常發生戰爭，促使他們向更北方向遷徙。因此，中國北部邊境眾多古代民族長期在草原之路一帶活動，他們與斯基泰人，共同勾勒了草原之路上文明流動的多彩畫卷。

考古發現也豐富了草原絲綢之路上中西文化往來的史實。俄羅斯西伯利亞地區所發現的格拉茲科沃文化（Glazkovo Culture）墓葬中出土的白玉環，同商代流行的白玉環和白玉璧就有明顯聯繫，形制與商代玉器類似，紋飾也相雷同，都有幾圈同心圓刻紋。西伯利亞卡拉蘇克文化（Karasuk Culture，前 1200—前 700）遺址中出現的彎刀、短劍、弓形器、飾物等青銅器及其動物紋飾，也與商代青銅器之間存在一定聯繫。因此有學者認為，卡拉蘇克青銅文化的出現，是由於中國北方移民將中國青銅器帶入葉尼塞河（Yenisei）流域的結果。這一事件發生在公元前 1500 前後，即中國的殷商時代。卡拉蘇克文化遺址出土的陶鼎、陶鬲亦與安陽文化中這類器物的器形完全相同。

同時，外部世界的一些青銅文化，如伏爾加河（Volga）和奧格河流域略早於安陽文明的塞伊姆文化（前 14 世紀—前 8 世紀）也對中國商代青銅文化產生了一定影響，表現在白玉指環、彎形刀、空銎斧、棱形矛等兵器和工具的外形。塞伊姆文化與安陽文化的交流媒介應是卡拉蘇克文化。不過總體而言，商代青銅文化所達到的高超水平使其對卡拉蘇克文化的影響遠遠超過它通過卡拉蘇克文化所吸收的塞伊姆文化因素。

綠洲之路 / 玉石之路

「綠洲之路」是指位於草原之路南部，由分佈於大片沙漠和戈壁之中的綠洲城邦國家開拓出的通道，它們由連接各個綠洲的一段段道路和可以通過高山峻嶺的一個個山口銜接而成，這條通路逐漸成為歐亞大陸間東西往來的交通幹線。據說周穆王西巡就是沿着這一路線出行。雖説穆天子見西王母的故事未必真實，但考古發現已將這條線路的出現時間追溯到遠早於周穆王的時期。

多年的考古發現表明中國中原的玉器至少有七千年的歷史，這些出土玉器幾乎都屬於軟玉，而迄今所知中國的軟玉產地除台灣花蓮豐田地區外，主要是新疆和田。近年在陝西神木發現的石峁文化，石峁古城出現了大量玉器，幾乎是一座玉城，其中有相當的玉石來自於西方。

《管子》《山海經》《穆天子傳》等先秦文獻中對古代中原地區所用之玉多取自和田、崑崙山等地就有不少記載。已出土的安陽殷商玉器則確然以和田玉佔絕大多數，使先秦史籍的記載有了物證。公元前 5 世紀上半期，秦國向西的發展開始停頓，新興的趙國則征服山西西北部的一些部落，可能同當時勢力東達河套的月氏人有了接觸，於是阿爾泰山所產玉石源源不斷輸入趙國（《史記・趙世家》）。和田玉石與阿爾泰玉石流傳到中原的通道無疑正是「綠洲之路」，按其先秦時期所輸送的重要物品，又可稱為「玉石之路」。

擴張之路

早期中西交通的出現，是古代東西方各地人民共同努力的結果，張騫之前，四川地區的紡織品和竹木製品，能夠從印度輾轉販運到阿富汗地區，不知道經過了多長時間，有多少商人、百姓付出包括生命在內的代價。但是，軸心時代幾個大帝國的戰爭和擴張行動，作為官方行為，能在比較短的時間內，促進東西方道路的雙向打通。

公元前 550 年，居魯士（Cyrus）建立了阿契美尼德王朝，大流士（Darius I）時期（前 521—前 485），波斯帝國的領土東起印度西北和粟特，西至埃及、黑海，東北邊疆已和葱嶺以西的斯基泰人遊牧區接壤。波斯帝國很重視道路的修建與維護，以帝國四個首都為中心，建起一個聯絡中亞、兩河流域、小亞細亞、敍利亞和埃及的驛道網絡。向西的幹道中最重要也最長的一條是從古都蘇撒（Susa）直達小亞細亞以弗所城（Ephesus）的「御道」，全長 2400 公里，每二十公里設一驛站及商館，亦有旅舍供過往客商留宿，驛站特備快馬，專差傳送公文，急件可逢站換騎，日夜兼程，整個路程七日可走完。因此波斯皇帝誇口説，他可在蘇撒宮中吃到地中海捕來的鮮魚，比楊玉環在長安吃到來自涪陵的新鮮荔枝更神速。這種完備的道路網絡也延向帝國東部，主要幹線起自巴比倫，橫貫伊朗高原，經中亞各城市而達位處帝國邊陲的大夏（西方文獻稱巴克特里亞，阿姆河以南之阿富汗北部地區）與西北印度。

亞歷山大帝國時期（前 336—前 323），歐亞大陸交通網進一步擴大。亞歷山大的軍隊前鋒曾到達阿姆河（Oxus，又名烏滸河）和錫爾河（藥殺水）之間的粟特地區。希臘人每到一個地方都要築起石頭城，據稱他在從大夏到埃及的廣大東方地盤上建立了以「亞歷山大里亞」為名的新城七十餘座，經考古核實的已達四十餘座，從地中海濱向東蔓延到阿富汗和印度邊境。希臘人給中亞地區帶來一個希臘化的時代，希臘文化和藝術也因而傳入塔里木盆地等新疆地區。在西漢張騫打通西域而建立起從中原經新疆至大夏的商路後，中亞原有道路網中的主要幹線便成為絲綢之路的西段。而即使在此之前，此道路網無疑也為自中原輾轉運來的絲織品繼續西傳提供了便利。

商周至春秋，中原諸國對周邊部落的進攻及因此引起的民族遷徙也促進了道路的開拓。周穆王時期曾經一改昭王對西南方向用兵的擴張政策，大規模對西戎鬼方用兵，迫使該族向北方草原方向遷徙。公元前七世紀後半葉秦穆公逐九州戎可能是最早對中亞東部產生影響的事件，導致中亞民族大遷徙。西方人筆下的斯基泰人據説就是中文史料中的九州戎，自東北向西南移動，公元前 612 年攻破亞述都城，距秦穆公逐九州戎僅十幾年。

由此可見，張騫出使西域之前，中原地區與西域的交往，已經因為各種原因而廣泛存在，漢武帝派出的張騫使團，只是提供了一個契機，正式揭開其以往不大為外人所知的面紗，並將這條東西文明流動的通道改由官方出面主導而已。

三、絲路經貿：貨行天下

自漢唐而宋元，由中古到近古，「一帶一路」上的貿易活動，逐漸在發生變化。變化之一：陸上絲路貿易因中亞地緣政治格局的變化而遞減，海上絲路活動因航海技術的提升，逐漸活躍起來。變化之二：出口商品除絲綢外，瓷器的比重在增加。變化之三：進口商品中，珠寶的比重在減少，香料的比重在增加，終至超過了珠寶。這三點變化簡單而言，出口瓷器，進口香料，而且是在海上進行，因此，宋元時代的南海絲路又稱「香瓷之路」。

值得注意的是，近年來頻繁發現的海上文物，在一定程度上，改寫了晚唐海上絲路的歷史。1998 年發現的「黑石號」沉船，打撈出了一千多年前的大量精美文物，有數達 6 萬多件的瓷器，其中最多的是長沙窯產品，竟然達到 57500 餘件，各式碗具有 5 萬餘件，還有廣東的青瓷，浙江越窯青瓷、河北邢窯白瓷、河南鞏義窯產品。陶瓷之外，還有金銀器、銅器、鐵器、錢幣、玻璃器、各類香料以及生活用具等大量文物。它們就是 9 世紀海上絲路貿易的歷史見證。這艘船大約是從廣州出發，駛往巴士拉，再從港口再轉走陸路運往巴格達。可惜，船隻和貨物中途行至蘇門答臘海近岸的勿里洞島附近時觸礁沉沒。如今這艘沉船及其文物向人們訴説着唐代後期中國海外貿易是如何的繁盛。其中有一件長沙窯青釉褐綠彩銘花草紋碗格外珍貴，其外壁銘刻着「寶曆二年七月十六日」。寶曆二年為唐敬宗年號（十二月文宗即位），是公元 826 年。船上產品的生產日期和該艘船的轉載出發日期，大體時間前後不會太遠。根據宋人周去非《嶺外代答》的記載，廣州或泉州到蘇門答臘大約需要 40 天左右的行程。

唐宋以後興起的香料貿易，源自中國內地的巨大需求。

唐宋以來，士大夫薰香的風氣，香料的用於醫藥，都與佛教的興起密切相關。北宋末年宰相蔡京會客時，薰香從簾後發出，雲霧繚繞，客人們回家後，衣服上的芳馥數日不歇。南宋詩人陸游説，貴婦乘車馳過，香煙外逸，數里不絕，連塵土也帶香氣。

香料和藥材合稱，謂之香藥。《神農本草經》中就記載有香料入藥，《海藥本草》中記載了外來香藥 50 多種，其絕大部分用來治病。

宋代香藥不僅治病，還上了餐桌，是盛會中很上檔次的配置品。蘇東坡《與章質夫帖》説，「會公宴，香藥別桌為盛禮，私家亦用之」。宋徽宗宴請樞密院長官，侍姬捧爐，焚篤褥香，這種香每兩價值高達 20 萬錢。南宋大將軍張俊，以豐盛的香藥宴席招待宋高宗。民間因而仿效。孟元老《東京夢華錄》記載，汴梁有「香藥果子」，吳自牧《夢粱錄》記載南宋臨安有「丁香餛飩」，都是以香料佐餐，其檔次當然有很大差別。

宋代常用的香藥，如乳香、龍腦、沒藥、安息香、青木香、阿魏、蓽撥、肉豆蔻、零陵香、丁香、胡椒、甲香、降真香、瓶香、蜜香等等，在唐代已有進口。但香藥在宋代的進口，其數量和價值，遠遠超過了唐代。趙汝適《諸蕃志》記載了 47 種外國物產，註明產自西亞與非洲的 22 種中，絕大部分是香料，如乳香、金顏香、蘇合香油、安息香、沉香、箋香、丁香、木香、龍涎香、薔薇水、梔子花等等。宋代香藥進口，約佔全部海外進口品數量的三分之一以上。根據《宋會要輯稿》的記載，在與宋朝有朝貢關係的 32 個國家中，香藥朝貢達 213 次。

舉個例子，主要轄境在今印尼、馬來西亞的三佛齊國，在 1018 年的朝貢中，進貢的香藥有龍涎香（抹香鯨的腸內分泌物）36 斤、乳香 81680 斤、蘇合油 278 斤、木香 117 斤、丁香 30 斤、肉豆蔻 2674 斤、檀香 19935 斤、箋香（沉香的一種）364 斤等等。宋代設有「內香藥庫」，作為朝廷專設的香藥儲藏機構，「每歲沉檀來遠裔，累朝珠玉實皇居」（宋真宗詩句）。

香藥的來源地，在唐代有「五源」：大秦、波斯、天竺、崑崙、中亞。宋代則為「三地」：阿拉伯、天竺、南海。宋代香藥輸入路線，與中國和阿拉伯的貿易路線一致，從阿拉伯、印度到廣州的主要航程中，南海（今東南亞地區）最為關鍵。

宋元時代靠什麼換取這麼多名貴的香藥呢？絲綢之外，最重要的是瓷器。

中國瓷器外銷，始於唐朝。唐末五代，特別到了宋朝，隨着航海業的發展，瓷器外銷愈加繁榮，因為瓷器適合於水運航行，不適合於駝峰馬背運輸。朝廷在沿海重要口岸，如廣州、明州（今寧波）、杭州、泉州等地設立專門貿易機構「市舶司」，管理對外貿易。大批外銷瓷從這些港口啟運，經南海水路，運到西亞北非。

宋元時代外銷瓷器主要有越窯的青瓷精品、景德鎮的青白瓷（青花瓷）。越窯之名，始見於唐代，與唐代的飲茶風氣密切相關。五代時，為錢氏政權燒製祕色瓷。宋代開始興起的浙江龍泉窯青瓷，其外銷從 11 世紀的北宋開始，經過元代，迄於 15 世紀的明朝永樂、宣德年間，四百年間暢銷不衰。

次於龍泉青瓷的外銷瓷，還有江西景德鎮及閩粵名窯生產的青白瓷、白瓷。中國的瓷器在亞非各國受到普通歡迎。近數十年考古工作者在波斯灣頭的巴士拉，在紅海南端的亞丁港，在東非海岸，在地中海地區都曾發現不少宋瓷殘片。

元代外銷瓷主要是青花瓷，又稱白地青花瓷，常簡稱青花，是一種以鈷礦為原料製作的釉下彩瓷器。所謂「釉下彩」，是指在陶瓷坯體上描繪紋飾，並罩上一層透明釉，經高溫還原而一次燒成。原始青花瓷早在唐代已有零星生產，用於出口。成熟的青花瓷，則出現在元代，主要產地是景德鎮。這種瓷器含有氧化鈷的鈷料，燒成後呈藍色，着色鮮艷，色性穩定。而「鈷」，需要大量進口。這就使得青花瓷的貿易，成為一個雙向的商品和文化交流過程。

距今伊拉克首都巴格達以北 120 多公里，靠近底格里斯河東岸，有一個古老的城市叫薩邁拉（Samarra），9 世紀中葉，曾經是阿巴斯王朝的首都，有 7 位哈里發在這裏統治着阿拉伯帝國。這個波斯灣上最重要的貿易城市之一，富有鈷礦，正是宋元以來青花瓷器所使用的進口釉下青料——「蘇麻離青」或「蘇勃泥青」的重要原產地。「蘇麻離青」或「蘇渤泥青」，這個漢語譯名，發音與薩邁拉（Samarra）及當時通用的敘利亞語的該地名發音「Sumra」也是相通的。

伊斯蘭地區不僅向中國出口「蘇麻離青」優質鈷料，這可以叫「來料加工」；甚至還有「來樣加工」，即提供青花瓷紋飾圖案。這時期的元代青花瓷，在裝飾和造型上有明顯的伊斯蘭風格，包括富於濃烈的伊斯蘭風格的器皿造型，如大罐、大瓶、大盤、大碗之類飲食器皿，適應了伊斯蘭地區穆斯林家庭席地而坐、一起吃飯的風俗習慣。有不少青花瓷摹寫《古蘭經》、梵經和波斯銘文等裝飾，伊斯坦布爾收藏的元青花瓷堪稱世界之冠。還有些小型器皿，如小罐、小瓶、小壺，則多銷往菲律賓等東南亞地區，是為滿足東南亞人當作陪葬物而製作的外銷瓷器。

在瓷器西去，香藥東來的過程中，處於海上絲路貿易中心的東南亞，位置尤其重要。

東南亞地區在中國古代叫「南海」「南洋」，明代又叫「東西洋」

（意為東西水路交通樞紐），是促成這種香瓷貿易的中心樞紐。

宋元時代，東南亞諸蕃國的經濟中心是三佛齊，即今日馬六甲航道兩邊的印尼和馬來西亞地區。宋人趙汝適《諸蕃志》卷下「乳香」條說，乳香又名薰陸香，出大食國的「深山窮谷中」，「以象輦之至於大食，大食以舟載易他貨於三佛齊，故香常聚於三佛齊」。又在「金顏香」條說，正品出自真臘（今柬埔寨），大食次之。又說，所謂三佛齊有此香者，都是從大食（阿拉伯）販運來的，「而商人又自三佛齊轉販入中國耳」。

南宋周去非《嶺外代答》，記有三佛齊等南海諸國（今東南亞）以及麻嘉國（今沙特的麥加）、白達國（今伊拉克的巴格達）、勿斯離國（今埃及）、木蘭皮國（馬格里布，即今北非一帶）等國家和地區的情況，說到三佛齊：「在南海之中，諸蕃水道之要衝也。」東自中南半島，西到西亞大食諸國，「無不由其境而入中國者」。

三佛齊有個地方叫凌牙門，位置即今日之新加坡，尤其是東西交通樞紐，是通往印度及阿拉伯、非洲的必經之路。趙汝適說，從泉州冬月順風一個多月的航程可達。元人馬端臨說，若海上風順，從凌牙門20多天就可以到達廣州。三佛齊利用這樣的交通位置，成為中國與西亞北非貿易的中轉站。

三佛齊本身雖然也產香藥和青料，但都不屬於上乘。三佛齊國不僅沉香較之中南半島（如柬埔寨）諸國為差，其最盛產的檀香也比不上印度。乳香的極品則出自北非和南阿拉伯半島，龍涎香更不產於玆。那麼，為什麼大食等國的優質香藥，都齊聚三佛齊呢？因為三佛齊聚集了大量的中國瓷器。三佛齊利用自己的中轉貿易位置，使得香藥和瓷器，成為東西貿易中的主要商品，促成了「香瓷之路」的佳話。

在今日「一帶一路」的建設中，東南亞已然扮演着東西方商品貿易和文化交流的重要中轉角色。

四、絲路外交：帝國雄心

絲綢之路經濟帶和 21 世紀海上絲綢之路，即所謂「一帶一路」，作為中國推進與周邊國家經濟合作的標誌，如今聞名遐邇，幾乎婦孺皆知。2017 年，正值德國地理學家李希霍芬，創新性地把中國通向中亞及其以西地區的商貿通道稱為「絲綢之路」140 周年。

可是，我們翻讀中國歷史文獻，對於「絲綢之路」這樣的浪漫字眼，實在缺少真實感覺。因為，史書上有的只是「胡商」「商胡」「胡姬」「絹馬貿易」之類的文字。

這並不完全是中國史家的疏忽，而是因為絲綢之路上的商貿活動，對兩端的重要程度不同。行走在絲綢之路上的主要是西域商人。對於中國來說，它只是邊疆互市貿易的一部分。

早在張騫之前的上千年，中國與西部世界就有了許多交往，商周時期的「玉石之路」，就是這種民間走私冒險生意的記錄。

至於兩千多年前張騫出使西域，則是奉漢武帝之命，前往聯絡軍事盟友大月氏。他順便發現了西南絲綢之路，即從四川經印度到中亞的貿易通道。返回長安後，當他再次出使西域時，帶了許多使節，許多物品。這一次，他也不是去做生意的，而是去宣揚國威，作外交聯絡的。所帶商品或贈與、或交易，只是政治外交的鋪路石。此後，漢武帝招募民間探險家出使西域者，准許用官府的身份，從事民間交易。

兩漢時期，西域都護府是保障中原地區政治和軍事安全的重要舉措。班超（公元 32—102）在經營西域的過程中，一直在與西域角力。有件事情特別典型地反映了這一點。班超初次去鄯善國的時候，被封為座上賓，「禮敬甚備」（《後漢書・班超傳》）；待北匈奴也派使節也來到鄯善，漢使就不怎麼被待見了。班超用「不入虎穴，安得虎子」來激勵部下，乘月夜風高，襲擊匈奴使館，堅定了鄯善國王歸屬漢朝的決心。

北朝時期雖然中原王朝對於西域的關係已然密切，但是，真正用心經營西域是隋煬帝時代的裴矩。隋煬帝嚮往秦皇漢武的功業，裴矩的《西域圖志》則開啟了他的雄心。這個時候，隋朝的對手是吐谷渾和突厥。隋煬帝在張掖和洛陽舉辦的「絲綢博覽會」，實質上是經濟搭台、政治唱戲，王朝的政治外交目的大於經濟貿易訴求。

唐朝對於西域的經營，貞觀十四年（640）八月對於高昌（吐魯番）的征服是起點，九月就在這裏設置了安西都護府，接武漢朝對於西域管理模式。貞觀二十年（646），西突厥可汗請求娶唐朝公主和親。歷史上的和親有兩種：劉邦呂后時代的和親，是出於無奈，迫於匈奴強大的軍事壓力。但是，漢元帝（前 74—前 33）時期「昭君和番」，下嫁南匈奴呼韓邪單于（？—前 31），則是漢朝鼓勵匈奴向風慕義之舉，是中原政權睦鄰友好政策的一部分。現在，西突厥可汗請求和親，頗具後者的意味。唐太宗同意和親，但要求西突厥割龜茲（今新疆庫車）、于闐（今新疆和田）、疏勒（今新疆喀什）、朱俱波（今新疆葉城）、葱嶺五國作為娶公主的聘禮。這些地方本來是西突厥所控制，現在需要讓渡出來。實際上唐朝是用武力做後盾攻入龜茲的。《舊唐書．西戎．龜茲傳》：「太宗既破龜茲，移置安西都護府於其國城，以郭孝恪為都護，兼統于闐、疏勒、碎葉，謂之『四鎮』。」648 年，唐朝把安西都護府遷移到了龜茲；並且在龜茲、于闐、焉耆、疏勒修築軍事設施，建立堡壘，史稱「安西四鎮」。安西四鎮成為保證唐朝前期中西陸路交通的重要軍事重鎮。

中國歷史上的邊貿，與中國周邊羈縻府州體制以及朝貢體系建設密不可分。換言之，中國周邊這種貿易體系是中國與周邊國家的政治關係的一種存在形式。這可以從兩個方面來理解：一個是只有周邊政治安全之時，邊疆的絲綢貿易及其他相關貿易才能正常進行。另一個是，只有政治上有互信，中國政府才願意與之進行此種貿易。因此，周邊的羈縻府州或者朝貢體系，不僅是保障中國政治安全的一種制度安排，也是對外發生經濟聯繫的一個重要條件，是絲綢之路得以推進的必要前提。影響絲路暢達與否的關鍵因素，不是商品價格，不是商品供給與需求，而是取決於中國邊疆地域及其與西部地區的政治關係與秩序。

漢唐時代，絲路是否暢通，就看中國在西域地區的都護府以及羈縻府州的管理體制，是否能有效運作。再往西，中古以降，則要看伊斯蘭世界之間及其與地中海周邊地區的關係，與歐洲基督教國家的關係。當蒙古人建立了橫跨歐亞大帝國的時候，絲綢之路最為暢通。不僅阿拉伯人、波斯人、猶太人活躍期間，而且歐洲人也遠道而至。馬可·波羅一家就是順着陸上絲綢之路來華，又從海上絲綢之路回國的。當帖木兒帝國控制了中亞、奧斯曼帝國控制了西亞，陸上和海上絲綢之路都發生了梗阻的時候，歐洲人就在想辦法要開展大航海了。1492 年哥倫布發現新大陸，手中就拿着一本《馬可波羅遊記》；1498 年，達伽馬帶着兩艘裝滿香料的船隻從印度卡利卡特回到里斯本，真正地開通了新的歐洲通向東方的商貿通道；這些都為絲綢之路增添了新內容。由此可見，絲綢之路上貿易的興衰起伏，是中西政治秩序的晴雨表。

海上絲綢之路的暢通，取決於多種要素。首先是技術層面，包括航海技術、造船技術、導航技術。其次是東西兩頭的政治格局的變化。再次就是大宗貿易品的規模效應。陸路運輸商隊的規模可大可小，海路運輸，造船成本高昂，必須有相當的規模，才能抵銷成本。早期的海上商貿也是分段逐次進行的，紅海到波斯灣、印度洋；印度洋到東南亞、東南亞到廣州等中國東南沿海地區。大體説來，從紅海到印度洋是西亞商人開通的商道，伊巴露斯（Hippalos）船長發現的「季風」動力，是西段航海的先決條件。從廣州到達南亞的航道是中國人率先開通的。《漢書・地理志》記載了漢武帝晚年派使節出使獅子國（斯里蘭卡）的記載。可見漢人也利用了季風的原理。至少在唐代，東西方都已經利用季風的風向變化，夏季從紅海－波斯灣－斯里蘭卡－廣州方向航行；冬季則相反，從廣州往紅海方向航行。

宋元時代最大的變化是，海上外貿收入對於國家財政第一次有了比較重大的意義。唐代駐紮在廣州的嶺南節度使，是一個肥缺。政治上未必顯赫，經濟上卻非常實惠。宋元時代廣州、泉州、明州（寧波市），這些明星城市是朝廷的搖錢樹。外商在這些地方勢力也很強大，有些阿拉伯和波斯商人甚至在這裏擔任海關貿易中的要職。可能主要是因為這些人在招商和徵税方面更加便利的緣故。

明朝初年，鄭和下西洋，目的並不是拓展海上貿易。但是，其官方行為鞏固了中國與南海地區的政治關係，客觀上促進了海上貿易的發展。1500 年以後，歐洲人東來，明清王朝開始直接面對西方，沒有了東南亞和波斯人、阿拉伯人作為中間商，中國方面反而局促不安起來。或者説，沒有政治上的互信，中國政府對於直接與陌生的歐洲人做生意，滿腹狐疑，缺乏自信。

清朝在康熙朝鞏固了對於沿海和台灣地區的統治後，基本上把海上貿易集中在廣州一地的十三行。為什麼中國政府一次次拒絕歐洲國家主動貿易行為，諸如訂條約、設使館、開商埠，就是因為歷史上中國的陸上或者海上的絲路貿易，都是中國與周邊國家政治關係的一部分，政治上的互信與經濟上的往來密不可分。儘管漢唐時代也有馬匹之類的軍事物資進口，總體上說，進口物資只是滿足上層的奢侈品需求，與內地農業經濟發展沒有緊密的聯繫。

可是，這一次，18、19 世紀的中國，面對的不再是傳統意義上的朝貢體系，歐洲人也沒有任何珍奇異寶，可以平衡中國在絲綢、瓷器、茶葉等對外貿易的巨額出超。於是，大量白銀湧入中國，衝擊着中國的金融秩序，朝廷財政嚴重依賴白銀進口，中國東南地區的產業分工甚至也依賴上了對外貿易。這是漢唐時期所不曾有過的。

於是，當歐洲人為了平衡貿易逆差，向中國銷售毒品鴉片時，經濟貿易演變成政治和軍事衝突，已經成為不可避免。也有人從不完整的貿易數據作微觀分析說，鴉片戰爭不是因為貿易衝突；但是，帝國主義時期的西方以貿易為口實，以炮艦為後盾，轟塌東方各國的國門，是有目共睹的事實，不僅僅獨在中國。

鴉片戰爭到今天，已經超過 177 年了。世界已經發生了翻天覆地的變化，但是，當我們重新審視絲綢之路上的政治經濟學，我們發現建立政治上的互信，軍事上要有自我保護能力，貿易商要有拳頭產品，這些歷史的經驗，對於當前的「一帶一路」建設，仍然不無啟發意義。

絲路上的人

一、張騫的那次旅行

西漢時期，張騫那次打通西域的旅行，是絲綢之路史上的一件大事，它是開啟中西交流新時代的歷史性標誌，並對後來東西方文明的發展有着深遠意義。

西漢初年因為國困民貧，對匈奴的入侵大都採取防禦政策。經過幾十年休養生息，漢武帝劉徹開始考慮對匈奴採取反擊。漢武帝獲悉有一個大月氏國，曾居於河西走廊之敦煌、祁連山之間，但已被匈奴驅逐而西遁。大月氏與匈奴有世仇，漢朝想與之結為盟友，攜手夾擊共同的敵人 —— 匈奴。時任郎官的張騫，響應了漢武帝招募，第一次出使西域。

公元前 138 年，張騫帶領一百多人的出使隊伍離開長安，經隴西向西進發，但不久就被匈奴俘虜。匈奴單于長期監禁張騫，並為之娶妻成家，但張騫不失漢節，等待時機準備逃脱。11 年之後，乘匈奴防備疏鬆，張騫終於和隨從人員逃出匈奴。張騫一行向西越過葱嶺，經過幾十天長途跋涉後抵達大宛，即今天中亞之費爾幹納盆地。大宛王素聞漢朝富庶，無由得通，見到漢使張騫大喜，派人護送張騫前去康居（即錫爾河中游地區），再由康居到達大月氏。然而大月氏已立新王，並越過阿姆河吞併了希臘化國家大夏（今阿富汗北部）之故地，已然安居樂業，無心再向匈奴尋仇。張騫在此住了一年多，不得已而東返。為了避免匈奴攔截，張騫未走原路，而是沿塔里木盆地南緣進入柴達木盆地，繞道青海歸國，但不幸又被匈奴捕獲。所幸一年以後，匈奴因單于去世而發生內亂，張騫得以逃脫，終於帶着胡妻回到長安。時在漢武帝元朔三年（前 126 年）。

張騫第一次出使西域歷時 13 年，雖然沒有達到同大月氏結成聯盟的政治目的，卻了解到有關西域地區的政治、經濟、地理、文化、風俗等情況，為以後中原加強同西域的聯繫奠定了基礎。不久，張騫就利用他對西域的知識參與衞青出擊匈奴的戰爭，因知水草所處，為此次軍事行動的勝利立下大功，被封博望侯。張騫第一次出使西域的同時，西漢王朝也對匈奴展開一系列打擊，其中具有決定作用的是公元前 127 年、前 121 年和前 119 年分別進行的三次戰爭。公元前 127 年，衞青大敗匈奴，控制了河南之地（今河套以南地區）；公元前 121 年，匈奴在霍去病的打擊下發生分化，渾邪王降漢，河西走廊完全為漢朝控制；公元前 119 年，衞青、霍去病又分道出擊匈奴，匈奴單于大敗遠遁，從而將匈奴進一步驅逐至漠北。經過這三次大規模的反擊，西漢王朝在對匈奴的鬥爭中掌握了主動，前往西域的道路也基本暢通，這為張騫第二次出使西域，此後絲綢之路的安全暢通以及西域諸國同西漢王朝的友好往來，創造了有利條件。

然而西漢王朝的反擊戰只是肅清了匈奴在漠南及河西走廊的勢力，西域各國仍為匈奴控制，依然威脅着西漢王朝西北邊境的安全。為了徹底鏟除匈奴勢力，也為了實現開疆拓土的雄心大略，漢武帝再度派遣張騫出使西域，目的是設法聯絡烏孫等西域各國，建立抗擊匈奴的聯盟。張騫此次出使的隊伍浩大，隨員三百，牛羊萬頭，攜錢幣、絹帛「數千巨萬」。張騫到達烏孫（伊犁河、楚河流域）時，正值烏孫因王位之爭而政局不穩，烏孫方面無意與漢朝結盟抗擊匈奴。但在烏孫期間，張騫分別派遣副使到中亞、西亞和南亞的大宛、康居、大月氏暨大夏、安息、身毒（印度）、于闐各國，廣加聯絡。公元前 115 年，張騫回國，烏孫遣導譯相送，並派使者來長安。使者見到漢朝人眾富厚，回去廣加宣揚，漢朝的威望在西域大大提高。不久，張騫所派副使也紛紛回國，並帶回許多所到國的使者。從此，中西之間的交通正式開啟，西漢政府與西域及中亞、西亞、南亞地區的友好往來迅速發展，西來使者相望於途。自西漢西行的使團據説一年之中多則十幾個，少則五六個，使團規模大則數百人，小則百餘人，所訪之地遙遠，出訪一次所需時間從數年到八九年。除了使節往還的熱絡，還有一隊隊商胡販客，「日款於塞下」。此後，中西之間的陸路交通繼續向西延伸，一直到奄蔡（鹹海與裏海之間）和條支（今伊拉克境內兩河之間）等國。

《史記．大宛列傳》説張騫，「為人強力，寬大信人，蠻夷愛之」。意思是說張騫意志堅強，勇猛果敢，寬厚誠信，受到西域人喜愛。他的隨行使者是位神射手，窮急之時射禽獸充食，歷盡千辛萬苦。張騫出使西域，本來是出於抗擊匈奴的軍事外交目的，最終卻打開了一條連接東方與西方的絲綢之路，開闢了中西經濟文化交流的新紀元。這次偉大旅行的背景是什麼呢？這就是秦漢大一統帝國所聚集的巨大能量，是漢初 70 多年經濟發展的豐厚積累，是雄才大略的漢武帝的偉大氣魄，以及像張騫這樣有血性的英雄寧死不失漢節的偉大精神！

二、甘英的那場奔赴

漢武帝時代，為了鞏固同西域的聯繫，在張騫通西域之後，先後在河西走廊設立了酒泉、張掖、敦煌、武威四郡，史稱「河西四郡」。從此，玉門關和陽關成為出入西域的門戶。

為了保護西域通道，武帝將長城的西界延長到玉門，進而在李廣利伐大宛取得勝利後又西延到鹽澤（羅布泊）。李廣利於公元前 102 年（武帝太初三年）遠征大宛，兵力財力都耗費巨大，名義上是為了取得大宛的汗血馬，實際上是進一步鞏固張騫通西域後的中西關係。

據歷史記載説，西域諸國受到震懾，紛紛遣使來貢。於是，西漢在敦煌到鹽澤地方設置亭障（邊防據點），在新疆輪台等地大量屯田，以保障往來使節客商的安全與供給。公元前 60 年（漢宣帝神爵二年），漢朝任命在西域屯田守衛的將軍鄭吉為西域都護，駐屯烏壘城（今新疆輪台東北），統管西域諸國。

西域都護，秩比二千石，相當於郡太守的職級，是漢朝主管西域事務的最高軍政長官。它的設置表明，漢朝內地與西域各國的政治關係與經濟文化交往納入了制度化的軌道。

王莽時期及東漢初年，由於匈奴勢力的復起，內地與西域關係斷絕。班超——著名史學家、《漢書》作者班固的胞弟，於公元 73 年隨竇固出塞抗擊匈奴，繼而受命經營西域，花了近二十年時間來鞏固漢在西域建立的政治秩序。91 年，他被重新任命為西域都護。於是，西域 50 餘國又都臣服於漢。97 年，他派部下甘英出使大秦，試圖把漢與西域的直接交通更往前推進一步。

大秦，也就是《史記》中的黎軒（公元前 30 年之前的黎軒指埃及托勒密王朝），此時即羅馬帝國（公元 395 年羅馬帝國分裂後則指建都拜占庭的東羅馬帝國）。漢朝人從傳聞中知道大秦是西域的大國：「其人長大平正，有類中國，故謂之大秦。」知道大秦國「土多金銀奇寶」，凡是外國珍奇異物「皆出焉」。知道大秦國「其人質直，市無二價」，從海道與安息（伊朗）、天竺（印度）通商，「利有十倍」（《後漢書 · 西域傳》）。漢朝人還了解到富裕的大秦國王「常欲通使於漢」，卻被橫在中間的安息人「遮隔」而不能直接與漢交通。班超派甘英出使大秦的目的，顯然是為了直接探尋遠西的文明大國，這將有利於打破安息的居中貿易壟斷地位。

甘英出使大秦的路線，只能從《後漢書 · 西域傳》以及袁宏《後漢紀》做一點推測。大概是從當時西域都護駐地龜茲（今新疆庫車西南）出發，沿西域北道西行，經新疆的喀什、莎車，越過帕米爾高原。再往西經過阿富汗到伊朗境內，然後經過伊拉克巴格達東南的「斯賓」。再前行，便到了條支：「抵條支，臨大海」。

條支何在？大海何指？後來的研究者說法不一。多數學者認為，條支即今敘利亞，大海就是其西界的地中海。正當甘英打算渡海西行之時，安息西界的船人卻極力攔阻，理由有兩條：一、海闊水大，遇到好風至少要三個月才能渡過，若風向不順，則要航行兩年，所以非備下三年的口糧不能渡海。二、海水有魔法，能夠讓人思戀故鄉，以至不堪忍受，「數有死亡者」。有研究者說，安息人傳說的是關於希臘海妖神話中，海妖塞壬的歌聲會使航海者死亡的故事。不知甘英聽到的是不是關於海妖的傳說（也許從希臘神話輾轉到安息人這裏故事會有變異）？即使是海妖傳說，甘英是否就因此而打退堂鼓？現在無從考證。但實際情況是，甘英面對前路上波濤洶湧、一望無際的大海，確實打消了渡海西行的念頭。

後來的研究者都替甘英惋惜，研究中西交通史的德裔美國學者夏德罵甘英是膽小鬼，被安息人的一派胡言嚇住了。也有人指出，安息人精明，想方設法不讓漢人訪大秦，以便從中獲居間貿易之利。筆者認為，甘英此行恐怕政治軍事目的大於經貿需求，也許他發現，遙遠的大秦很難被拉來作為軍事盟友，因此他藉安息人恐嚇他的那些故事，順水推舟選擇返航。

但是，甘英從安息人那裏打聽到的事情，遠遠超過所謂希臘神話的內容。《後漢書・西域傳》說，甘英獲得的資訊，「皆前世所不至，《山經》所未詳，莫不備其風土，傳其珍怪焉」。雖然遠在距離「玉門、陽關者四萬餘里，靡不周盡焉」。甘英雖然沒有踏上羅馬帝國的本土，但是他仍然創下了歷史上出使最遠的記錄，此前的漢使最遠不過安息，「莫有至條支者」。甘英了解的遠到羅馬帝國的新消息，「若其境俗性智之優薄，產載物類之區品，川河領障之基源，氣節涼暑之通隔，梯山棧谷繩行沙度之道，身熱首痛風災鬼難之域，莫不備寫情形，審求根實」。甘英的出使，大大推進了漢人對遠西地區的知識。

甘英的往返大約經歷了兩年。他的返程走的是「罽賓、烏弋山離道」。罽賓在今克什米爾一帶，漢武帝時就有使者到這裏，在《漢書》中也是戶多兵眾的「大國」。烏弋山離又在罽賓之東部，約今阿富汗西南部的赫拉特一帶。甘英從烏弋山離到罽賓，再翻過帕米爾高原，經西域南道回國。

甘英出使的失敗也説明，漢代陸路上與大秦的交往困難重重，所以海上交通便成為大秦商人的最佳選擇。這就是從紅海到印度洋的貿易路線。《後漢書・西域傳》提到印度時，就講「西與大秦通，有大秦珍物」；提到緬甸獻的魔術師（幻人）自稱是大秦人，推斷緬甸「西南通大秦」。《後漢書》還記載，公元 166 年，有人自稱是大秦王安敦（當時羅馬皇帝為馬可・奧勒留・安敦，161—180 年在位）派的使節來華，使團自日南（今越南中部）進境，所獻為象牙、犀牛、玳瑁。由於羅馬方面的文獻並無出使漢朝的記錄，而所獻之物又是東南亞地區的物品，並非漢朝人所知的大秦珍異財產，當時漢朝人已經感到蹊蹺，現在一般學者也認為此使者很可能是羅馬商人假冒的，因為假冒才疏於獲得羅馬皇帝去世的信息。而且，他們顯然是從海道而來。

三、 班超的那段歲月

甘英的出使是班超派遣的，而班超（32—102）被北洋民國政府列為中華民族英雄之一。「不入虎穴，焉得虎子」這句充滿豪情的成語就來自這位英雄——大史學家《漢書》作者班固的弟弟：班超。

東漢與西域的關係，又所謂「三通三絕」。第一次，王莽和東漢光武帝初絕，漢明帝時，班固以軍司馬經營而通；第二次章帝即位初朝廷欲斷絕，但班超仍然堅守西域，西域人也不放；章帝命班超為西域都護；第三次是漢安帝時（鄧太后垂簾聽政）斷絕，班超之子班勇自告奮勇，再次通西域，出任西域長史時。下面主要談談班超那段歲月。

如前所述，西漢在開通絲綢之路後的一百多年間同西域各國保持了和平友好關係，中西陸路交通因此暢通無阻。宣帝時期（前 60 年）還設置了西域都護。這時候匈奴分為南北兩部。南匈奴呼韓邪單于對漢朝恭順，北匈奴郅支單于是呼韓邪之兄，遠遁西域，控制康居，攻打烏孫大宛，搞亂了西域秩序。為此，漢西域校尉陳湯發兵痛擊，殺死郅支單于，留下了「明犯強漢者，雖遠必誅」這句名言。此後，元帝將王昭君嫁給呼韓邪單于，漢匈和平關係關係達到了新高峰。之後，西漢王室衰微，在王莽主政和篡漢的公元一世紀初，他妄自尊大地搞亂了與周邊部族的關係，導致邊境形勢緊張，匈奴勢力乘勢而起，西域地區與內地的通道被阻遏。新莽始建國五年（13 年），西域焉耆地區首領在匈奴的支持下起兵反對王莽，殺死漢西域都護但欽，西域各地先後響應。接着河西、隴東地區的地方官員也紛紛反對王莽，長安以西交通中斷，西域地區再次為匈奴所控。

漢光武帝劉秀建國，號為中興，當時沒有餘力經營西域。到東漢明帝即位後，意識到中原王朝若不控制西域地區，匈奴就會乘虛而入，進而利用西域的人力物力，不斷侵擾河西和東漢北部邊境。東漢立國五十年左右，明帝對於反擊匈奴，收回西域，有了新的機遇。由於國內政治形勢的變化複雜，建都洛陽的東漢，不像西漢首都在長安那樣，對西北地區的局勢有更真切的感受，於是，東漢絲綢之路或通或絕，頻繁變化，史稱「三絕三通」。[1]

公元 73 年，明帝派竇固、耿秉（開國名將耿弇之姪）等率軍反擊北匈奴。竇固（？—88）出身外戚，是劉秀的女婿，於漢明帝為妹婿。作為以河西歸國的功臣大司空竇融的姪兒，他幼年從伯父竇

1　[南朝宋] 范曄：《後漢書》卷八八《西域傳》：“從建武至於延光，西域三絕三通。”建武是劉秀年號，即東漢開國；延光是安帝年號，121—125 年。

融在河西地區生活過多年，熟悉西域。同時，竇固喜好弄兵，向明帝主動建議打通西域，正對了皇帝的心思。明帝很想追蹤漢武帝的功業。外戚帶兵，皇帝有心。班超當時就在竇固部，四十出頭，以假司馬（代理司馬）相隨。班超從小羨慕張騫出使西域的偉大功業，立志建功西域封侯。

竇固和耿忠抵達天山（今新疆天山），進攻北匈奴呼衍王，斬殺一千餘人。又追擊到蒲類海（今新疆巴里坤湖），奪取伊吾盧（今新疆哈密西北四堡），設置了宜禾都尉，在伊吾盧城留下將士開荒屯墾。

但是，西域地區不宜派大兵進剿，但是又必須深入各個綠洲邦國去深入聯絡。於是，竇固決定派班超與郭恂出使招撫。班超只帶了 36 人就出發了。這個時候北匈奴也在做外交努力。

班超第一站到達了鄯善（今新疆羅布泊西南）國。初見面時，鄯善王對班超等人頗為禮敬，後來卻突然冷淡起來。為什麼前恭後倨？班超估計必有因由。他連夜召其助手商量對策，認為北匈奴也在爭奪綠洲邦國歸附，有使者來到當地，讓鄯善國君臣對是否臣服於漢產生了猶疑。班超找來鄯善國侍者（接待人員），冷不丁地質問：北匈奴使者何在？侍者一聽就慌起來，只得說明事情的真相。果然沒錯，匈奴使者就在客館。為了防止行動泄露，班超把侍者關起來。同時，召集部下三十六人，說：這幾天鄯善王對我們冷淡，是因為北匈奴使者也到了這裏。幾天之間，鄯善王就如此冷淡我們。莫非要送我們去北匈奴邀功不成，怎麼辦？大家都說，是生是死，聽司馬大人調遣。班超說：「不入虎穴，焉得虎子。不如夜燒北匈奴的下榻館舍，滅掉匈奴人。看鄯善王怎麼辦！」有人說：「這事與郭從事商量一下再定吧。」班超怒道：「成敗在此一舉。何必連累郭從事，走漏計劃。」班超的主意得到大家贊同。這天夜裏，班超他們縱火焚燒匈奴館舍，出其不意，殺死三十多個匈奴人人，其餘匈奴人都被燒死。

次日，班超報知郭恂，分享了這份功勞，獲得理解；又把匈奴使者的首級給展示給鄯善王。國王驚恐，表示願意歸附東漢朝廷，送王子為人質。班超完成使命後回師，把情況向長官竇固作彙報。竇固奏明朝廷，朝廷表彰了班超的功勞。明帝認為班超人才難得，提拔他為軍司馬，繼續出使西域，完成其他的任務。竇固本想給他多帶些人馬，被班超拒絕。班超認為，原來的那三十多人就可以了，人多反而是拖累。可見，東漢初年的西域經營，主要是借力打力。

這一次班超來到了于闐國（今新疆和田）。此時的于闐王剛攻破莎車國（今新疆莎車），稱雄於天山南道，給他壯膽的就是北匈奴派，匈奴使者就駐在于闐，明說監護，實則掌控，于闐的大權，是在匈奴人手裏。同時，于闐巫風熾盛，巫師對于闐王又很大影響力，居然說：「天神發怒了，你們歸順漢朝。漢使有好馬，你們趕快弄來給我祭祀天神！」

于闐王居然派宰相向班超要馬，班超提出要巫師自己來牽馬。隨後，班超殺死巫師，痛打宰相數百鞭，向于闐王説明利害。于闐王早知班超的厲害，當年班超因在鄯善國誅殺匈奴使者的事跡，名震西域。于闐人當即殺死北匈奴使者，歸附漢朝，班超成功鎮撫于闐。其餘西域各國紛紛派王子入朝為質，西域與漢朝關係中斷了六十五年，經過班超的經營，至此恢復往來。

永平十八年（75 年），明宗崩駕，章帝新即位。焉耆、龜茲等地首領在匈奴貴族的支持和教唆下，殺害了西域都護陳睦，搶掠西域其他地區，絲路安全又受到很大威脅。在這種形勢下，東漢政府擔心負擔不起龐大的軍費開支，便準備關閉中原與西域的交通，命令當時堅守在疏勒地區的班超撤回中原。但西域各國堅決要求班超留在西域，以幫助繼續開通絲路。班超不得以走到了于闐，「王侯以下皆號泣曰：『依漢使如父母，誠不可去。』互抱超馬恭，不得行。」[1] 班超於是決意留守西域，並力陳保守西域對中原地區的重要作用。在班超的堅持下，東漢政府同意了他的要求，同時派兵支援。在西域各地共同支持之下，經過十幾年的努力，匈奴勢力又被趕出西域。

月氏王曾經出兵幫助過班超穩定西域形勢。求漢公主和親，這會讓漢的勢力在西域失去輕重平衡，遭到班超拒絕。和帝永元二年（90 年），月氏發大兵攻班超。被漢軍擊破，次年，龜茲、姑墨、溫

1　本段引文及事跡均見《後漢書》卷 47《班超傳》。

宿皆降班超。三年（91 年），東漢政府再次恢復西域都護之職，並由班超擔任，東西交往的大幹線再度通暢。終和帝永平年間（89—104），西域大體保持穩定。只是 70 歲的班超已經年老，上書請求歸國，至有「臣不敢望到酒泉郡，但願生入玉門關」之言。永平十四年（102）八月回到洛陽，得到朝廷優待。當年九月病故。班超前後在西域長達三十一年。此為「二通」。

東漢安帝即位（107 年）時，東漢朝廷中一些官員認為，西域路途遙遠，管理費用太大，得不償失。朝廷聽信這些言論，於是下令撤銷西域都護。史書記載，是班超之子班勇等出迎撤回的「都護及西域甲卒而還。因罷都護。後西域絕無漢吏十餘年。」[1] 於是，這期間，匈奴南下佔據西域，並煽動河西、隴西等地羌人反對東漢政府，使東漢政府對隴山以東地區一度失去控制，絲綢之路再次中斷。是為「三絕」。匈奴佔據西域之後經常藉西域諸國之力騷擾河西一帶，東漢政府中有些官員因此又認識到西域的重要性。其時垂簾執政的是鄧太后（和帝的皇后）。在她的支持下，班超之子班勇在延光二年（123 年）被東漢政府任命為西域長史，前往西域。此後他組織和統領鄯善、龜茲、姑墨、溫宿等地軍隊，又一次幫助西域各國將佔據西域的匈奴趕走，絲綢之路第三次開通。東漢末年，國內混亂，再無力西顧，西域也就逐漸脫離了東漢王朝的控制。

---

1 《後漢書》卷 47《班超附勇傳》。

四、 高僧們的「西遊記」

甘英之後，漢唐時期的中原政權，再也沒有派遣過這種比較有規模，而且留下具體記載的西域外交使團了。兩漢之際，佛法初流東土。魏晉北朝時期有兩次帶有官方性質的行動，都與佛教有關。

十六國時期，前秦大將、氐族人呂光，在淝水之戰（383 年）前夕，率領大軍越流沙三百餘里，遠征西域。這雖然是苻堅統一全中國的雄心的一部分，可是《高僧傳》等書卻說成是為了搶奪西域高僧。面對呂光的強大兵團，焉耆等諸國皆降，惟龜茲王帛純拒之，嬰城固守。次年，呂光攻破城池，苻堅任命呂光都督玉門以西諸軍事、西域校尉，只是因為道路不通，前秦並沒有實施對西域的有效控制，呂光在涼州（甘肅武威）建立了後梁政權。[1] 作為戰利品，龜茲高僧鳩摩羅什被掠到了涼州，呂光死後，鳩摩羅什被後秦主姚興請到了長安，弘揚佛法，為翻譯佛典做出了不可磨滅的貢獻。

---

1 《資治通鑒》卷 105 晉孝武帝太元八年（383 年）十二月、太元九年七月。

北魏時期除了太武帝拓跋燾外，歷代皇帝都很崇佛。北魏胡太后6世紀中葉，派出宋雲使團，曾至北印度，求得佛法而歸。

這是兩次與佛法東流有關的官方行為，魏晉之後的西巡求法者，主要是佛教信仰者的個人行為。

最早的西行僧人就是三國時期的朱士行。魏甘露五年（260），他自雍州（治今西安）出發，西涉流沙，到達南疆的于闐，獲得「正品梵書胡本經典」九十章，六十餘萬言，並遣弟子十餘人，護送佛經胡本還洛陽。可惜這位歷史上首次留下姓名的西行僧人事跡有限，西行僅到達于闐（今新疆和田），且以80高齡終老於彼，沒有返回內地。

此後的求法僧中，法顯（337—420）、玄奘（602—664）、義淨（635—713）是三位功業卓著的大師。正如唐代著名西巡求法高僧義淨所說：「觀夫自古神州之地，輕生殉法之賓，顯法師（法顯）則創闢荒途，奘法師（玄奘）乃中開王路。」法顯並不僅是西行求法的創闢者，而且從陸上絲路「西越紫塞」而往，從海上絲路「南渡滄溟」而歸的求法僧中，取得成功的，只有法顯。

法顯，俗姓龔，平陽武陽（今山西臨汾）人。自幼童時代就在山西襄垣仙堂寺為沙彌，父母雙亡後，20歲剃度為比丘。三十多歲的時候，法顯來到當時的北方佛學中心、後秦統治下的都城長安。在這裏，法顯的佛學造詣得到了極大的提高。但是他有感於當時佛經不甚完備，戒律多有謬誤及殘缺，立志要西行佛國天竺求經。

法顯西巡求法的動機是要尋訪佛教戒律，其背景則是中原內地佛教的發展和僧眾的擴大。道安和慧遠都曾為了完善戒律做出很大貢獻，但是，遠遠不足以解決僧團生活的建設問題，教俗世界對於佛教戒律都有巨大需求。對此，《法顯傳》寫得很清楚，「法顯昔在長安，慨律藏殘缺，於是遂以弘始元年（後秦姚興年號）歲在己亥（399），與慧景、道整、慧應、慧嵬等同契，至天竺尋求戒律」。

法顯一行五人從長安出發，經陝西隴縣至張掖，遇到智嚴等幾位同道同行。400 年秋到達敦煌，作短暫停留和準備之後，經過 17 個晝夜，越過「上無飛鳥、下無走獸」長達一千五百里的流沙之路。然後到達鄯善（今屬新疆吐魯番市），西北行至塔里木盆地的烏夷國（焉耆），進入于闐（新疆和田），時在 401 年。

新疆在這個時期是佛教東傳的重要中轉站，佛事甚盛。因此在焉耆和和田，法顯都有兩三個月的逗留，觀摩當地的佛事活動，然後西行入葱嶺，南下渡過印度河，次年（402 年）到達北印度烏萇國（今巴基斯坦西北邊陲）。這是一條前無古人的通道。法顯在《佛國記》中自歎「漢之張騫、甘英，皆不至」。他是第一個越過葱嶺，走通今日所謂中巴公路的中國人。

法顯由此開始了長達六七年的佛教修學之旅。他不僅參觀佛跡，還學習梵語，抄寫律經。409 年渡海來到斯里蘭卡，繼續搜求佛典，兩年後，從斯里蘭卡乘坐商船東歸，橫跨印度洋，航向蘇門答臘（耶婆提國），途中遭遇大風，風高浪急，船漏進水，在海上漂泊了 100 多天，幾乎葬身魚腹。法顯在蘇門答臘修整了四個多月，又搭乘另外一條商船，準備前往廣州，不料南海上的航行也不順利，遭遇暴風雨，迷失了航向，在海上歷盡千辛萬苦，航行八十多天，於 412 年 8 月 22 日，在山東嶗山登陸。次年法顯來到東晉首都建康，潛心翻譯所攜帶來的佛經，並留下了《佛國記》（又稱《法顯傳》）的偉大著作，完整記載了他的這次偉大旅行。420 年（一說 423 年）在荊州圓寂。

在名垂青史的眾多西巡求法高僧中，法顯創造了許多第一。他首途時 61 歲，是年齡最高的，享年 80 多歲也是最高；他是第一個也是唯一一位打通海陸絲路、西行求法的高僧。與法顯同儕的 9 人中，只有法顯與道整到達了印度，其餘人因為各種原因沒有完成夙願。道整出國前就不想再回東土，他發誓說：「自今已去至得佛，原不生邊地。」故滯留印度未歸。只有法顯學成歸國，回到故土弘揚佛法，「欲令戒律流通漢地」。有人說，佛家的戒律有五部，流傳中土的有四部，其中三部是法顯取經攜帶回國的。法顯翻譯的《大般泥洹經》等經典，在推動毗曇學的展開，般若學、涅槃學以及中國佛性論的建立和發展，都具有重要意義。

這裏要特別提出《佛國記》的偉大意義。《佛國記》保留了那個時代海上絲綢之路航行的寶貴記錄。比如，法顯從斯里蘭卡搭乘的商船，有 200 多位乘客。又如，法顯在蘇門答臘島逗留期間，為了等候漢地的商船。大約四五個月後，法顯終於遇見了返回漢地的商船，決定隨船出發。這有助於我們了解 5 世紀初葉，南海地區與中國大陸的商旅航行情況及其頻度。法顯在數段航行中，所遇到的漏水、補船、缺淡水等情況，船員的眾多與複雜矛盾，對於了解海上絲綢之路通商實況，都具有重要參考意義。

值得注意的是，法顯記載說，他乘坐商船從獅子國（今斯里蘭卡）出發，在海上遇到困難的時候，他一心祈念觀世音及返歸漢地傳法的使命：「我遠行求法，願威神歸流，得到所止。」於是，在 13 天晝夜大風之後，竟然有一個小島出現在眼前，終於化險為夷。「潮退之後，見船漏處，即補塞之。於是復前。」法顯在危難之際祈求觀音，正是《普門品》中所述的念觀世音經的法力之一。東晉南朝時期，「觀世音（又作光世音）靈驗記」之類的作品大量出現，此後觀音信仰更是迅速傳播，觀音菩薩也成為中國民間佛教影響最大的神靈之一。所有這些，《佛國記》是在其中發揮過重要作用的。《佛國記》就是關於環南海和印度洋東西方精神與物質文化交流的「西遊記」。湯用彤讚譽說，法顯是「廣遊西土，留學天竺」之開創者。

玄奘（602—664）於 627 年去印度取經時，年僅 26 歲，在法顯之後 200 多年。《大慈恩寺三藏法師傳》玄奘自言：「昔法顯、智嚴亦一時之士，皆能求法，導利羣生，豈使高跡無追，清風絕後？大丈夫會當繼之！」玄奘發願西行其實是受到法顯事跡的鼓舞，是繼承了法顯的精神、效法法顯的榜樣而西行的。義淨同是佛門之人，在他看來，玄奘「中開王路」，事業廣大，轟轟烈烈，是將西行弘法第一人——法顯的事業發揚光大之舉。

今天，玄奘西遊的故事經過小說家演繹之後，市井傳頌，婦孺皆知。而法顯的西行壯舉，開創之功，則淹沒在浩如煙海的史籍中。其實，法顯是第一個走通中巴、中印陸上交通的中國人，今日的「一帶一路」規劃，讓中巴人民憧憬着建設一條連接巴基斯坦瓜達爾港到新疆喀什的鐵路，法顯則是這條路上的先行者。同時法顯還是有歷史記載以來，留下具體姓名的印度洋、南海、東海航道的開創者。他記載了從印度洋，跨過南海地區，航行到中國東海這條航線的具體航程和航向。由於法顯的航行和記錄，早期「海上絲綢之路」的貿易路徑，變得清晰可見。法顯回國途中，兩次所乘商船都有承載 200 人以上的規模，其中商人居多，船上儲存了所有人員生存 50—70 天的淡水和糧食。這些廣州到南亞的航班，顯然大體上是定期的航程。所有這些記錄，都生動地反映了南海絲路上東西商貿的發達。

法顯在佛法弘揚上也是功名卓著。玄奘的求法譯經事業家喻戶曉，世人稱道。與玄奘嫻於政治、走「高層路線」的輝煌經歷相比，法顯的西行，處處體現出冰清玉潔的風骨。家世上，玄奘俗姓陳，河南偃師人，據說是東漢末年名士陳實之後，父祖也都是仕宦中人，可謂「出身名門」。法顯俗姓龔，山西長治人，家境貧寒，自幼父母雙亡，3 歲就出家為沙彌，在寺廟苦修。沒有玄奘那般優渥的環境，法顯對佛學的虔誠卻同樣十分執著，只因「慨律藏殘缺」，而發下弘大誓願「至天竺尋求戒律」並獨力踐行。法顯拓展了漢地僧人西行求法的道路，他用行動向後人證明，從中原可以越過西域流沙，直接到印度求取佛經。

經歷上，年輕的玄奘到了高昌國（治今新疆吐魯番市）後，受到國王高度禮遇，臨行時，更是為他備足盤纏，有馬匹丁伕隨從護送，其西行途中物質條件的優越，實在比《西遊記》的描述要好許多。而年過花甲的法顯西行求法之途，卻秉持着十足的苦行僧精神。與他同行的、途中相遇的同修，不下十人，有的中途死去，有的半路遇險，打了退堂鼓，有的滯留印度不歸。只有法顯，前後歷時 15 年之久，雲遊天竺各邦求法抄經，最終攜梵本佛經，搭乘印度洋的商船，幾經磨難，從南海、東海，返回漢地。事實上，玄奘貞觀十五年（641）從印度回國時，本來也可走這條海路，因為到了唐朝，這條海上絲路已經是貿易發達、航線固定、相對安全方便的路線了，只是為了踐行多年前對新疆高昌國王重訪的承諾，因而放棄了海路。

歸國後，二人的機遇也十分不同。玄奘返唐正值貞觀清明之世，唐太宗派宰相房玄齡隆重迎接，為其提供優越的譯經條件，成就弘揚佛法的偉大事業。法顯歸國，正當東晉南朝戰亂頻仍之時，地方官的接待條件十分艱苦，他僅僅靠個人之力、信眾支持，苦心孤詣地完成了幾部重要戒律的翻譯工作。法顯一生沒有獲得什麼政治榮耀的光環，只有對信仰的默默堅守，對事業的頑強堅持。與玄奘西行經歷中廣結眾緣、交好貴族並獲得豐厚支持的做法相比，法顯的成就殊為不易。

玄奘西行壯舉，無論在佛教史還是中西文化交流史上都是一盞明燈，他的事跡和精神千百年來廣為傳頌。但同時，我們也應該充滿敬意地緬懷像法顯這樣不事張揚、埋頭苦幹的先驅，給予他更高的禮讚、更多的關注。

五、「花和尚」鳩摩羅什

印度佛教在兩漢之際，沿着「一帶一路」傳入中國內地。佛典翻譯是中印文化交流中最重要的一環，其大體經歷了三個歷史階段。支婁迦讖（東漢桓靈時代）等是第一個時期，稱之為古典翻譯時期。鳩摩羅什（344—413）是第二個時期，稱為舊譯；唐代玄奘則是第三個時期，稱為新譯。無論舊譯、新譯，都要超越了佛典古譯時期的「硬譯」「格義」的風格。

鳩摩羅什出身於印度一個名門望族家庭。他父親鳩摩炎放棄族邦相位，來到今天的新疆地區，娶了龜茲（今新疆庫車）國王的妹妹耆婆為妻子。耆婆面上有一顆紅痣，據説這是可以生育出智慧之子的吉祥象徵。據説，兒童時代的鳩摩羅什確實聰穎異常，半歲能説話，5 歲認字，博聞強識。7 歲隨母親出家做小沙彌，每日就可以背誦三萬二千言的佛典。9 歲的鳩摩羅什被母親帶往罽賓求學，罽賓國位於今阿富汗喀布爾河口中下游之間的河谷平原，是佛學聖地。鳩摩羅什跟隨名師學習，學業日益精進，可以背誦四百萬言的佛典。他曾奉旨與外道辯論，贏得讚賞。13 歲時，他又回到了龜茲。

其間在疏勒停留一年，並由研習小乘轉變為研習大乘佛教經典。他的佛學造詣已經名震整個西域了。曾有高人預言，如果鳩摩羅什 36 歲仍保持童男身，將成為第二個佛陀。

回到龜茲之後，鳩摩羅什在 20 歲接受具足戒。母親叮囑他，大乘佛教一定要在中國（指內地）弘揚，這將利益東土眾生，卻未必對你有益處。鳩摩羅什毅然以佛法流行東土為己任，說只求普度眾生，即使自己遭受地獄煎熬，也義無反顧。研究者認為，促成母親與兒子這段信誓旦旦對話的背後，頗有玄機。那就是鳩摩羅什實際上已經破戒，對象就是龜茲王國的公主。破戒之身，不能成佛，鳩摩羅什的回答正是以菩薩行道的誓言。

鳩摩羅什在龜茲生活了二十年，其盛名也傳到了漢地。382 年，淝水之戰前一年，前秦天王苻堅派大將氐族人呂光遠征西域，次年攻滅龜茲，虜得鳩摩羅什。淝水之戰苻堅失敗，前秦崩潰，呂光遂割據涼州（今甘肅武威市），建立後涼政權，尊鳩摩羅什為國師（政治顧問），鳩摩羅什在此滯留十六七年。呂光出兵打仗，每每諮詢他，猶如佛圖澄之在後趙一般。當然，這段經歷對於鳩摩羅什修習漢語言，無疑有極大的幫助。401 年，後秦姚興滅後涼呂氏政權，又將鳩摩羅什劫持到長安，從此他開始了在長安的譯經事業。

關於鳩摩羅什是花和尚的事，有如下記載。一是說，呂光滅龜茲國，逼迫鳩摩羅什與龜茲國公主成其好事，以便留下聰明的子嗣，鳩摩羅什被迫破戒。二是說，鳩摩羅什在長安說法，忽然說自己肩上有二小兒在攀爬，思有婦人，於是姚興送去宮人，鳩摩羅什由此生得二子。

有文獻堅持認為鳩摩羅什破戒是為呂光所迫，也有文獻說是鳩摩羅什主動思有婦人生子。或為尊者諱，或謂呂光愚。但是，我倒是覺得，十六國時期的西域或內地，佛教戒律未必就十分完備。這也正是此後法顯矢志要西巡求取戒律的原因；與法顯一起西行的道整，就是因為痛恨中土佛門渾濁，戒律不精，而自願留在印度。因此，「花和尚」的事件所在多有。羅什講經，觀聽者眾，他自己說，比如蓮花出於污泥，你們就欣賞蓮花好了，不要在意污泥。自比污濁的爛泥，但是，說出來的佛法則是清淨的。據說他圓寂火化，舌頭不爛，應證了他為此發的誓言。

鳩摩羅什在佛教翻譯上的貢獻巨大。印度大乘佛教有兩大派別，一為中觀學派，又稱「大乘空宗」；一為瑜伽行派，又稱「唯識學派」或「大乘有宗」。鳩摩羅什是在中土弘揚中觀學派的第一人，根據般若經類而設立的大乘性空緣起之學，經過他的翻譯被系統地介紹過來。他的工作也對隋唐以後中國佛教各宗派的形成有極大促進作用，如他所譯《中論》《百論》和《十二門論》，是三論宗依據的主要經典；所譯《阿彌陀經》是淨土宗的主要經典；《法華經》是天台宗的主要經典；《成實論》是成實學派的主要經典。印度大乘學派的另一支唯識學派，則在唐代由玄奘介紹入華。

鳩摩羅什在長安十年，所譯佛典的數目，據《出三藏記集》卷二記載為三十五部，計二百九十四卷；據《開元釋教錄》記載則為七十四部，計三百八十四卷，僅次於唐代玄奘。鳩摩羅什的譯著不但數量龐大，翻譯質量也達到一個新高度。他在譯文處理上採取了直譯與意譯相結合的方法，不但要傳達出原文的意蘊，還力求表達出原本的語趣，所以後人認為他的譯文在語言優美和內容準確方面，同時達到前所未有的高度，梁啟超《飲冰室佛學論集》稱讚説：「譯界有名之元勛，後有玄奘，前則鳩摩羅什。」

六、刺客聶隱娘從哪學來的法術？

侯孝賢執導的《刺客聶隱娘》在戛納摘得桂冠，一時風頭大健，紅極影壇。關於這部電影的風格、技巧、情節、佈景、對白，兩岸影評人或褒或貶，各抒己見。這部片子的情節是否符合唐人裴鉶《傳奇》原意，並不重要。文藝作品創作者們各自匠心獨運。更何況以聶隱娘為主人公的劍仙小說，自唐代以來屢見不鮮，比如《黑白衞》《女仙外史》《女崑崙》之類。但裴鉶畢竟是這類創意的開山之祖。那麼，為什麼唐人裴鉶會創作出《聶隱娘》這樣離奇的人物和故事呢？

佛教在大眾印象裏向來慈悲為懷，一位出家的「乞食尼」如何成為刺客聶隱娘的師父？這位乞食尼教授聶隱娘的為何大多是道家所善長的劍術呢？為什麼聶隱娘的那些法術很類似於《西遊記》中孫行者的法術呢？

所有這些疑問，背後的指向，都要到絲綢之路上的文化交流中去尋找答案。

中國歷史有悠久的俠客傳統，不過《史記》中的豫讓、聶政、荊軻等俠客，都是五尺男兒身。女性俠客在文學作品中最早出現大約始於魏晉時代。干寶《搜神記》中有一個叫李奇的女子，智殺大蛇，為民除害。《吳越春秋》中的那位越女，熟悉劍術，敢與白猿公比劍，已經是聶隱娘之類唐代俠女形象的先驅了。可是，劍俠也罷，女仙也罷，其手段都還比較平常。即便在神話淵藪《山海經》中，神仙們也不過僅僅是有異人之相，昇天之功，長生之術；九天玄女幫助黃帝大敗蚩尤，也只是使用戰法而已。那些魔術一般神奇炫目、超自然力的劍術、道術、法術，比較少見。真正讓俠客們獲得令人眼花繚亂、不可思議的法術，是西天諸神入華的結果，是佛教和其他宗教文化沿着絲綢之路傳入中國後，文化交流融合的結果。

佛教在兩漢之際從中亞地區傳入中國，到了東漢末年，隨着大批有着雅利安人血統的大月氏人湧入京都洛陽，建立佛寺同時帶來了印度的貴霜文化，影響到皇室和貴族們的世俗生活，史稱漢靈帝好胡服、胡帳、胡牀、胡座、胡飯、胡箜篌、胡笛、胡舞，京都之貴戚，皆競相為之。

異域文化的傳入，就像姑娘出嫁，帶來了娘家的生活印記，也要適應婆家的生活習慣，兩相融合，就打開了新局面。印度佛教入華，帶來的不僅是信仰，而且還帶來了道術、法術，以及各種奇異的功能，給中華傳統的俠客、仙人故事，插上了想像的翅膀。形色各異的劍俠、女仙就在這種文化沃土中逐漸生長起來。

佛教入華之初，所行的便道是親近、模仿「道家路線」。翻譯佛典，用老莊經典「格義」；造作佛像，老子與釋迦牟尼共處，即所謂「仙佛模式」。中土有人造了一部「老子化胡經」，謂老子出關西行，至於天竺，收釋迦牟尼為徒，宣稱道與佛為師徒關係。佛教徒也刻意模糊自己與道教的界限，以此作為進入中土的方便法門。因此，漢末三國時期，普通大眾所理解的佛教，只是神仙的一種，漢代最早的佛經《四十二章經》中說，「阿羅漢者，能飛行變化，住動天地」。

為宣傳佛教威力，佛教徒們翻譯了許多佛本生故事，也創作了大量的靈驗故事。如「觀世音靈驗記」之類，在唐朝之前已大行其道，傳之於口，筆之於書。靈驗故事主要是為了證明佛教的法力，講述一些虔誠信徒逢凶化吉、被超自然力拯救的事件；同時，也大力渲染烘托了那些具有神奇法術力量的得道僧人。比如敦煌文書《佛圖澄所化經》，特別記載了一位神奇大士的功力與法術。這部《佛圖澄所化經》，名為佛經，內容上則帶有更多的道教色彩。這份傳貼中，使用「泰山遣鬼兵」「急急通讀，如律令令」等典型的道教傳貼用語，而傳教的主角，卻是大名鼎鼎的佛教高僧佛圖澄。

佛圖澄（232—348），西域龜茲國人。310 年，西晉末年來到洛陽，後來為十六國後趙石勒、石虎政權效力，號稱「國師」，具有廣泛的神通、咒術、預言等靈異能力。他能役使鬼神，能呼風喚雨。大旱之年，用法術令龍王顯靈，普降大雨，使方圓數千里，獲得大豐收。《西遊記》中孫悟空請龍王降雨的本事，就源出於此。

佛圖澄能預知將要發生的事，提出警告，予以防備。這與聶隱娘早就知道精精兒、空空兒會來報仇，提前讓劉昌裔做準備，異曲同工。不過佛圖澄的特異之處是，他以麻油雜胭脂塗於手掌，千里外發生之事，皆能了如指掌。佛圖澄還可以口出咒語起死回生。石虎的兒子就是死後兩天被他唸咒救活的。他的這種特異功能，招徠了許多信徒的追隨，向他學道的門徒，常有數百人。聶隱娘是被乞食尼主動竊去傳藝的，同門受教的還有另外兩位少女，作者這樣的處理，比主動追隨高僧學道，更顯傳奇色彩。

到了唐代，佛圖澄在民眾中仍有廣泛的影響力。敦煌初唐洞窟 323 窟北壁，就是一組描述佛圖澄神奇法力的壁畫。其中一幅畫中，後趙國君石虎坐在胡牀上，佛圖澄在施法術，手托一團烏雲，飄然向前。壁畫表現的故事是，有一天，佛圖澄陪石虎在襄城（河北邢台）喝酒，突然說，不好，幽州城起火了。他索要了一杯酒，向幽州城方向潑去。稍後，他笑着說，火已被撲滅了。大家將信將疑。不久幽州果然派使者來報，某日某時，幽州城突然起火，恰好從西南方向飄來黑雲，降大雨滅火，雨中還能聞到酒味。這種法術，從《西遊記》孫悟空的手段中，也能略見一二。

傳說佛圖澄身上有一大孔，可看到內臟，平時用帛塞住，晚上讀經時，將帛取掉，光照一室。齋日，他來到河邊，將腸掏出，用水清洗後再放回腹中。是為「佛圖澄河邊洗腸」。聶隱娘的師父乞食尼在放她回家前，對她說：我為你打開後腦勺，把匕首藏進去，要用就抽出來。這很類似佛圖澄的手段。

可以說，聶隱娘及其師父的道術，多多少少受到了佛圖澄故事的影響。而佛圖澄的形象也確實與乞食尼有很多相似之處。他們都是佛門中人，卻都跡近道家；道術詭譎，彷佛是孫悟空的先驅。聶隱娘的身份經歷與佛圖澄類似，都是在與官府打交道，為官家服務。佛圖澄聞鈴解義，預言事變，能算出石勒某年某月當死。因為他長期同皇室成員來往，對宮廷爭鬥有所預測，被附會成先知先覺。聶隱娘與節度使關係密切。為了保護劉昌裔，聶隱娘大戰精精兒和空空兒。

聶隱娘戰精精兒，是一紅一白二幡在打鬥。精精兒戰敗，被用藥水化為烏有。聶隱娘戰空空兒，就不一樣了。空空兒本事高強，聶隱娘沒有必勝之把握。她讓劉昌裔擁衾在牀，用「于闐玉」（這也是絲綢之路上傳來的）護持着，而聶隱娘本人怎麼辦？她說：我會變成一隻小蚊蟲，潛入你腹中等待時機。劉昌裔按她所說的辦法做了。到了三更，劉昌裔閉着眼睛，卻沒睡着，聽到脖子上「砰」的一聲，聲音很大。隱娘從劉昌裔口中跳出。這些情節，與齊天大聖的作為何其相似。

先秦以降，劍俠的形象一般注重忠誠、俠義的精神，以男性為主。但從晉唐以來，就逐漸以神妙的法術、奇譎的修為示人，由於故事的重心從復仇的力量與道義，逐漸轉化為神妙的道術和機變，女性俠客的形象逐漸在這一時期的文學作品中盛行起來。到了宋代以後，劍俠已經被定格為「非常人」，具有「騰空頃刻已千里，手決風雲驚鬼神」的神祕能量。後世的《西遊記》《封神演義》等作品，把這類法術的故事渲染得神乎其神，引人入勝。但從根源上說，這些神佛故事的淵源，都與西天諸神佛入華、與本土文化交光互影、融合發展，密切相關。

中國人的宗教信仰的特點是多元、寬容。不同的宗教文化共同生存，兼容並蓄。佛教的中國化，是在與儒教和道教融合中完成的。吸收佛教的營養，儒學得到更化，才有了宋代理學。佛道交融，促進了中國女仙、劍俠文化的發展，為作家塑造《聶隱娘》高超法術的藝術形象提供了文化元素。

七、 三保太監 VS 航海王子

「三保太監」鄭和（1371—1433）首航於 1405 年，距今整整 613 年。他滿載中國物品沿途訪問 30 多個國家，遠達波斯灣及非洲東海岸，開闢中國至印度洋航路，推動國內瓷器製作、絲綢紡織發展，將「海上絲綢之路」推向了鼎盛時期。

鄭和的船隊，人員超過 27000 人，隨行的船艦多達 200 餘艘，最大航程 1500 海里。如此龐大的海軍隊伍，如何組織有序，保證安全，不辱使命，都考驗着鄭和的組織領導能力，也反映了明初國家能力所達到的高度。

鄭和船隊組織嚴密。27000 多人的隊伍，據《鄭和家譜》「隨使官軍員名」記載，領導管理團隊中，有「欽差正使太監七員」，首席欽差正使自然是鄭和，《明史》卷 304《鄭和傳》説，「永樂三年六月，命和及其儕王景弘等通使西洋」。這裏的「其儕王景弘等」，應該就是太監 7 人中的其餘 6 人。此外，還有副使監丞 10 員，少監 10 員，內監 53 員。這是一個 80 人的領導團隊，分為四個層級，其中正使、副使（監丞）、少監等 27 人構成核心領導層，內監 53 人是執行領導層。

專業執行團隊中，有負責對外交涉採辦的官吏，有鴻臚寺班序二員，以及買辦、通事等；負責內部財務管理、文書賬簿的有戶部郎中、舍人，負責醫療治理的有醫官、醫士等。

各條船隻有負責海航和船務工作的專業團隊，有火長（船長）、舵工（操舵手）、班碇手（起落船錨）、民梢（升降帆蓬）、水手（划槳）等。陰陽官、陰陽生則負責觀察和預報天文氣象工作。護航軍事工作的有都指揮 2 員、指揮 93 員、千戶 104 員、百戶 103 員。其餘則是多達 2 萬多人的旗校、勇士、力士、軍士等。

鄭和船隊的七次航行，前三次最遠到達的是印度卡利卡特（即中國史書上的古里），後面四次則遠至波斯灣、紅海，最遠到了非洲東部海岸。我們從《鄭和航海圖》中可以發現，許多我們今天熟悉的地方，卻被冠以不熟悉的古老名字。比如他們去過舊港（Balenbang），今天印尼蘇門答臘南部城市；去過淡馬錫（Temasek），這是新加坡的古稱；去過官嶼，即馬爾代夫首都馬累；去過忽魯謨斯，即霍爾木茲（Hormuz）。此外還有滿剌加（馬六甲海峽）、蘇門答臘（馬六甲海峽西側）、錫蘭山（斯里蘭卡）、柯枝（即今印度西南部的的柯欽 Cochin，古稱盤盤國）、古里（即今印度南部喀拉拉邦的第三大城市卡利卡特，鄭和在此逝世）、撒地港（孟加拉國吉大港）。到過的非洲東岸地區，則有木骨都束（索馬里的摩加迪沙一帶）、慢八撒（肯尼亞第二大城市蒙巴薩）、孫剌（莫桑比克索法拉河口）、比剌（今莫桑比克港）。這些地區大多見於《明史．外國傳》，該書卷 326《外國七》記載往來各國時説，「又有國曰比剌，曰孫剌。鄭和亦嘗賚敕往賜。以去中華絕遠，二國貢使竟不至。」説明鄭和船隊遠到莫桑比克海峽，東非莫桑比克索拉法省及其河口，大約是鄭和航行最遠之地了。再往前進一步，就是南非海岸了。

與鄭和船隊在東非海岸探索的同時，他有一個歐洲的對手——葡萄牙王子亨利（1394—1460），一位比鄭和年輕 20 歲的「航海王子」，也在非洲西岸從事偉大的航海事業。

同樣是航海家，鄭和更像一個政治外交家，葡萄牙的這位亨利王子，則是一個技術專家。同樣是皇家資助的航海事業，鄭和是在完成天子的政治外交使命，亨利王子則於宗教狂熱、經濟利益追求之外，還癡迷於對航海科學、技術和知識的探求，後者甚至是他熱衷於航海探險事業的重要原因。

亨利王子終身未婚，一生中絕大部分時間遠離首都里斯本的塵囂，在葡萄牙西南海角的邊陲小鎮薩格里什（Sagres）度過。在這裏，他創建了地理研究院、航海學院、天文台，收藏地圖和手稿的圖書檔案館。他不僅廣泛蒐集了地理、造船、航海等各種文獻資料，而且極其包容地網羅了具有不同信仰的學者，這些學者都是地理、天文、製圖、數學方面的專家。亨利自任航海學院的校長，學校開設地理、天文和航海方面的課程。他們孜孜以求地探討，能夠沿非洲海岸向南航行到香料羣島嗎？人類能在赤道地區居住嗎？地球究竟有多大？為此，亨利王子組織了一次次西非海岸的航海探險，不斷蒐集航海資料，改進造船、製圖和航海技術。有西方史家把亨利王子對航海事業的熱情，稱之為一種「前科學的好奇」。把對航海科學和海洋知識的探求本身當作目的，這是鄭和的航海活動所不具備的。

亨利王子要求派出的探險隊，把新發現地區的地理概況和資源情況詳加記錄。比如有關海潮、風向，魚和海鳥運動的報告，他們把這些資料蒐集在一起，加以比較研究。1434 年，他的探險隊成功地越過博哈多爾角（Cape Bojador），了解到北大西洋的風向和洋流規律，發現只要離西非海岸向西北航行，就會遇到能把他們帶回葡萄牙的西風。這一經驗大大地鼓勵了葡萄牙人穿過赤道、繞過非洲南端航行的勇氣。哥倫布的西行，也得益於這種關於大西洋風向和洋流的知識。

亨利王子的探險隊沿西非海岸向南航行的同時，就在繪製關於非洲海岸的航海圖。亨利王子的哥哥佩德羅 1428 年從威尼斯帶回一張世界地圖和一本《馬可波羅遊記》，對亨利王子的航海製圖起了積極作用。亨利王子製作的航海地圖，以弗拉・莫羅的《世界地圖》最為知名。該圖的非洲部分，就是在亨利王子的著名探險隊長卡達莫斯托的幫助下畫出的。葡萄牙人把對航線的探索，變成航海科技；鄭和的海航記錄只是馬歡、費信、鞏珍等隨筆式的文人遊記。

鄭和的海航結束了，明朝中國的航海事業就結束了。但是，亨利王子去世後，亨利王子開創的葡萄牙航海事業，卻依然發揚光大。薩格里什的航海學院，西非海岸的探險實踐，都培養和訓練了一大批富有經驗的水手和海員，其中包括迪亞士等著名航海家。通往印度和美洲的藍圖，也是在這裏醞釀形成的。15 世紀每一個由陸路或海路從事地理發現的人，多少都受惠於亨利王子的航海研究事業。

就鄭和船隊的規模、航行里程而言，可謂世界上空前的壯舉。其成就突出地顯示了「舉國體制」的宏偉、高效。亨利王子的航海活動，則包含着精明的算計，科學的熱情和經濟的追求。鄭和下西洋以實現政治目標為主，基本上不是為了貿易經營。《明實錄》記載明成祖登基不久，在給南洋諸國發佈的詔書中，是這麼説的：太祖高皇帝之時，諸番國來朝，我大明王朝都待之以誠，「其以土物來市易者，悉聽其便」；或有不知避忌，誤有干犯憲條之事，也皆予以寬宥。諸番國前來「市易」，是朝廷對於諸番國的恩惠，是鞏固政治互信的手段。

鄭和在南海的行動，總體上是和平使者，每次出行，都撒出大筆的錢，引導南海各國向風慕義，朝覲大國，不搞殖民地，不做人販子。鄭和曾經幫助途中的國家穩定其統治秩序，對於在南洋的華人，則盡力要求其返回中國。亨利王子派遣的葡萄牙船艦，卻是殖民行為，1419 年佔領馬德拉維，宣佈為殖民地，1427 年發現亞速爾羣島，並於 5 年後宣佈為殖民地。1441 年，葡萄牙船長貢薩爾斯，從布朗角上岸，帶走 10 個黑奴。1445 年，迪亞斯在塞內加爾河口擄掠 235 名黑人，並帶回葡萄牙，進行拍賣。此後，葡萄牙經常派一些人去西非海岸，掠奪黑人為奴。有統計稱，15 世紀整個下半葉，平均每年從非洲掠走的黑奴，大約 500—1000 人。亨利是航海王子，同時也是販賣非洲黑奴的先驅。1460 年亨利王子逝世時，葡萄牙把從直布羅陀到幾內亞的 3500 公里西非海岸納入自己的版圖。

這就是歷史的悖論。虔誠地追求航海科技，同時也理直氣壯地從事黑奴貿易和殖民事業，他們聲稱不信仰上帝的異教徒，其土地和財產都應該由上帝信徒去佔領。這就是西方的興起。而東方這邊，以舉國之力，花無數的錢財，去宣傳國威，換來的卻是大明王朝的表面榮光和最終的衰落。同樣的航海，不一樣的結局。思考其間的許多道理，無論是對西方看東方，還是東方看世界，都深有裨益。

第三章

絲路上的貨

一、絲綢就是「硬通貨」

絲綢是漢唐時代東西貿易中的「硬通貨」。漢代之前獲取絲綢的主要交換物，是西域的寶石。漢代社會黃金流行，海昏侯墓中的黃金就是一個例證。這些黃金中的相當一部分是從西域貿易而來，阿爾泰山號稱金山，至少從漢代開始，人們就在這裏大量開採金礦。唐代絹馬興盛，除了珠寶之外，以良馬換絲綢是官方絲綢貿易的主要內容。

兩漢時期，因西域都護府和西域長史的設置，商道在漢朝的有力控制之下，中西貿易迅速發展，但這其中有很大部分屬於朝貢貿易性質的「賜贈」行為，即漢朝廷以播揚威德為目標，屢派使節攜巨額幣帛赴西域各國送禮，或當西域使節來朝覲之時，以綺繡雜繒和金屬賞賜。

漢朝的慷慨賜贈，大大刺激了塔里木諸綠洲城邦王公貴族的旅行熱情，也帶動了這些綠洲王國的興盛。于闐王、精絕王（精絕國遺址在今新疆民豐縣）曾多次帶着使者和商旅到中原從事貢賜貿易，敦煌懸泉漢簡中留下很多條樓蘭、于闐、精絕、若羌、且末、扜彌等國來使過關的記錄，主要見於過境文書和乘傳駕車簿類文書。

官方的頻繁往來，使交通道路得到良好維護，自然也有利於民間貿易的蓬勃開展。中國商人在南北朝隋唐時期就已參與民間貿易，新疆出土的許多文書都記載了這一點。在西域的中原商賈，還以隔年收賬的賒銷方式，向當地居民出售絲綢，這不僅表明他們與本地居民的關係融洽，還表明他們在這些地方有長期固定的營業機構。不過，民間貿易總體上以西方商人為主。

「西域賈胡」的概念，在兩漢時已深入中國各地。他們就是公元2世紀的羅馬地理學家托勒密在《地理學》中引述同時期前往東方貿易的那樣的商人。古羅馬地理學家馬利努斯《地理學知識》記載稱，一位名叫梅斯．蒂蒂安努斯（Maes Titianos）的馬其頓商人曾同中國保持經常的貿易關係。梅斯本人雖未到過中國，他的代理人卻經常組成商團從地中海之濱跋涉數萬里到達賽里斯國的首都。這些記載印證了漢唐文獻中屢見不鮮的胡商的存在。

羅馬商人活躍的足跡，可以從出土資料中得到印證。比如，羅馬人製作的玻璃器、玻璃珠就從絲綢之路傳入新疆和中原內地。在新疆尼雅、樓蘭東漢時期墓葬中發現有不止一處的攪胎玻璃珠出土。在洛陽東漢墓出土有攪胎玻璃瓶，其形制、風格與公元1世紀在大月氏（阿富汗）、埃及出土的羅馬攪胎玻璃瓶，非常相似。在樓蘭城郊的一座東漢古墓中，考古人員發現了絲綢殘片（上面有佉盧文）、漢代五銖錢和漆器，就是在同一墓穴裏，曾經出土有希臘的彩色毛織物殘片，殘片上的頭像是希臘神話中的赫爾墨斯，手持信物的使者神。這些文物集中在一起，給那個時代絲綢之路上的商品和文化交流以豐富的想像力。

《大般若經》稱「金、銀、琉璃、硨磲、瑪瑙、虎珀（琥珀）、珊瑚」為佛家七寶，硨（chē）磲（qú）是印度洋和西太平洋出產的大型海貝，狀如古代車轍，漢代傳入中國時起了這麼個名字；漢語的「琥珀」一詞出自敘利亞文；「珊瑚」出自古波斯語。硨磲與珍珠、珊瑚、琥珀，被西方人譽為「四大有機寶石」。《漢書·西域傳》說，罽賓（今克什米爾）「以金、銀為錢」，出產「珠璣、珊瑚、虎魄（琥珀）、璧琉璃」。罽賓是阿富汗南部一個希臘化的城市，古希臘人稱為喀布爾河（Kophen），漢語音譯為罽賓，處在絲綢之路的重要節點上。「佛家七寶」原本是罽賓出產或者是經由絲路要道的罽賓，從「西海」傳入中國的寶物。

南北朝時期更有大批西域商人云集中原。北方政局趨於穩定，中西貿易再度興盛，西域賈胡雲集中原，長江流域也藉河南道與西域建立商貿聯繫，吐魯番阿斯塔那墓區出土的此時期絲織品中有許多來自益州（今四川成都）。

《隋書·食貨志》記載北朝後期的情況云，「河西諸郡，或用西域金銀之錢，而官不禁」。這些西域流通的金銀之錢，諸如少量的東羅馬金幣和大量的薩珊波斯銀幣，在中國境內有出土。有學者認為，相對於中國內地的「絲綢」從東往西流動，相對的中亞西域地區的金銀貨幣也有一個往東流動的過程。所謂「絲路」與「銀路」的相向流動。有學者認為，這些薩珊波斯的銀幣主要是粟特商人作為東西方國際貿易的承擔者帶入新疆和河西地區的。

塔里木周緣的綠洲城邦作為貿易中轉站和集散市場而變得喧囂熱鬧，綠洲居民之間以及農耕民族和草原民族之間的物資交換活動，也受到中西貿易的刺激而日益活躍，絲路沿途還出現專門的商業城鎮，比如既是南道要衝又可連通北道的疏勒（今屬新疆喀什地區疏勒縣）。《漢書·西域傳》稱其地「有市列」，即市鎮上有按商品種類營銷的店舖，顯然是一個交易市場。于闐東西二城也十分興旺，當地兼管市場交易的行政官作為漢朝的冊封官員見諸史籍，即「城長」。商業繁榮大大刺激了諸綠洲城邦的發展，人口增長可為一例，絲路暢通之後百年間，疏勒戶數增加十倍以上，于闐人口增加五倍左右，焉耆（今新疆焉耆回族自治縣）人口增加約 70%。南北朝時期，由於貿易頻繁導致的人口聚集，綠洲地帶出現許多王城之外的新城鎮，或作為各種長途貨物的集散地，或作為本地居民的初級農牧市場。至唐代，北道（天山北道）沿線因同樣理由而出現一系列新城。而商人開始成為一些城鎮的重點徵稅對象，交易稅列為政府的重要財政收入，比如在鐵勒控制時期的高昌和其後的麴氏高昌（今新疆吐魯番）。唐太宗貞觀十四年（640）平定高昌，改置西州，又在可汗浮圖城置庭州（今新疆吉木薩爾北），西域變為唐朝管轄下的郡縣，絲路空前繁榮。西州市場上有各種分類專營店舖，如穀麥行、米麵行、果子行、帛練行、彩帛行、鐺釜行、菜子行，同時交河郡（即西州）也出現了行會組織。

位於交通樞紐的樓蘭故址（今新疆若羌縣北）及其西邊的營盤遺址、精絕國所在的尼雅遺址，都出土眾多各朝代的精美絲織品，足可作為當日絲路貿易的見證。到了唐代，隨着中原絲織業的進一步繁榮，各地名產都匯聚西域。西州市廛上的絲織品有益州半臂、梓州（今四川綿羊三台縣）小練、河南府生絁、蒲州（今山西永濟市）與陝州（今河南三門峽市）之絁以及常州（今江蘇常州）紵布。絲織品的所有品種如綾、紗、錦、羅、暈繝、絁、生帛、縵、綿綢、綿、綺、綈、縑、刺繡和纈，都源源不斷地從西州輸往天山南北以及中亞、西亞和地中海周緣。

二、絲綢技術的西傳

絲綢製造技術的西傳是絲綢之路上眾多浪漫的故事之一。

據藏文本《于闐國授記》和玄奘《大唐西域記》卷十二所載，7 至 8 世紀的于闐，流傳着一個關於于闐國絲織業開端的傳奇故事。故事説，于闐國王為獲得蠶種而向東漢皇帝求親。被許親後，于闐國王命于闐使者私下告知漢家公主，嫁到于闐後若想繼續穿絲綢衣服，就必須隨身帶來蠶種。公主認為有理，就將蠶種藏於鳳冠之中。當送嫁車隊行至邊境時，守邊官員依例遍搜行囊，但不敢檢查公主的鳳冠，蠶種就這樣帶到了于闐，于闐也就開始有了絲織業。

20 世紀初，英國探險家斯坦因在于闐故地附近的丹丹烏里克（位於今新疆和田境內）遺址，發現一塊描繪這個故事的木版彩畫，畫版中央繪一頭戴高冕正坐的盛裝貴婦，侍女二人跪於兩旁，左邊侍女以右手指貴婦之冕。畫版左端有一籃，盛滿形同果實之物。斯坦因考定畫中貴婦人就是相傳將蠶種帶至于闐的中原公主，侍女手指貴婦人之冕，是暗示冕下隱藏之物就是公主私運來的蠶種，左端籃中所盛者，則是蠶繭。這幅畫表明，故事雖然未必可信，但是，它在西域的廣泛流傳卻是不爭的事實。

和親乃是國之大事，中國史書絕對不會無視失載。事實是東漢時期並無和親于闐的記載，且中國政府歷來並不刻意於技術保密，若果有聯姻之事，將養蠶技術及工匠作為公主的陪嫁奉送倒很有可能，即如唐代文成公主入藏之事。

絲綢無疑先從中原傳播到了新疆地區。至於傳入新疆的時間，20 世紀以來的國外學者認為是在 5 世紀，但國內學者根據考古資料將其提前到 4 世紀。與考古資料相配合的是，大批漢族人自十六國時期（304—439）以後移居高昌，在這種情況下帶去中原的養蠶和絲織技術理所當然。不過，1990 年代在樓蘭故址附近的營盤同時出土一件平紋緯錦和一件佉盧文紙文書（佉盧文是中古時期西域流行的通商和佛教文字。）其年代被斷為 270—310 年間，平紋緯錦的年代因此被認為屬於同一時期，並且有學者認為，這件緯錦係當地出產，進而推斷絲織技術傳入西域在 3 世紀。

《隋書・西域傳》已稱高昌國「宜蠶」，《魏書・西域傳》記載龜茲和疏勒已有自己的絲織業，焉耆則可養蠶，吐魯番出土北凉承平五年（447）文書中也有「龜茲錦」字樣。養蠶和絲織技術傳入印度則可能是通過于闐，于闐與印度往來密切，很多印度移民居住于闐，西藏、雲南也可能是養蠶繅絲技術傳入印度的媒介，只是難以確定具體時間。

關於蠶種西傳波斯和東羅馬的故事較少戲劇性，恐怕更接近實情。據伊朗民間傳説，薩珊波斯帝國的兩位使者在學會了養蠶繅絲技術後，將蠶種安放在竹筒中小心翼翼地帶回伊朗，使用當地生長的墨桑養蠶，取得成功，從此開始了波斯和西亞的絲織業。按中國文獻記載，波斯至少在 5 世紀已有絲織業。東羅馬帝國的蠶種則應來自中亞地區，而非波斯。據 6 世紀上半葉東羅馬史家的記載，552 年，幾個僧侶從印度來到拜占庭，迎合當時東羅馬皇帝查士丁尼不願再從波斯人手中購買生絲的意願，稱自己從印度以北的賽林達國（Serinda）學來了養蠶之法，並能將蠶種帶到拜占庭。查士丁尼應允之後，他們果然前往賽林達國帶回蠶種，從此開始了東羅馬養蠶的歷史。另一位 6 世紀的東羅馬史家狄奧法尼斯也有近似的記載，只是將印度僧侶換成波斯人，並稱波斯人是將蠶種藏在竹杖中而混過邊境盤查的。Serinda 一詞是由 Ser 加 Inda 構成，恐以此指中國與印度之間的地區，則就是西域地區。

目前學界基本認同 6 世紀上半葉的東羅馬帝國得到了蠶種和養蠶之法，《北史・西域傳》即載大秦「土宜五穀、桑、麻，人務蠶、田」。而蠶種傳入波斯的確切時間在那則故事中卻沒有體現。相較之下，蠶種傳入波斯的故事比較樸實，傳入東羅馬的故事則顯得是在前一則故事基礎上有所加工，由此可以推斷傳入波斯早於傳入東羅馬。而且中國史書的紀錄表明至少在 5 世紀時，波斯就有了自己的絲織業，《魏書・西域傳》和《北史・西域傳》都記載波斯出產綾、錦，《南史・夷貊傳》記載滑國於普通元年（520）遣使貢獻時，貢物中包括波斯錦，吐魯番哈拉和卓墓葬中出土的5世紀後半葉文書中也寫有「缽（波）斯錦」。

蠶種傳入東羅馬後，絲織業在帝國境內發展迅速。據説傳播蠶種的印度僧侶或波斯僧侶成為指導養蠶的第一批技術專家。在他們的帶領下，東羅馬人懂得在適當的季節，用堆肥產生人工的熱量孵化蠶卵，並餵以桑葉，這些蠶得以在異國的氣候下成長和結繭。他們也懂得留下足夠數量的蠶蛾繁衍蠶種，同時也開始廣泛種植桑樹，積累經驗和進行研究，以改進這項新興產業。到了查士丁尼的繼承人查士丁二世（565—578年在位）上台後，來訪的粟特的使臣認為，羅馬人的養蠶繅絲技術已經不遜於中國人。伯羅奔尼撒行省很快憑藉絲織業成為一個富裕省份，9世紀中葉巴西爾皇帝時期（867—886年在位），伯羅奔尼撒的絲織技術發展到相當精緻繁複的地步。來自西西里的一位歷史學家細緻地描述了伯羅奔尼撒紡織品的多樣性，「依據絲綢的重量和質地、織品的細緻、顏色的鮮艷、刺繡的風格和材料，分別列出不同的價格。單絲、雙絲甚或三絲的織品通常可以在市場買到，至於六絲的綢緞需要更高的技術，售價極為昂貴。在所有的色彩之中，他用美妙的修辭言詞，讚許艷麗如火的鮮紅和如沐春風的翠綠。刺繡用絲線或金線，美麗的花朵比簡單的線條或圓形的圖案更受人歡迎。」（吉本《羅馬帝國興亡史》）

伯羅奔尼撒亦即希臘地區長期壟斷着基督教世界的絲織業，但到12世紀拜占庭帝國近乎土崩瓦解之際，先是阿拉伯人從希臘人那裏偷走了養蠶和絲織技術，並在當時由摩爾人穆斯林統治的伊比利亞半島開始發展絲織業，阿美里亞和里斯本率先成為絲織業重鎮；繼而諾曼人通過掠奪科林斯、雅典和底比斯而得到絲織工人，於是在西西里開始了絲織業。中世紀後期，西西里的絲織業逐漸影響了意大利，再經意大利傳播於歐洲各地。但中國絲織物一直是出口歐洲的主要產品之一，18 世紀後期歐洲本土的絲織品才因為貿易保護和風格興味等原因而在本地市場佔據絕對優勢。

三、絲綢貿易的興起

古代的跨洲際國際貿易，其商品稀缺、攜帶輕便、消費時尚，是非常重要的前提條件。絲綢最符合這三個條件。稀缺性是決定商品價格的重要因素，因此，遠途販易的稀缺性商品，如果在家門口也能生產，商家的利潤就會大大提升，商品的消費也會進一步普及。

歐洲的絲綢消費風尚

中國絲綢從羅馬帝國時代就令貴族迷醉不已，不管道德嚴謹的羅馬人對此如何批評，也無濟於事。東羅馬顯然繼承了羅馬的愛好，從查士丁尼（483—565）時代起，絲織品竟已是帝國相當普遍的衣着材料。蠻族成為西部羅馬帝國的主人以後，也很快愛上絲綢，查理曼大帝（742—814）建立的王朝中，不僅貴族男女喜愛穿綢緞服裝，連神職人員也無視禁令，穿裹綢緞或紫紅色的華麗服裝，貴族女子還為絲綢質地的宗教服裝和世俗服裝刺繡紋飾。神聖羅馬帝國轄境內的騎士與貴婦，同樣以刺繡絲綢為中意的服裝材料。文藝復興時期，貴重的宮廷服裝質料除了普通絲綢，還有提花錦緞。

16 世紀中葉起，歐洲的禮節與服裝款式明顯受到西班牙國王菲利普二世（1527—1598）及其繼承者影響。16 世紀末，貴族男女都喜愛黑色花紋的絲織衣料。達官貴人喜歡以輕便帶扣的鞋子或騎士長靴搭配一件瀟灑的短外套、手套和一頂緊壓在剪短了的頭髮上的絲帽。

18 世紀，維也納時尚男裝的重要組成部分是無袖錦緞背心或絲織胸衣，法國的宮廷服裝少不了絲綢、天鵝絨和錦緞。直到大革命前，法國上流人士一直愛穿絲織的（通常是織錦）外套、馬甲和褲子。這些絲織成品未必都來自中國，波斯地區也可以為歐洲市場提供絲織物，而且與製瓷和種茶相比，絲織品生產的本地化在歐洲開始得最早也發展得最好。

中國的絲綢出口

晚明時期（1570—1644），中國出口馬尼拉的產品中以絲貨佔絕大部分，1611—1615 年間比例高達 91.5%，明季馬尼拉是中國絲貨銷往歐洲的最重要基地。那個時代，菲律賓馬尼拉是西班牙的殖民地。

1684 年清朝開放海禁後，絲貨在西班牙大帆船貿易中仍佔極大比例。直到 18 世紀末，中國絲貨仍佔墨西哥進口商品總值的 63%。

中國絲綢在西屬美洲被普遍穿戴，不但西班牙殖民者使用各種中國絲綢製品，連產銀區的非洲人和印第安人，也有能力購買絲綢衣物。而西班牙為中國絲貨付出大量白銀。18 世紀晚期，由於福建和廣東糧食產量嚴重不足，開始從菲律賓大量進口稻米，這才扭轉了西班牙和中國之間的絲貨貿易逆差，但不久之後就因為墨西哥獨立戰爭而廢止大帆船貿易。

1720 年代之前，茶葉貿易尚未大興，絲貨是歐洲各國對華貿易中最有價值的物品。雍正年間，生絲和綢緞成為廣州的大宗出口商品。1884 年之後，絲貨又取代茶葉恢復出口魁首地位，但以生絲原料為主。17 世紀以後，中國絲匠已開始按照歐洲商人的訂貨要求設計並生產帶有歐洲風格圖案的絲織品。18 世紀各個東印度公司進口中國成品絲綢的數量，有相似的變化趨勢，1730—1740 年代是頂峰，此後隨着本國絲織業的發展而逐漸減少。17 世紀後期及 18 世紀初，就有英法紡織業人士敦促政府立法禁止中國絲織品流入，但由於上層社會喜愛中國絲織品，而本國絲織業又尚未成熟，因此即使政府頒佈禁止令也不能制止優質中國絲織品流入。

歐洲的絲織業興起

六世紀上半葉查士丁尼統治時期，蠶種和養蠶法終於傳入東羅馬。從中國直接夾帶蠶卵偷運至東羅馬的傳説缺乏可信度，但波斯在五世紀就已開始絲織業，身為鄰國而又為大量購買絲綢的黃金流入波斯感到心痛不已的東羅馬，很可能從波斯獲悉此項祕密。

東羅馬帝國的養蠶植桑業和絲織業，在查士丁尼在世時已有顯著發展。有來自中亞的使臣，誇耀羅馬人的養蠶紡絲技術不遜於中國人。

希臘南部的伯羅奔尼撒半島，在八世紀中葉出產的絲織品已經有單絲、雙絲、三絲甚至六絲的多種質地，絲織品的顏色與圖案也豐富多樣。直到 12 世紀，東羅馬－拜占庭都壟斷着基督教世界的養蠶紡絲技術。但 12 世紀裏，先是摩爾人（北非的阿拉伯人被稱為摩爾人）統治的伊比利亞半島從伯羅奔尼撒的希臘人那裏獲得絲織術，然後定居西西里的諾曼人，將這種技術傳入西西里。

西西里國王羅傑二世（Roger II，1095—1154）很看好絲織業，1147 年攻打拜占庭領土伯羅奔尼撒半島並大獲全勝時，順便把底比斯和科林斯地區的大批男女織工擄至西西里島，專門在皇宮裏為他們建了一座絲織廠，西西里王國就此成為西方絲織品的重要來源地。但西西里王國的衰落使絲織業中心轉移到位於托斯卡納地區的盧卡（Lucca），盧卡在 1314 年成為意大利絲織業的壟斷者，只是好景不長。十四世紀末，盧卡的一次動亂使絲工散佈到弗羅倫薩、波隆納、威尼斯、米蘭，甚至法國。意大利各城邦的絲織業在 15、16 世紀間紛紛興起，西西里卻黯然失色。

威尼斯的絲織業在 15 至 16 世紀非常興盛，曾經有四千人受僱生產天鵝絨、緞子、塔夫綢和金銀線布，而一些經營集約化農業的貴族莊園為之提供生絲。但威尼斯的絲織業於 16 世紀初開始衰落，只是在刺繡和絲帶生產方面仍保持領先地位。

熱那亞的絲織業從 15 世紀末才開始發展，很快成為主要工業門類，絲織品則成為主要出口商品，可是當里昂（Lyons）興起之後，它就失去競爭力。佛羅倫薩的絲織業興起於 15、16 世紀之交，美第奇家族統治佛羅倫薩以後，威尼斯的逃亡絲工為該地提供了生產祕密，結果佛羅倫薩的金銀線織錦行銷整個歐洲。但法國的圖爾（Tours）和里昂不久後就開始挑戰它的壟斷。米蘭也有不錯的絲織業。只有位於阿爾卑斯山區的皮埃蒙特沒有絲織業，原因是兩個鄰居米蘭和法國的強大競爭力。但是這裏也養蠶，養蠶戶只能低價將生絲賣給外國中間商。

法國的絲織業始於 14 世紀末，當時一些逃離意大利盧卡的絲工打算在魯昂（Rouen）創建絲織廠。到法國宗教戰爭（1562 年至 1593 年反覆多次戰爭，共計八次）前夕，里昂從事絲織、絲絨、鑲金銀線布生產的僱傭工人超過 12,000 人。進入 17 世紀，服飾方面的奢侈風氣大長，里昂周邊地區都興起絲織業，這裏的農民在冬季農閑季節都在紡織緞帶。絲織品和棉布在 17 世紀初都成為有很大出口份額的商品，而政府則開始禁止出口亞麻、大麻和絲。同時，1629 年還發佈條令，禁止諸多外國紡織品進口，包括絲織品和鑲金線、銀線的布。雖然中國的絲織成品在 17 世紀也大量來到歐洲，但法國的絲織業一直保持強大的活力。

16 世紀的西班牙已經有養蠶繅絲業，也牧養龐大的羊羣。西班牙政府限制毛料輸出量，以保護本國紡織品，在絲織品樣品設計和製造貴重金銀絲緞方面並無敵手，旅居西班牙的摩爾人，對該行業及人工皮革製造業貢獻甚大。伊麗莎白時代（1558—1603），英國還沒什麼絲織業。17 世紀中葉，以難民身份自法國投奔英國的絲工在英國政府大力支持下創立了絲織業。1689 年以後，英國政府已經為鼓勵絲織業而制定了出口退稅或獎勵的政策。普魯士王國在 18 世紀後期終於也有了絲織業，而且可以同里昂競爭。

中國生絲銷往歐洲

作為絲綢紡織原料的中國生絲外銷歐洲，始於 1560 年代奔波於太平洋的西班牙大帆船。嗣後，中國生絲成為歐洲市場也是西班牙商船的重要進口物品。1723 年，西班牙議會宣稱：大帆船自菲律賓運進墨西哥的生絲，雖以四千包為限，但實際上常高達 10,000—12,000 包，每包約重一磅。在馬尼拉和墨西哥之間往返的西班牙大帆船別稱「絲船」。17 世紀，歐洲的養蠶業分佈在意大利、西班牙和法國的羅納河谷。而且桑樹也是法國人意圖本土化並付出大量實踐的異國植物，始於 16 世紀中葉，當時有人專門回顧了地中海地區的植桑史，隨後提議在巴黎引種，得到法國國王支持，號召貴族在自家莊園種植。貴族莊園也響應國王號召種植其他異域植物，而凡爾賽在 16 世紀末已經是著名的異域植物實驗園。儘管如此，法國絲織業的繁榮使得本地蠶絲的供應量相形見絀。於是里昂通過馬賽從地中海東岸地區獲得部分原料，圖爾則通過聖馬洛（Saint Malo）從中國補充。雖說 17 世紀中期以後，由於荷蘭人在孟加拉、波斯等其他產絲國設立商館，中國生絲在歐洲市場上受到孟加拉和波斯生絲的競爭，但中國生絲終究以其色澤亮白、絲質華麗且價格不高而具有強大競爭力。即使對荷蘭東印度公司而言，1650 年以前，中國生絲也是它最重要的進口物品，此後則讓位於茶葉和瓷器。18 世紀中期以前，英國主要進口波斯和孟加拉所產生絲，波斯和孟加拉生絲質量不如中國，但價格便宜，同時英國在 18 世紀初控制了孟加拉的絲產地，也為進口孟加拉絲提供方便。

18 世紀，各國東印度公司開始大量輸入中國生絲，1750 年後生絲進口量明顯增多。英國仍是典型例子。18 世紀前半期英國進口華絲的數量每年起伏不定，且波動幅度相當大，從幾百匹到四萬多匹，50 年代起呈現明顯的上升趨勢，基本保持在每年五萬匹以上，60 年代以後則迅速突破十萬匹，有的年份甚至超過三十萬匹。出現這種情況的重要原因是，英國紡絲技術和設備大大發展，開始需要高質量的中國生絲紡造更精緻的絲綢，同時也要擺脱對意大利高級絲線的依賴。另外如瑞典在 1775 年後只進口生絲而不進口絲綢。意大利的絲紡業雖然在 16、17 世紀多少都因新興國家的競爭而又顯出衰落徵兆，但這時意大利畢竟還是歐洲生絲和絲線的基本來源地。18 世紀，大量湧入的中國生絲對歐洲絲織業的影響絕非無足輕重，法國里昂和英國的絲紡業因此如虎添翼，意大利的壟斷地位則徹底消失。這期間廣州出口的生絲品種有白絲、黃絲、緯絲、單經絲、線經絲、雙經絲六種，可見當時歐洲絲織業已發展到相當精細的程度。

而當生絲批量出口的同時，中國國內一度絲價昂貴，有人歸咎於出口過多，所以乾隆二十七年（1762）明令限制歐洲船隻每船准許攜帶的生絲數量。但兩年後，前任浙江巡撫莊有恭以杭、嘉、湖三府民生為由請求弛禁，清朝便不再限制生絲出口。到 19 世紀前半葉，歐洲市場上一半的生絲都來自中國，英國因產業革命後繅絲業大發展而依賴尤深。

荷蘭公司頗與眾不同，在 18 世紀對進口生絲不感興趣而始終偏愛進口絲綢，因為絲綢獲利比生絲更高。但這對荷蘭紡織業構成威脅，荷蘭的主要紡織品製造商於 1740、1770 年兩度向東印度公司董事會請願，要求限製絲綢進口而多運生絲和絲線，卻遭公司拒絕。不過，18 世紀歐洲市場上的絲綢價格並不總能令荷蘭公司滿意，在前四分之三個世紀裏因各國都大量進口絲綢而導致歐洲市場的絲綢價格非常不穩定。

18 世紀後期，在印度棉花進口中國的同時，蘇松一帶出產的棉布成為向歐洲出口的又一大宗紡織品。蘇松棉布有白色、褐色之分，外國人稱為「南京布」，質地好而價格較絲綢便宜許多，更適於歐洲普通人製作日常衣物。南京布到 1770 年代以後開始大範圍在歐洲流行。1780 年以前歐洲有關南京布進口量的數據很零散，這也從一方面説明南京布此時尚未成為常規貨物。18 世紀最後十年裏，各個東印度公司購買南京布的數量都在不斷上升，而且各國平均每年的購買量常在三萬匹以上。當然，除南京布以外，其他中國土布自 1730 年代起也陸續運銷歐洲，影響着歐洲人的生活。

四、「CHINA」的故事：是瓷器還是絲綢

2015 年 3 月，英國威廉王子訪華期間，3 歲的小王子喬治聽說爸爸去中國了，竟然去翻瓷器櫃，因為，在英文裏，CHINA 除了中國亦有瓷器之意。其實最早西方對中國的稱呼是 seres 或者 cine，都與「一帶一路」上的「絲綢」有關。

現代歐洲人對於中國的稱謂，英文德文皆作 China，法文作 Chine，意大利文作 Cine，皆源於約公元前 1 世紀出現的希臘文詞語 Thinae 或稍後的拉丁文譯名 Sinae，其漢語音譯都為「秦那」「支那」或「秦尼」，而這個希臘文名詞很可能來自大約公元前 5 世紀的波斯古文獻，它把東邊的文明之邦中國稱作「秦尼」(Čini，Saini)。

早先的印度人也稱中國為「秦那」(Cina)。印度的兩大史詩《摩訶婆羅多》和《羅摩衍那》都提到，在其遙遠的北方有個叫「秦那」的大國。這兩部史詩都形成於公元前 4 世紀到公元 2 世紀之間。「秦那」這個名稱可能就是通過波斯或印度傳入希臘。

為什麼稱古代中國為「秦那」或「秦尼」？季羨林、饒宗頤等

許多學人都有過探討，大體有兩種不同的看法。

一種看法認為，Cina 就是「秦」的音譯。1655 年意大利傳教士衞匡國出版的《中國新地圖集》首先提出此說，許多中外學者如伯希和、季羨林、饒宗頤都表示贊同。他們的主要根據是，春秋戰國時期位於中國西北方、西南方的某些少數民族，極有可能知道「秦」這一名稱。因為西周王朝在鎬京時期，秦人是守護着西邊，是西陲大夫。周王室東遷之後，秦襄公在此建國。進入春秋時代，作為五霸之一的秦穆公（前 682—前 621），「益國十二，開地千里，遂霸西戎」。秦的名威遠著，有可能從此傳向中亞，並進而傳向南亞、西亞、歐洲。戰國時期，北方的匈奴人、月氏人、烏孫人都與秦國相鄰，也都有可能成為「秦」這一國名的傳播媒介。在中國西南方，公元前 316 年，秦將司馬錯（司馬遷的八世祖）攻打巴蜀，進而吞併其地。許多考古發現證明，蜀人在春秋戰國時期即與外界（包括南亞）有若干物質交流關係，那麼蜀地歸秦之後，蜀人成為「秦」這個名稱傳至印度的中介也是自然之事。張騫在大月氏發現蜀地的商品經印度傳到中亞，對當地人來說，很可能是「古已有之」的事情。

另一種觀點認為，「秦那」是「綺」的譯音，即與絲綢外貿有關。公元前 4 世紀，印度孔雀王朝初期的《政事論》一書，就有「中國絲卷」（Cinapatta）或「中國所出由帶綑紮的絲」的記載，該詞中 Cina 就是「秦那」。先秦絲織品中，以文綺最為普遍和精緻，所謂綺，「文繒也」，紋理不順經緯，織法新穎，花式繁複，當時輸出境外的絲綢極有可能是這種綺，所以中亞和印度最早知道的就是產綺之國「綺國」，而並非「秦國」。古代波斯、印度都知道在他們的近鄰有一「綺國」，波斯文和梵文中都有錦、絹、綢、綾、繡、絲等專名，卻獨無「綺」字，大概就因為「綺」為國名 Cina 指稱了。

總之，無論「秦那」是「秦」還是「綺」的對音，可以肯定的是，中國與中亞及南亞的文化交流在秦統一中國之前，就已經有一定規模，儘管是以民間的物質貿易為主。

如果說「秦那」的原意在學術界還有爭論的話，對於稍後西方所出現的另一個有關中國的稱呼「賽里斯」（Seres），則普遍認同就是指中國絲綢。這個名稱當有波斯與印度的影響，據說最早見於公元前 4 世紀前後擔任波斯宮廷醫生的希臘人所作《印度記》，實際來源則是馬其頓國王亞歷山大（前 356—前 323）東征部將的描述，他們雖然沒有踏進賽里斯國土，卻在屯駐北印度時見過賽里斯人製作的衣袍。

根據法國學者戈岱司《希臘拉丁作家遠東古文獻輯錄》的材料，賽里斯就是「絲國」（Seres）的意思。古代歐洲人懷疑中國的絲綢出產於羊毛樹上，或者得之於絲蜘蛛腹中。羅馬地理學家斯特拉波（前 63—公元 23）《地理書》說：也許由於酷熱的原因，「在某些樹枝上生長出了羊毛」。稍後的著名作家、學者普林尼（公元 24—79）《自然史》第六卷則描述得更為具體：「人們在那裏所遇到的第一批人是賽里斯人，這一民族以他們森林裏所產的羊毛而名震遐邇。他們向樹木噴水而沖刷下樹葉上的白色絨毛。然後再由他們的妻室來完成紡線和織布這兩道工序。由於在遙遠的地區有人完成了如此複雜的勞動，羅馬貴婦們能夠穿上透明的衣服而出現在大庭廣眾之中。」他還抱怨遠東的奢侈品貿易對國家的損害：「我國每年至少有一億枚羅馬銀幣被印度、賽里斯國以及其他阿拉伯半島奪走。」

《後漢書．西域傳》曾提到大秦王安敦即馬可．奧勒留（Marc Aurele）遣使入華之事，奧勒留全名馬可．奧勒留．安敦．奧古斯都，所以《後漢書》作大秦王安敦並不錯。奧勒留是所謂「六賢君」之一，他當政的時代（約161—180），一本叫《希臘志》的書，第一次比較接近真實地記述了絲綢的祕密。書中說：「至於賽里斯人製作衣裝的那些絲線，它並不是從樹皮中提取的，而是另有其他來源。在他們國內生存有一種小動物，希臘人稱之為『賽兒』（Ser），而賽里斯人則以另外的名字相稱。這種微小動物比最大的金甲蟲還要大兩倍。在其他特點方面，則與樹上織網的蜘蛛相似，完全如同蜘蛛一樣也有八隻足。賽里斯人製造了於冬夏咸宜的小籠來飼養這些動物。這些動物做出一種纏繞在它們足上的細絲。在第四年之前，賽里斯人一直用黍作飼料來餵養，但到了第五年——因為他們知道這些笨蟲活不了多久，就改用綠蘆葦來飼養。對於這種動物來說，這是它們各種飼料中最好的。它們貪婪地吃着這種蘆葦，一直到脹破了肚子。大部分絲線就在屍體內部找到。」

中國古代的絲織業號稱蠶桑之業，誠然是離不開樹和小蟲。西方從道聽途説中獲得羊毛樹和絲蜘蛛的傳説，也可以看見蠶桑的影響，只是頗有訛誤罷了。到了公元 2 世紀，西方對於蠶桑業的認識已經比較接近實際了。

至於 China 作為瓷器的代稱，則是由於近代中西貿易的內容與格局都發生了時代的變奏。唐宋時代，瓷器是中國重要的對外貿易商品，尤其海路上瓷器更重要。1500 年大航海之後，歐洲直接從中國大量進口瓷器。據推算，18 世紀流入歐洲市場的中國瓷器應在 1 億件以上。不僅是各國王室，就是像路易十五（1710—1774）的情婦蓬帕杜夫人（1721—1764）這樣的社會名流，客廳沙龍裏如果沒有幾件中國瓷器，那是很沒有面子的事。於是，中國成為瓷器的代名詞。歐洲進口華瓷，從訂購，到來樣加工，乃至自己生產，經歷了進口、模仿、自創的過程。最初進口的中國瓷器本來就是按歐洲人的審美訂製的，歐洲人自行仿製起來，與模仿歐洲人口味的中國外銷瓷相比，顯然更有優勢。從此，原本只有王公貴族才能享用的中國紡織品和瓷器，開始成為普通人的日常用品。仿製華瓷的成功，促使歐洲各國紛紛設法仿製中國物品，形成風氣。

路易十四（1638—1715）時期，第一批色彩鮮明的中國印花棉布被大量運往法國，法國人立即加以仿造，廣受消費者喜愛，名為「印花布」。18 世紀裏，中國絲綢及其歐洲仿製品和中國棉布製品在歐洲被廣泛用作帷幕和罩單。瓷器也是這樣。17 世紀中期，只有少數宮廷才有大量的瓷器陳列，18 世紀，瓷器開始成為一般家庭生活用品。包括飲茶在內的熱飲成為社會流行風尚，對茶具的需求隨之迫切，促進了中國瓷器的進口，進而又刺激歐洲人竭盡全力仿製中國瓷器，直至走上創新之路。

1793 年，馬戛爾尼（1737—1806）出使中國時，獻給乾隆皇帝的禮品中，就有英國韋奇伍德（Wedgwood）工廠生產的碧玉瓷。這家公司成立於 1759 年，所製瓷器號稱世界精品，採用新古典主義設計風格，一直得到英國王室和上流社會的喜愛。當小王子喬治在家中瓷器櫃裏去找 CHINA（瓷器），不知道他見到的是古老的中國瓷器呢，還是王室日常所用的韋奇伍德瓷器？估計後者的可能性大。當年乾隆皇帝對於韋奇伍德瓷器十分不屑，如今該公司在中國已經開了 30 多家銷售店，營業額不斷增長，其精美的骨瓷（成分中加入動物骨粉）一直是收藏界的寵兒。

五、 瓷器貿易與技術交流

宋元時期，華瓷的主要海外市場是東南亞、波斯、北非和土耳其，可能也有一些輾轉進入歐洲。據説馬可·波羅為歐洲帶回第一件中國瓷器，那是一件現存於威尼斯聖馬可教堂（St Mark's Basilica）的德化白瓷，而歐洲人還因此把德化窯瓷器稱為「馬可·波羅瓷器」。到了明清時期，瓷器成為中歐貿易的重頭戲。

葡萄牙拔得頭籌

葡萄牙人在抵達印度之始就接觸到中國瓷器，達伽馬獲得卡利卡特國王贈送的一隻大瓷罐、六隻小瓷碗和六個深腹瓷壺，他回國時還將一些瓷器獻給國王堂·曼努埃爾一世（D. Manuel I，1495—1521 在位）。這以後，堂·曼努埃爾國王愛上了中國瓷器，一邊努力蒐集，一邊還對西班牙的天主教國王夫婦推薦或炫耀。而葡萄牙東方船隊的船長、貴族和教會長老們也都喜愛上中國瓷器。天主教世界的特蘭托公會議首輪會議召開期間（1562 年），葡萄牙布拉卡大主教馬蒂爾（D. Frei Barlomeu dos Mártires）便向其他主教炫耀自己的瓷器收藏。1580 年，里斯本已有六家出售中國瓷器的商店。中國與歐洲之間的正式瓷器貿易便因葡萄牙人而開始，但 16 世紀由葡萄牙人進口的瓷器數量雖然不少，卻仍然是一項不定期貿易。而且，雖然葡萄牙本國在 16 世紀晚期已經開始了將青花瓷從上層社會奢侈品轉變為普通百姓日用品的過程，但由於葡萄牙人不屑於在歐洲主動經商，他們的澳門瓷器貿易對他國的影響十分有限。待荷蘭人加入瓷器貿易，中國瓷器才開始為歐洲各地矚目。

荷蘭人風頭最盛

1602 年 3 月，荷蘭人在海上截獲一艘葡萄牙帆船「聖地亞哥」號（Santiago），將船上的 28 筐瓷製盤碟和 14 筐瓷碗作為戰利品帶到荷蘭。1603 年又截獲一艘載有 10 萬件瓷器的葡萄牙商船「聖卡特琳娜」號（Santa Catharine），這批瓷器在阿姆斯特丹公開拍賣，使荷蘭人獲利近 600 萬荷蘭盾。由於買主是來自整個西歐的王公貴族，此次拍賣也使中國瓷器在歐洲名聲大噪。從此，瓷器貿易成為荷蘭東印度公司的重要內容，它在這個領域的壟斷地位一直保持到 18 世紀初。

1608 年，荷蘭公司通過南洋的中國商人定購 10.8 萬件瓷器。1620 年要求中國商人提供 5.75 萬件各類瓷器，1622 年的訂購量是 7.5

萬件，1638 年其在台灣的瓷器存貨多達 890,328 件，1639 年又通過來巴達維亞的中國帆船商人定購 2.5 萬件瓷器，1647 年有 20 萬件瓷器以走私方式經台灣轉運至巴達維亞。據估計，1604—1656 年間荷蘭共進口 300 多萬件瓷器。1662 年鄭成功將荷蘭人逐出台灣，清朝又實行海禁，荷蘭人的華瓷貿易只能零星進行。1602—1682 年，荷蘭東印度公司購入中國瓷器超過 1,600 萬件，其中 1,200 萬件運往歐洲。1683 年清朝統一台灣後華瓷才重新進口荷蘭，1695 年荷蘭公司印來 17 世紀華瓷貿易的高峰，當年瓷器貨值 104,358 荷蘭盾。18 世紀，荷蘭公司在這項貿易中的壟斷地位被英法公司取代，同時荷蘭公司的注意力轉向茶葉貿易，瓷器貿易一度近於中斷，1702—1729 年只有數百荷盾用於購買瓷器。但自 1729 年首隻來自阿姆斯特丹的船隻抵達廣州後，荷蘭公司又恢復大規模瓷器貿易，1729、1731 和 1734 年來華的船隻採購瓷器數量分別在 21 萬件、44 萬件和 87 萬件以上。此後的三角貿易階段，每年荷蘭公司買入的華瓷從四五十萬件逐漸升至近百萬件，有些年頭也跌到 15 萬件左右。1730—1789 年間，荷蘭東印度公司購入中國瓷器總計超過 4,269 萬件。

英國人後來居上

18 世紀中期以後，其他歐洲國家也大量輸入瓷器，在廣州的出口物品中，它是位於茶葉與絲貨之後的第三大出口商品。瓷器貿易中，英國是荷蘭的首要競爭對手。

從 1760 年到 1764 年，英國公司從廣州輸出的瓷器年平均價值超過 6 萬兩白銀，佔其總貨值 7.6%。1765—1779 年，達到八九萬兩。1785 年以後則迅速增加至每年 30 萬兩左右，1820—1824 年間曾達到每年 40 萬兩。茶葉貿易興盛之後，歐洲公司輸入瓷器與茶葉可謂相輔相成，瓷器與茶葉混裝成為各公司通例，因為茶葉分量極輕，而瓷器正好可以兼任壓艙貨。作為後起之秀的瑞典東印度公司更以瓷器貿易為主，在其存在的 84 年中（1731—1815）共進口中國瓷器 5000 萬件，而僅 1750—1775 年間就進口 1,100 萬件，居此期歐洲各國之首。據推算，17 世紀到 19 世紀初，歐洲各國進口華瓷總數量在 1.37—1.44 億件，考慮到荷蘭公司的 3,500 萬件中有接近一半為 17 世紀進口，而 19 世紀的華瓷貿易持續時間很短且數量不大，那麼 18 世紀流入歐洲市場的中國瓷器恐怕不下 1 億件。

華瓷應用的拓展

從 17 世紀的不到 2000 萬件到 18 世紀的 1 億件，華瓷進口數量增長如此迅速，則華瓷的應用領域也必定有所拓展。

17 世紀，中國瓷器在歐洲被當作奢侈品，尤其是宮廷藉以標榜財富與地位的耀眼陳列品。宮廷風尚也在貴族中引領一種收集和裝潢瓷器的新時尚，甚至因此誕生了從事「瓷器室」整體設計的設計師，荷蘭籍法國建築師丹尼爾·馬羅特（Daniel Marot）在該行業中最享盛名。葡萄牙里斯本的桑托斯宮有個獨一無二的瓷器室，房間金字塔式拱頂的四個三角形斜面上共覆蓋了 260 多件青花瓷盤，其中最早的出產於 1500 年左右，最晚的出產於 17 世紀中葉，堪稱葡萄牙瓷器貿易史的見證。17 世紀的荷蘭油畫中，常可見到富裕家庭的壁架或桌子上擺設着中國青花瓷。18 世紀，隨着中歐瓷器貿易擴大，歐洲普通人家也追求擁有幾件瓷器，貴尚之家以收集和鑒賞中國瓷器相矜誇之風有增無減。1713—1740 年間，普魯士國王為給自己的婚禮增色而尋求中國瓷器，於是通過外交談判、以 600 名魁偉健壯的御林軍衛兵為代價，從鄰邦君主處換得一批中國瓷器。此舉也堪稱歐洲近代外交史上一樁奇聞。這批瓷器中的 18 隻大型青花瓶由此被稱為「近衛」花瓶。18 世紀的英國名流，無論是作家約翰遜、斯威夫特（Jonathan Swift）和德拉尼夫人（Mary Delany），還是諸如坎特伯蘭公爵這樣的貴族，都大量收集瓷器，有時近乎瘋狂。*Spectator* 第 336 號（1712 年 3 月 26 日）登載一封瓷器店員來信，信中抱怨愛好進口瓷器而又不肯購買的女子，那種女子一天到晚無事可做，每天到他店裏光顧兩三次，一會説要買屏風，一會説要買綠茶和茶杯、茶盤、茶碗，店員只好把她説的東西都搬出來給她看，但她看過摸過之後，不是説這個太貴，就是説那個太土，還説剩下的那個好是好，可惜暫時用不着。然後她就跑了。可是還沒等店員整理完畢，她又來了……

瓷器在 18 世紀也成為新興中產階級的生活必需品，中歐瓷器貿易的最高峰正呼應着市場需求的迅速擴大。瓷器價廉物美，既堅硬又輕便，還非常雅緻，兼以耐酸耐鹼、便於洗滌，比之傳統的金屬器皿和普通陶器，優點不啻百倍。茶葉、巧克力和咖啡等外來熱飲先後在歐洲普及，更促使瓷器成為居家日用品。有一種説法稱，17 世紀荷蘭和英國的東印度公司大量進口瓷器是為了推廣茶飲，因為它被視為一種特別適合該飲料的器皿。不管怎樣，飲料配合細膩迷人的瓷製茶具，別有一種情調和親和力，對歐洲人深具吸引力。

華瓷貿易的演進

18 世紀歐洲的華瓷貿易大致經歷了訂購中國傳統瓷器（1721—1744）、按要求定製瓷器（1744 至十八世紀末）、進口一般瓷器（粗瓷器）（1780 至十八世紀末）這三個階段。大量預訂中國傳統瓷器反映了歐洲瓷器需求量增大。定製瓷器的大量出現則是瓷器普及歐洲市場所導致的需求多樣化的體現，因此定製瓷器盛行階段，也可視為中西瓷器貿易的高峰期。定製瓷器始於 16 世紀的葡萄牙商人，因為葡萄牙貴族自接觸瓷器之始就喜歡讓這種新器物體現出本家族或本城市的徽章圖案，到 1580 年代則因瓷器在葡萄牙人日常生活中漸趨普及而對瓷器的造型、圖案、釉彩、題銘有更多的本地化要求。

荷蘭商人 1635 年也曾攜帶木製器皿模型到廣州定製，1678 年荷蘭公司還曾請中國匠人仿製各種荷蘭德爾費特（Delft）陶器。但就整個歐洲而言，定製瓷器在 18 世紀以後才蔚為風尚。因為定製瓷器對於銷售商來說有很大風險，既無法保證實際發出的是哪批貨，也無法保證能及時發貨。故此，定製瓷器在相當長時間內只是前來東方的軍官和船主為自己預訂並用自己的船隻運回的私人交易。

18 世紀最後二十年歐洲以進口中國粗瓷器為主，這透露出歐洲對瓷器的需求並未衰歇，但對高檔華瓷器卻不那麼熱衷了，原因在於歐洲已經掌握了製瓷技術。據說法王路易十四曾下令將法國所有金銀器熔化，以償付宮中的進口瓷器。這麼昂貴的代價足以構成生產本地瓷器的強大動力。不過法國並非歐洲製瓷業的先驅。1581 年，佛羅倫薩公爵弗朗西斯科·德·美第奇（Francisco de' Medici）創建托斯卡納地區的陶瓷業，並模仿嘉靖、萬曆年間的青花瓷紋飾，但胎質、釉質與華瓷相差甚遠，屬於軟質瓷器。隨後，意大利各地皆熱心於此。17 世紀，荷蘭憑藉對中國和日本瓷器的廣泛接觸而大力發展製陶術，陶瓷業憑藉珐琅釉而成為一項重要產業，這也見證了中國瓷器在荷蘭引發對此種物品甚至類似瓷器之物品的巨大需求。牆壁、地板的裝飾以及為咖啡器皿和茶具、藥劑罐、煙草罐、花瓶、燈架用的瓷釉，在阿姆斯特丹等地數十多家工廠中都有精良產品出產。

歐洲的瓷器製造

當荷蘭珐琅釉製造業繁盛之時，德國於 1662 年在漢蘇（Hansu）也設立一家珐琅釉工廠，不久德意志其他地區亦相繼設廠。德國人波特格爾（Johann Friedrich Böttger）和敕爾恩豪斯（Ehrenfried Walter von Tschirnhaus）在薩克森選帝侯腓特烈．奧古斯都一世（1670—1733）的資助下，於 1707—1709 年間試製成功白色透明的硬質瓷器，歐洲各國歷時一百多年對瓷器製造祕方的探索終於取得成功。薩克森王室對波特格爾的成就進行驗收並作商業評估之後，於 1710 年 1 月下令在德累斯頓（Dresden）建立瓷廠，同年 6 月遷到附近的邁森（Meissen）。是年第一批邁森白瓷在萊比錫春季博覽會上展出，從此名聲大噪，而瓷器業很快就成為薩克森最重要的工業部門。邁森瓷廠到 1713 年也完善了其白瓷的製作。德國七年戰爭（1756—1763）時期，普魯士國王腓特烈二世佔領薩克森後，面臨無錢償還戰爭債款的窘境，於是想到用所接管的邁森瓷器償債，竟然順利渡過難關。

18 世紀中葉以後，大小瓷廠遍佈歐洲。繼邁森瓷廠之後的第二家瓷廠是 1717 年成立的維也納瓷廠，首批技術工人來自邁森。但這家瓷廠經營不善，十年後必須靠貸款維生，1744 年將產權移交給政府。柏林在 18 世紀中葉也設立一家瓷廠，同樣難以為繼直至破產，1763 年被腓特烈二世收購而改為「王家瓷器工廠」。法國的首家瓷器工廠於1738年設於巴黎東郊的萬塞納（Vincennes），不久後因路易十五購買四分之一股權而享有「皇家工廠」之稱。這家工廠與諸多其他行業的工廠一樣，都未能達成令國王滿意的成果。繼邁森之後的這些瓷廠普遍經營不佳，根本原因就是尚不能製出與中國瓷器匹敵的產品。

這個時候，在華傳教士擔當了科技情報的蒐集工作。

長期在江西活動的法國籍耶穌會士殷弘緒（François-Xavier d'Entrecolles）曾在1715和1722年寫了兩封信，詳細記錄景德鎮瓷業並寄往歐洲，分別介紹了瓷器的特點和歷史，製瓷原料高嶺土及其加工方法，幾種主要釉彩的配製法與施釉法，瓷窯的特點和建造法，燒窯的過程，各種顏色釉及其調配方法等。殷弘緒信心滿滿地介紹說，了解中國製瓷工藝會對歐洲很有幫助。

殷弘緒對製瓷流程的描繪，雖然大大消除了瓷器的神祕色彩，但畢竟不是真正的技術報告，無法令法國製瓷業直接受益。他甚至沒能提供高嶺土、瓷胎土和釉質的成分，他自己也不知道歐洲是否出產類似的礦土。這兩封信的作用毋寧說是進一步刺激歐洲人去發現瓷土、瓷釉和燒瓷的祕密。殷弘緒1715年的信中提到，曾有「紅毛」（清朝人對英國人或荷蘭人的稱呼）自中國購買瓷胎土，試圖回國後自製瓷器，但因未帶高嶺土而失敗。可以猜想，歐洲商人購買製瓷原料回國肯定不止這一次，應該就是通過這種舉動，歐洲人才能夠分析出製瓷原料的成分，進而在本土尋找相應的礦土。1771年法國里摩日（Limoges）附近發現高嶺土礦，恐怕就是這一長期努力的結果。從此，法國開始製造硬質瓷，而里摩日成為法國著名的瓷城，與德國邁森相頡頏。

在歐洲掌握了製瓷技術之後，歐洲產品的製作工藝與風格意蘊顯然比中國產品更適合歐洲人。因此，18 世紀最後二十年，歐洲上層社會對高檔瓷器的需求不再由進口華瓷滿足，中歐瓷器貿易的重點變成進口中國粗瓷以滿足百姓日用。1793 年抵達中國的英國馬戛爾尼使團自信滿滿地將本國韋奇伍德瓷廠（Wedgwood）的產品作為進獻給乾隆皇帝的禮物，並認為它有打開中國市場的實力，由此可見歐洲製瓷業發展的勢頭。但是，此舉在中國皇帝眼裏純屬野人獻曝。然而 19 世紀之後，歐洲瓷器果然令中國這個瓷器之祖刮目相看，中國人在西風鼓盪之下日漸欣賞歐洲瓷器的風格，近代中國製瓷業的新發展未嘗不受惠於西方技術。瓷器從中國的獨特發明變為世界共同的財富，這並非中國文化的失落，而是文明在交流中共同發展的佳話。

六、亮麗而酸楚的外銷瓷

瓷器、絲綢、茶葉是海上絲綢之路上常見的中國外銷商品。與宋元時代中國瓷器主要是銷往東南亞、西亞、北非不同，明清時代海上絲路，中國瓷器遠銷歐洲，構成了一道亮麗的風景線。《魯濱遜漂流記》的作者笛福（1660—1731）甚至說，住宅裏若沒有中國花瓶，不能算第一流的高檔住宅。

克拉克：「葡萄牙戰艦」

據說馬可波羅最早帶了一件中國瓷器到了歐洲。達伽馬首航印度，帶回幾件中國瓷器，曾把其中的一件獻給自己的國君，只不過這是從卡利卡特國君那裏得到的物品。大航海時代，葡萄牙人最早進入中國，是最早販運中國瓷器的歐洲商人。當然，荷蘭人作為 17 世紀海上馬車伕，也是中國外銷瓷的積極推動者。最富盛名的「克拉克瓷」，其出典就來自葡萄牙和荷蘭。1603 年，荷蘭人截獲了葡萄牙船隻「聖卡特琳娜」號，船上裝載的是青花瓷器，從此，同樣風格的瓷器在歐洲都被稱為「克拉克瓷」。「克拉克」（Kraak）在荷蘭語中指「葡萄牙戰艦」的意思。

此後，克拉克瓷器泛指明末（主要是明武宗正德年間之後）清初，中國外銷歐洲的定製瓷器。其裝飾圖案雖然以中華風格的文飾為主，但是，卻為迎合海外的消費者，做了適度的改造。早期銷往東南亞和阿拉伯的伊斯蘭世界，主要器形有盤、碗、瓶、軍持（一種盛水器）等，出現在歐洲的則主要是直徑 30—50 厘米的大盤。這種青花瓷有特定的紋飾風格，盤心、盤壁兩層紋飾佈滿全器的內裏，中心圖案以山水、花鳥、人物或動物為主題。邊壁是八至十組的開光紋飾，開光呈梯形、圓形、橢圓形、菱花形、蓮瓣形，開光內的圖案有向日葵、鬱金香、菊花、靈芝、蕉葉、蓮、珊瑚、魚、螺、卷軸、傘蓋、佛教吉祥物。

晚明外銷於歐洲的克拉克瓷，常見梯形開光（所謂開光，是常見於陶瓷器、景泰藍等的裝飾方法之一，在器皿某處留出蓮花形、扇形、梯形空間，並在此繪上各種花紋。）且兩個梯形之間以一個細長方形小開光間隔，開光所佔面積和盤心畫所佔面積大致相等，並且在視覺效果中開光往往更搶眼。採用的雖是中國傳統的繪畫元素，但因為構圖有幾何形的嚴謹，畫面充實而又整齊，看起來充滿異國情調，與明代後期流行於國內的青花瓷紋飾截然不同，有很明顯的市場導向。

克拉克瓷的幾何形開光，或許源自元代。因為元代青花罐或瓶中，由小長方形環繞而成的肩飾和底部紋飾，與以往的蓮瓣紋略有相似，疑即其變體。但是，在元代青花中，這種幾何紋飾位於不很顯眼的次要位置，明代克拉克瓷器則把它變為主體構圖，這恐怕就是為了適應伊斯蘭世界對幾何構圖的愛好。

清前期製品的開光形式則有各種變體，且傾向於取消大小開光的錯落分佈，以便讓所有開光均等。同時，開光在整個盤面構圖中佔據的面積大大縮小，成為烘托盤心畫的邊飾；或者乾脆把開光轉化成從盤心輻射至盤邊的均勻扇面結構。簡而言之，就是日益取消晚明克拉克青花的異國情調，而把它轉變成更加中國化的構圖。原本為了迎合伊斯蘭世界而創造出的中國人眼中的異國情調，在歐洲人眼裏成為新奇獨特的中國情調，不僅晚明出產的克拉克青花，成為歐洲富裕家庭熱衷的收藏品，而且荷蘭人很快就仿製這種紋飾的陶器（軟質瓷），甚至 18 世紀歐洲人從中國大量進口素胎白瓷而自行添加紋飾時，晚明的克拉克式樣仍然是他們所鍾愛的選擇。

另外一種著名的外銷瓷品種是「伊萬里」（Imari）瓷器。伊萬里瓷器原是日本產品，以其產地得名。天啟年間，景德鎮就開始針對日本市場燒製繪有日本式圖案的青花瓷。17 世紀早期，日本的九州島發現瓷土後，開始發展本地的瓷器工業。明清易代時的混亂，為日本瓷器提供了良好的市場前景，日本瓷廠開始為荷蘭商人燒製外銷瓷。伊萬里是荷蘭商船進出九州島的港口，此地發展出在釉下青花基礎上，施以釉上鐵紅與金彩的紋飾風格，這種反差強烈而鮮艷的色彩風格，頗受歐人喜愛。此外，伊萬里瓷器有的圖案形式簡單，有的式樣複雜，由花卉圖案和幾何徽章組合而成，同樣受歐洲人喜愛。

1680 年，中國瓷器產業開始恢復，伊萬里風格立刻被中國工匠學去，從而出現了「中國伊萬里」瓷器。景德鎮 1683 年重建後，伊萬里瓷器的製作和銷售中心便徹底從日本轉移到景德鎮。「中國伊萬里」的圖案設計較少原創性，到 18 世紀頭 25 年，越發成為普通產品。「中國伊萬里」作為一種彩瓷，價格介於便宜的青花瓷和最昂貴的琺琅彩瓷之間，這也是它在歐洲市場受歡迎的一個原因，後來許多歐洲工廠也仿製伊萬里彩瓷。

紋章瓷：歐洲時尚中國造

瓷器貿易量的逐年增大，使瓷器在歐洲日益從奢侈品變成為人們日常生活用品，這就促使歐洲商人開始根據顧客的需求和喜好定製瓷器。定製瓷器，有的是按照歐洲進口商提供的圖案紋樣裝飾瓷器，也有的是由歐洲人提供器型模具燒製瓷器。

截止 18 世紀初，中國外銷瓷都是在景德鎮完成全部流程，以成品運至廣州。隨着定製圖案的瓷器數量增加，1730 年代初期，廣州出現了外銷瓷的專業畫工，此時景德鎮開始提供少部分素白瓷或只有部分裝飾的瓷器，由廣州的畫工以釉上彩的方式完成歐洲商人要求的圖樣。比如紋章瓷盤，離開景德鎮時只有盤邊飾（通常是青花），作為主體圖案的盤心紋章則在廣州完成。18 世紀中葉以後，廣州成為製作釉上紋章和其他定製釉上彩紋樣的重要基地，廣州畫工表現出繪製各種歐洲圖樣的嫻熟技巧。

定製瓷器的模具有木製器皿、銀製器皿及合金器皿，還有以德爾費特陶器為原型的。比如雍乾時期，英國公司訂購的瓷器常以英國銀器為模型。中國傳統形式的器皿逐漸也會因為歐洲人的喜好發生變異，比如單把手的茶杯變成無把手杯子，對歐洲人來講更有異國情調。17 世紀的荷蘭東印度公司最喜歡定製成套的釉裏紅咖啡用具，也很喜歡訂購三個一組或五個一組的青花釉裏紅擺設用花瓶與大口杯，另外還喜歡訂購瓷人和瓷動物做擺設。

在定製瓷器中最具歐洲特色的是紋章瓷（盾徽瓷），紋章瓷大致可分為名人徽章、省城徽章、機構或公司徽章、軍隊徽章，名人徽章在上述歐洲各國定製的瓷器中都常見，省城徽章多見於荷蘭、美國的定製瓷器，公司徽章則主要是荷蘭東印度公司和美國一些機構訂燒，軍隊徽章其實僅見於東印度公司駐印度的某些部隊。此外還有屬於澳門耶穌會士的一批有耶穌會會標的瓷器。現存最早的一件紋章瓷是繪有葡萄牙國王堂．曼努埃爾一世的渾天儀徽章的青花玉壺春瓶。稍晚的有 16 世紀中葉的一隻王室紋章碗和一隻阿布埃（Abreu）家族紋章碗，屬於曾兩度擔任馬六甲總督（1526—1529，1539—1542）的佩羅．德法利拉（Pero de Faria）。另有一件約 1540—1545 年間景德鎮出產的葡萄牙王室紋章青花大口水罐，圖案中的盾徽上下顛倒，看起來更像一隻中國的鐘或鈴，而水罐的形狀為伊斯蘭式，是多種文化元素雜糅一體的典型作品。紋章瓷的主要市場是葡萄牙、西班牙、英國、丹麥、比利時、荷蘭、德國、法國等歐洲國家，1740—1760 年代，紋章瓷的總體定製數量達到頂峰，但在英國的頂峰從 1720 年持續到 1830 年。在 18 世紀，瑞典有約三百家貴族曾在中國定製紋章瓷，英國定製了四千多件（套）紋章瓷，荷蘭定製紋章瓷的數量多於葡萄牙但遠不及英國，不過式樣豐富多彩。

紋章瓷在荷蘭既是身份的體現，也是一種時尚。17 世紀末，少見的紋章瓷是個人和家庭身份的象徵物。18 世紀，紋章瓷仍具有獨特的社交價值，宴會主人在餐桌上展示和使用有自家徽章的成套瓷器餐具，可以提升其人之社會地位。紋章也作為一種形式美觀並有個人特徵的紋飾而被很多荷蘭人喜愛。在瓷器使用日益普及的 18 世紀，紋章瓷還具有紀念品功能，特別定製的紋章瓷被用來紀念家庭和個人的重要時刻。由於紋章瓷在荷蘭普遍受歡迎，東印度公司為他人定製此種瓷器可以獲得厚利，這自然也促使荷蘭公司多多進口此種瓷器。紋章瓷在荷蘭市場受歡迎的理由在其他國家也同樣成立。

紋章瓷的紋彩以釉上珐琅彩為主，單純釉下青花不多見，也有青花與釉上珐琅彩相結合。後兩種主要見於荷蘭市場，因為荷蘭人始終較偏愛青花瓷，哪怕 1730 年代以後青花瓷在歐洲已成昨日之星，荷蘭人仍愛定購有青花的紋章瓷。出現於荷蘭市場的有青花的紋章瓷，單純青花瓷同青花釉上彩瓷的數量不相上下，青花同以金、紅、玫瑰色為主的珐琅彩上下輝映，別有一番絢麗。作為紋章瓷圖案的基本元素除紋章本身，主要包括幾何圖形、渦捲飾（Scrollwork，即螺旋形或漩渦形裝飾紋樣，形似一寬鬆捲起的紙卷橫斷面。）、花朵、風景等。17、18 世紀之交，荷蘭紋章瓷的圖樣設計個人特色很強，從 1720—1730 年代開始，紋章圖案趨於程式化和標準化，可能是定製者大量增加所致。

定製瓷器的其他紋飾，也總是隨着歐洲時代風尚的變化而變化，比如乾隆年間紋章瓷的裝飾圖案，1735—1753 年間以素淨的葡萄藤或花蔓裝飾最多，1750—1770 年間則是顯著的洛可可式裝飾，1770—1785 年間轉而為纏繞葡萄藤的黑桃形盾牌，1785 年之後黑桃盾牌開始嵌入藍黑邊線和金星，1795—1810 年間則變成由深藍色菱形花紋圍成的圈。

外銷瓷：幾多異國風情

外銷瓷圖案在最初階段是純粹的中國風格，隨着定製瓷器成為主流，歐洲風景畫、歐洲人日常風情畫、宗教內容、希臘羅馬神話人物和情節都出現在中國出產的外銷瓷器上，同時圖樣風格逐漸呈現中西合璧特徵，後來則以單純歐洲風格的設計圖樣為主。18 世紀中葉以後，歐式圖樣常在歐洲加繪，但仍有很多是由中國畫工完成的，這些畫工由此成為接觸和學習歐洲繪畫及圖樣設計的先驅。

中西合璧的圖樣通常包括中國式花草、風景和捲草，再加上歐式的葡萄紋、渦捲飾、捲軸飾（Cartouche，即一種不規則或想像造型的繪畫或雕刻裝飾，用曲線或曲帶圍成橢圓形或菱形，中間部位空白，用來題字或繪小插圖。）和暗紅色花朵。1765—1820 年間歐洲市場上有大量中西參半的由菱形、符號、花朵和蝴蝶構成圖案的瓷器。還有一種中西合璧紋飾是中國風物加灰色裝飾畫（Grisaille）。灰色裝飾畫又稱中國墨線畫（encre de Chine），出現於 1720 年代，特點是用細的灰黑線勾勒圖案，適用於起草油畫底稿、勾畫風景和翻繪版畫圖樣。瓷器中的灰色裝飾畫又常與金色結合使用，呈現出細膩端莊的效果。

常見於外銷瓷上的歐洲式圖樣有幾大類。第一類是路易式樣，指從 17 世紀後期到 18 世紀後期分別流行於路易十四、攝政王、路易十五和路易十六時代的幾種式樣。路易十四式樣的基本要素是在卷軸飾中的對稱人物、阿拉伯藤蔓、帷幔、扇形、形狀優美的葉子、渦卷飾、爵牀葉和小棕櫚葉，色彩與構圖都顯得厚重濃郁，有明顯巴洛克特點。攝政王時期，圖樣開始變得輕巧雅緻。到路易十五時代，圖樣變成地道的洛可可風格，用曲線表現不對稱式樣，圖樣要素包括各種形狀不規則的事項，如巖石、貝殼、渦卷、水紋、羽毛、獸角、各種自然的葉形。瓷器上的路易十五式樣在法國流行於 1730—1760 年代，在荷蘭則持續到 1780 年代。路易十六式樣則與新古典主義風格呼應，首先於 1760 年代出現於英國，1770 年代才延及法國，流行到 1800 年左右。它也偏好對稱形狀，但格調是優雅冷靜，以柱形、花瓶、花朵和葉子結成的彩帶、獎章和蜿蜒的形狀為構圖要素。

第二類是德國邁森瓷廠的設計圖樣。邁森瓷廠陸續設計了幾種著名的圖樣，因為在歐洲大受歡迎，所以各國東印度公司也要求它們出現在中國外銷瓷上。一種最著名的邁森式樣是 1715—1725 年間常見於邁森瓷器上的金色捲飾，自 1740 年代早期開始出現於中國外銷瓷上。另一種常見於中國外銷瓷的邁森式樣是「德意志花卉」（Deutsch Blumen），由碎花和本地植物組成花束，花朵常用薔薇。邁森瓷廠於 1740 年代設計該圖樣，用以取代以中國花朵為要素的「印度花卉」（Indianische Blumen）圖樣。

第三類是荷蘭人的設計圖樣，最著名的是梅里安（Merian）依據歐洲植物和動物圖冊中的圖形設計的圖樣，以及普隆克（Cornelis Pronk）專門為荷蘭東印度公司設計的中國人物圖樣。普隆克的中國人物圖樣主要有四種。第一種是「陽傘仕女」或「仕女水藻」圖樣，仕女手持陽傘，施青花、鐵紅和金彩，原圖 1734 年繪成，頗受歡迎。繪飾此種圖案的瓷器分別在中國、日本和歐洲加工，由它衍生出的別種圖紋和仿製品則持續至 19 世紀，後來也出現於歐洲自製瓷器上。第二種是「四博士」圖樣，1734 年完成，翌年開始分別燒製青花和釉上彩瓷器。這種紋飾的受歡迎程度比「陽傘仕女」紋略遜。第三種是「三博士」圖樣，在「四博士」圖樣基礎上的改編之作。第四種是「庭院人物」圖樣，青花和金彩描繪庭院裏的人物。此圖樣是普隆克設計的第四種款式，1737 年完成，1739 年起送往中國並施於訂製瓷器上。普隆克還設計過其他一些中國人物紋飾，以赭墨、鐵紅、綠、黃、金彩繪飾，常見於六件一套的盤子。另有一種普隆克式邊飾，在盤子的八片開光內分飾日本趣味濃厚的人物紋和水禽紋。普隆克設計的中國人物圖樣是典型的「中國風」，亦即歐洲人想像中的帶有歐洲人生活情態和生活理想的中國人形象，色彩搭配則又有明顯的「伊萬里」風格的痕跡。

18 世紀後期，歐式圖樣的種類日益豐富，做盤子邊飾的有七彩紋飾、歐式花朵紋飾、矛形紋飾、鎖鏈紋飾、帶形紋飾和幾何線紋飾，另有灰色裝飾畫加金彩紋飾，還有無邊飾僅有盤心紋章的式樣。有一種在 18 世紀末期和 19 世紀較受歡迎的費茲修（Fitzhugh）圖樣，得名自一個從事中國貿易的英國家庭，其特徵是四塊嵌板式格子圍繞中心一枚圓形獎章，格子裏有花朵和中國藝術的常見象徵物。此種風格圖案可用於邊飾，也可用於完整圖案。

市場導向：歐洲人的再加工

有些類型的中國紋飾或日本紋飾，在抵達歐洲後會被再加工，或出於風格考慮，或出於經濟考慮，或為了易於保存，或為了調整圖案以迎合人們的態度變化和適應人們對國內瓷器或進口瓷器的需求。這類在歐洲二次加工的珐琅彩瓷集中出現於 17 世紀後期到 18 世紀中期，設計形式多樣，質量參差不齊。

再加工的方式之一是增加金屬添加物，通常是金製或銀製，並施珐琅彩。附加這些金屬底座、噴嘴或把手後，瓷器的功能也可能被改變，可以從裝飾物變為實用物，比如一個瓷人可以變為一支燭台，但也可以從實用物變為裝飾物。

再加工的另一種方式是加繪圖案。歐洲畫師不僅在中國進口瓷器的空白處加繪，還在已有紋飾處重疊繪飾。這樣做時，歐洲人喜歡選擇當前流行的圖案設計。通過這種再加工，原本可能因為圖案不討人喜歡而滯銷的瓷器可以被賣出去，或者瓷器上原有的瑕疵可以被掩蓋。歐洲人有時在進口中國瓷器和日本瓷器上加繪漆畫，漆畫的圖案則又模仿薩克森選帝侯強者奧古斯都收藏的日本瓷器上之漆飾。

1700 年起，荷蘭人開始在中國瓷器和荷蘭自產的德爾費特陶器上加繪日本柿右衛門（Kakiemon）風格圖案。柿右衛門風格對中國瓷器影響甚微，但自問世之日就受到歐洲人歡迎。柿右衛門瓷器得名於日本有田（Arita）一個陶工家庭之名，該作坊 1685 年前後開始燒製陶瓷，其產品以質量高、形式優雅、紋樣不對稱著稱。該種瓷器的紋飾可謂中日合璧，它採用的許多紋飾如花鳥、風景、動物來自中國，但產生變異以適合日本人的審美口味，如它通常仔細安排紋樣佈局以留出空白空間，而不是塗滿畫面。柿右衛門式樣的色彩特徵是，以釉上彩方式混施鐵紅、綠、藍、黃、藍綠等色珐琅彩，而較少突出某種顏色。柿右衛門瓷器是進口瓷器中較為昂貴的一類，所以是富裕人士熱衷收集之物。歐洲畫師也在中國青花瓷上加繪釉上紅彩、綠彩和金彩以表現伊萬里風格，玫瑰彩風格同樣被仿製。

幾個歐洲國家的瓷器畫師在加繪風景畫和花卉圖樣時，都喜歡同時採用西式風格和想像中的「中國風」，有時會融合一點中國青花瓷上的原始圖樣，於是中國的青花圖樣成為某種新式彩色圖樣的一部分。白色德化瓷的奶油色澤在增繪金色裝飾之後可大大提升效果。阿姆斯特丹是加繪中國瓷器的中心，英格蘭在 18 世紀初到 19 世紀也是這方面的佼佼者，有不少家工廠。其中 1750—1780 年間的詹姆·吉爾斯（James Giles）工廠的現存作品顯示其圖案風格通常是精美雅緻的花卉、蝴蝶與昆蟲，並喜用玫瑰彩。

除了繪製，歐洲工匠還可以通過用於玻璃加工的輪雕刻法在中國珐琅彩裝飾上進行裝飾，製造出白色與珐琅彩的繁複對比效果。在外銷瓷生產過程中，中國、日本、歐洲彼此複製對方的風格，往往發生數次風格混合，製造出不少美麗與罕見的製品。但這麼做不是出於藝術原因，而是出於經濟原因，如果製造者認為某種式樣或某種紋飾在特定市場受歡迎，他們就生產這種類型。

亮麗與酸楚：今日之反思

大航海開闢了中國與歐洲直接交往的通道，絲綢之路上的貿易雙方及其商貿方式都發生了很多的變化。瓷器貿易在這方面表現的最為明顯。它不僅僅是一種經濟行為，也是文化交流的一種特殊方式。感受異國情調並形成對該國印象的最直接、最有效、最普遍的方式莫過於接觸異國商品。自歐洲人發現了東亞，大量中國商品輸入歐洲，不僅改變了歐洲人一些生活習慣，也成為歐洲人認識中國的第一窗口，還滋長了「中國風」，這種流行於 18 世紀歐洲上流社會的充滿異域情調的獨特藝術品味。外銷陶瓷就是傳遞這種中國風的代表性商品之一。

明清時期中國瓷器的大量外銷，是傳統時期「絲綢之路」上的一抹晚霞。這個時期，中國對於歐洲的瓷器銷售，規模巨大。但是，除卻藝術品位之外，瓷器外銷中最豐厚的利潤卻是歐洲商人獲取的。歐洲商人從接訂單、到運輸、銷售，各個環節賺的錢，遠遠超過中國廠家在生產環節所賺的錢。中國人成為西方廠家的打工仔。

更值得反思的是，到了 18 世紀後半葉，世界上最好的瓷器、最貴的瓷器，也不全是中國產品。比如說，上面提到的日本生產的柿右衛門瓷器，就是歐洲進口瓷器中比較昂貴的一類，也是西方富裕人家熱衷收集之物。原因就在於日本廠家是家族企業，世代製瓷，發揮工匠精神，精益求精，不斷改進自己的技藝，比較明清時代的官府控制的製瓷業（御窯不計成本，但徭役制度落後；民窯缺乏資金投入，技藝提升受到限制）更有優勢。

而在歐洲本土，掌握了陶瓷製造技術之後，逐漸地發展出高檔瓷器，完成了從簡單進口到模仿，直至創新的過程。歐洲一開始就走了一個生產高檔瓷器的路子。原因在於，只有質量高檔的瓷器，才有豐厚的利潤；有了豐厚的利潤，才能在產品研發、高素質技術工人薪酬和銷售服務方面，有更大的投入。反觀中國產品，一味迎合歐洲商人所出的低價，利潤很薄，產品質量無法提高，使得中國產品一直保持在低端位置。

比如，廣州畫工依據歐洲圖樣製作的定製瓷器，常常有錯誤或變形之筆，紋章圖樣的錯誤之處尤為常見。主要原因就是因為畫工技能較低或者粗放不夠仔細，因為荷蘭商人付的錢太少，使廣州畫工和技術工都沒有動力精益求精。18 世紀以後，歐洲進口中國瓷器，不再是為了質量，而是為滿足數量。德國邁森 18 世紀最早在歐洲生產瓷器，此後不斷提高工藝，邁森瓷廠的瓷器，號稱「瓷中白金」，至今是世界最昂貴的瓷器之一。

1793 年 9 月，馬戛爾尼來到中國時，獻給乾隆皇帝的禮品中，就有著名的英國韋奇伍德（Wedgwood）工廠生產的碧玉瓷。這家公司成立於 1759 年，所製瓷器號稱世界精品，一直得到英國王室和上流社會的喜愛。敢於向瓷器的故鄉進獻瓷器，可見馬戛爾尼對於英國製造的自信。中國瓷器的外銷史，不僅是亮麗的，也是酸楚的，值得我們今天反思。

七、 綠色黃金：中國茶

中原地區的茶葉大約在唐代中葉即公元 8—10 世紀就傳到了吐蕃、回鶻等地區。9 世紀的阿拉伯文獻中就提到中國的茶飲可治百病。15 世紀蒙古帝國和元朝時期，中國茶飲習慣經陸路西傳，迄於 17 世紀，已經傳入中亞、波斯、印度和阿拉伯地區。至少在 16 世紀中葉，茶葉的信息通過意大利人已經傳入西歐。1559 年，歐洲人第一次提到「中國茶」，是一位名叫拉木學（G.B. Rammusio）的威尼斯人，從波斯人哈只．馬合木（Chaggi Mehomet）那裏道聽途説而來，但只是作為藥用。1659 年巴黎大學醫學系稱讚茶葉有醫療疾病的功效，於是茶葉更顯珍貴，成為巴黎最高級和最珍貴的飲料，只有巨富才喝得起。

17 世紀後期，法國的高層人士還可以享受巧克力和咖啡這兩種昂貴的進口飲料。當時的習慣是在特別豪華的咖啡廳享受新進口的奢侈飲料。1645 年，威尼斯誕生了歐洲第一家公開的街頭咖啡館。數年之後，英國也陸續出現了「雅各布咖啡館」和「羅傑咖啡館」，短短數年間，咖啡館如雨後春筍般出現，到 1663 年，僅倫敦的咖啡館數量就達到 82 家，到 18 世紀初，更是暴增至 3000 多家，隨便一家咖啡館，每天都有三四百人在此流連忘返。

荷蘭公司自 1610 年便購買中國茶葉，英國則在 1669 年才首次購買，總體上歐洲人自 17 世紀最後 25 年開始比較多地進口中國茶葉。雖然英國上層社會品味茶飲晚於法國人，但中歐茶葉貿易的興盛是以英國市場的需求為主導的。1657 年倫敦有人開了一家茶店。作家佩皮斯（Samuel Pepys）在 1666 年 9 月 25 日的日記中說：「我要了一杯茶，那是我以前沒有喝過的中國飲料。」他可能就在茶店享用的這杯茶。1661 年，來自葡萄牙的凱瑟琳王后將茶葉引入英國宮廷。1664 年和 1666 年英國東印度公司帶來一些茶葉作為禮物送給查理二世（Charles II，1660—1685 在位）並得到國王嘉許，公司便從 1669 年正式從亞洲進口茶葉。1684 年起，英國公司將茶葉列為重要進口商品，恐怕與上流社會喜愛茶葉有關。在查理二世首肯茶葉之後，瑪麗二世（Mary Ⅱ，1689—1694 與威廉三世共治）和安妮女王（Anne of Great Britain，1702—1714 在位）也都喜愛飲茶。據說瑪麗二世備有各種茶具，安妮女王則常在肯辛頓宮的花園閑坐飲茶。

18 世紀初，茶飲已在英國各階層人士中享有口碑。1700 年，桂冠詩人納厄姆·泰特（Nahum Tate）發表兩章《飲茶頌》，其中有言：人們有了煩惱，總去尋找酒神，哪知多喝了幾杯，煩惱未去而神志不清了。飲茶不同，飲茶可以忘憂，而頭腦仍然清醒。社交界的名媛蒙塔古夫人（Mrs. Montagu）則說，因為飲茶，社交活動更有生氣了；年老的變得年輕，年輕的更年輕了。散文家艾迪生（Addison）

在他主辦的報刊《觀察家》（*Spectator*）第 323 號上說，時髦女子在上午 10 點至 11 點之間要喝武夷茶一盅，到了晚間 10 點至 11 點之間，又坐在茶桌子邊。艾迪生本人也愛好品茶，他在 1712 年 6 月 9 日發表於《觀察家》（*Spectator*）第 409 號的一篇文章中宣稱，老茶客能分辨出各種名茶。如果有兩種茶葉合在一起，他在品嚐過後也能分辨，並能說出這兩種茶的名字。英國東印度公司迅速注意到茶葉在本國的廣泛聲譽並付諸行動。1704 年英國肯特號（Kent）從廣州運載的貨物有價值 14,000 兩銀的 470 擔茶葉，和價值 80,000 兩銀的絲織品，茶葉佔貨物總值 11%。1717 年，英國東印度公司指示每艘船要盡其所能地裝載茶葉。1722 年，這家公司從中國進口茶葉已佔總貨值 56%。可能在 1720 年左右，中國茶葉的出口價值已超過絲織品出口價值。

此時，茶葉在英國乃至歐洲都早已不再是藥物而成為一種飲料。18 世紀中期，英國各地上至王公貴族、下至販夫走卒，都要喝茶，只是喝的品種不同。1720 年代的英國人開始普遍有飲用下午茶和黃昏茶的習慣。英國人的黃昏茶點，是為了在晚飯前給收工回來的男人們補充體力用，因此慣用較便宜和味道濃烈的印度茶。但下午茶卻喜用雅緻的中國茶，同時主要是在女性世界中流行。

下午茶是一種家庭社交娛樂活動，因此茶飲總與茶會聯繫在一起。茶會通過客廳和飲茶時間培養出一種女性化的家庭空間和時間，因為茶會需要有特別的烹調手藝、家具、茶具、服裝，還需要有機會展示這一切。以飲茶來支持和塑造女性氛圍，其實是工業革命後更加普遍的女性化消費的一部分。咖啡館的誕生與普及，使咖啡成為男性文化與公共文化的一部分，同時咖啡與巧克力的價格對於中產階級女性而言仍顯昂貴，不適合成為社交飲料，茶葉和茶會則成為最適合中上層女性的社交工具。茶葉被中上層人士熱衷，還在於人們認為它有一種培養君子之風的社會功效。

1590 年，有一位意大利作家喬瓦尼·波特羅（Giovanni Botero）便提出，中國人用茶代替酒作日常飲料，它不僅使中國人身體健康，還使他們避免所有因無節制喝酒而引出的邪惡舉動，而意大利人或歐洲人正屬於喝酒鬧事的人。馬戛爾尼使團的副使斯當東爵士也贊同這種觀點，認為茶葉最大的好處就是，當人們習慣飲茶之後，就不再喜歡發酵的烈性酒。而近代早期的英國人因為愛喝酒而粗野好鬥，這似乎也是英國紳士階層的共識。茶葉在英國推廣的另一個動力是產業工人的需要。茶葉和烤麵包是幫助人們恢復疲勞、振作精神的新飲食，有利於勞動操作的安全進行，幫助工廠工人在粗劣飲食之下還能支撐着勞動。不過，中國茶葉在 18 世紀末期之前都屬於較昂貴的進口物品，不是產業工人能夠享用的，而且農民大量湧入城市成為產業工人也是在 18、19 世紀之交才成為潮流。所以，18 世紀飲茶之風的興盛主要還源於中產階級和貴族階級的追捧。下午茶在 18 世紀已常見於西歐各地，但在英國則談得上盛行。1772—1780 年間，英國及其屬地每年至少消耗茶葉 1333.8 萬磅，

1791—1793 年間英國每年人均消費茶葉 1.66 磅。18 世紀的英國在茶葉消費量比別國大得多，正是這個國家經濟、社會和文化早熟的一種標誌。富足、閑適和家庭社交造就了作為一頓加餐的下午茶，它成為對一個特殊社會階段的理想表達方式。

英國人圍繞飲茶還引起了公案。1756 年有個叫漢威（Jonas Hanway）的慈善家發表了一篇《茶說》（*Essay on Tea*），說進口中國茶阻礙生產的發展，把國家弄窮，還對健康有害，尤其破壞女性的天生麗質。沒精打采、消化不良、疲憊、懶惰和憂鬱之類都與飲茶有關。他提倡戒茶，並提議由女士做起，樹立銅像或石像，題寫戒茶女性領導人的姓名，以資鼓勵等等。這篇文章惹火了著名作家約翰遜（Samuel Johnson）博士。身為老茶客的約翰遜給《文學雜誌》（*Literary Magazine*）寫了一篇書評痛斥漢威，並在文章結尾自曝茶癮，說自己白天喝茶嚥飯、傍晚喝茶解悶、夜半喝茶忘憂、早起喝茶提神，20 年來茶爐子沒冷過。漢威看了不服，寫文章回應。約翰遜看過更是生氣，再書一筆答辯。有一點可以肯定，英國的茶葉消費市場在這些軼事趣聞的陪伴下蒸蒸日上。

英國茶葉消費市場的成熟不僅促進英國公司的茶葉貿易，也極大地促進了其他歐洲國家的茶葉貿易，荷蘭曾是它最大的競爭對手。1690—1719 年間，荷蘭東印度公司向來巴達維亞貿易的華商和葡澳商人購進的茶葉僅佔所有中國商品的 20%—50%，每年平均 500—600 擔。1729 年和 1760 年，茶葉竟分別佔公司輸入華貨總價值的 85.1% 和 89.6%。直到 18 世紀末，這個比例都維持在 70% 以上。1730 年巴達維亞輸入中國茶可能在 15,000 擔。將茶葉賣到巴達維亞的不止有清朝帆船，還有葡澳商人。18 世紀中期以前，葡澳主要經馬六甲、巴達維亞向歐洲進口中國的茶葉和絲織品，1720—1723 年間，共計三十艘船從澳門航向巴達維亞，主要貨物為茶葉，每年將 2000—3000 擔茶葉運進巴達維亞，同時購入胡椒返回澳門。1728—1734/1735 年荷蘭與廣州直接通航階段，九艘抵達廣州並順利返航的荷蘭商船共載運 135 萬磅茶葉，佔總值 73.9%。1730 年代，每年巴達維亞從來自中國帆船上購入約三萬擔茶葉。

英國茶葉消費市場的蓬勃發展促使英國政府視茶葉為利潤淵藪，長期對茶葉課以總量高達 106%—127% 的各種稅，以致茶葉售價是歐洲其他國家的三倍，結果造成英國的茶葉走私不可遏止。每年經走私進入英國的茶葉達六七百萬磅，佔其消費量的三分之二，極大地影響了英國東印度公司的競爭力。以荷蘭為首的其他東印度公司如此熱心於茶葉貿易，也是為了賣給英國的走私商人。英國東印度公司的茶葉因此滯銷，1773 年茶葉極度過剩而不得不大大減少進口量。這種情況不僅危及東印度公司的利潤，也影響了國家稅收，與課收高額茶葉稅的初衷南轅北轍。1784 年，英國終於通過《減稅法令》（Commutation Act，也譯為《交換法令》《交易法令》），將茶葉稅降至 12.5%。此法令的效果立竿見影，英國東印度公司茶葉銷售量迅速增加，進口量也隨之擴大。1785 年以後，其他東印度公司在對華茶葉貿易中的份額急劇下降。1795 年之後，歐洲大陸的東印度公司紛紛倒閉，英國東印度公司與英國散商更是獨攬中歐茶葉貿易，就輸出中國茶葉數量而言，惟有新起的美國可與之爭雄。19 世紀中後期，中國茶業產量的三分之一通過英國商人銷往歐洲。

英國從中國大量購買茶葉，資金成為重大問題，於是英國公司先以印度的棉花為替代支付品，後來則以鴉片。18 世紀中葉，中國自產棉花已跟不上人口和經濟增長的需求，開始大量進口印度棉花，1785—1833 年共進口印度棉花 13,404,659 擔，年均 273,564.4 擔。

18 世紀後半葉，法國普遍興起進口替代意識，在此意識下，對於昂貴進口商品的態度是：既要享用這種異域物品，又不要花那麼多錢。法國與英國相比雖非茶葉消費大國，但茶葉的昂貴和流行也已經引起貿易保護主義者的不安。17 世紀中葉，茶葉在法國因為價格高昂而不如咖啡普及。但 1766 年，法國的茶葉消費總量估計為 210 萬磅。所以，18 世紀中後期，法國的園丁和科學家都在嘗試培植茶樹，只是沒能成功。法國人試圖引種茶樹不僅有進口替代意識的作用，還有法國貿易保護傳統的影響，他們從 17 世紀就反對從印度進口物品並努力嘗試異域物品的本地化生產。在引種茶樹方面最著名的例子是植物學家林奈（Carl Linnaeus, 1707—1778）試圖在拉普蘭（Lapland）種茶的經歷。林奈是「馴化異國物品」的最著名人士之一，他雖是瑞典人，卻也屬於法蘭西科學院圈子，法蘭西科學院與他保持通信。林奈請東印度公司的人給他帶一株茶樹，但幾艘船運來的都是死掉的植株。1763 年，林奈終於在瑞典收到一株尚存活的茶樹，但仍未能引種成功。1766 年法蘭西科學院一份報告稱，茶樹這種植物太特殊，只適合中國的水土。在這份評估報告中，林奈的失敗經歷是一個考慮因素。但林奈後來還給英格蘭轉送了幾株活的茶樹，而據說它們在英國活了下來。不過英國人真正建立茶園要到 19 世紀後期，並且是在斯里蘭卡。

八、和氏璧與汗血馬

和氏璧與汗血馬，可能還有奇異獵犬（包括哈巴狗），是絲綢之路上最重要的外來商品。

在大家都熟悉的「完璧歸趙」故事中，那位趙惠文王，是「趙氏孤兒」的趙家後人中，一位算很有出息的國君，他的父親是大名鼎鼎「胡服騎射」的趙武靈王。《史記》卷 43《趙世家》記載，公元前 283 年，有人替齊國寫信給這位趙惠文王說，假如秦國封鎖了雁門關、常山，「代馬、胡犬不東下，崑崙之玉不出，此三寶亦非王有已」。趙王於是改變了與秦聯合攻齊的策略。

趙王很在乎的來自西域的「吉祥三寶」，乃是代馬（北方來的馬）、胡犬（西方來的狗）、崑崙之玉。當年，趙國的藺相如懷揣着和氏璧去見秦王，不辱使命，最後完璧歸趙。西邊的秦國沒有得到這塊和田美玉，北邊的趙國卻有之。大約就是因為崑崙之玉來自山西北邊的雲代（大同、雁門關路線）。在河西走廊沒有打通之前，崑崙之玉通過匈奴人從草原之路販來，更順暢。傳說中的周穆王西巡，就是走的這條路。《管子》多次談到「禺氏之玉」（王國維認為

「禺氏」就是「月氏」），也許就是這條路上的「走私品」。商周玉器，並不產自內地，而是通過草原「絲綢之路」（或稱玉石之路）從新疆和田運來。

從西域來的胡犬，除了男人打獵用的獵犬之外，唐人圖畫中有女性玩賞的寵物哈巴狗，大約也屬於此類。至於「代馬」，漢武帝喜歡的汗血馬、關雲長的赤兔馬、唐太宗的「昭陵六駿」，大約都屬於此類。

有西方學者早就指出過，李希霍芬的「絲綢之路」只是一種異國想像的歷史幻像，歐亞大陸間諸多貿易品，不僅有絲綢，還有玉石、犬、馬之類。《史記》中提到的蒙古草原上傳來的「吉祥三寶」，就是一證。班固對此亦十分認同，他在《漢書·西域傳贊》中說，漢武帝「聞天馬、蒲陶（馬名），則通大宛、安息（皆西域古國名，相當於今日之中亞、西亞）」，從此之後，「明珠、文甲、通犀、翠羽之珍，盈於後宮；蒲梢、龍文、魚目、汗血之馬，充於黃門。」前一句講玉器珍寶，充盈於後宮，這不就是當今時髦的高檔坤包、鑽戒嗎？後一句講駿馬名駒，充盈於皇家禁苑，這不就是當今流行的名牌汽車、SUV麼？一樣都是絲綢之路經濟帶上進口的奢侈品。

絲綢之路上最通常的貿易方式，不外乎貢賜和互市。若再加上戰爭，便是「吉祥三寶」（名馬、胡犬、玉石），傳入內地的三個主要渠道：貢品、戰利品、邊貿貨品。

且以駿馬為例。漢武帝時代著名的汗血馬，又稱天馬，就是大宛的朝貢品。西晉張華《博物志》卷三有載：「大宛國有汗血馬，天馬種，漢、魏西域有獻者。」唐朝貞觀年間，西域給唐太宗進貢良馬十匹，酷愛駿馬的李世民親自為這些馬命名，號為「十驥」：一曰騰霜白，二曰皎雪驄，三曰凝露驄，四曰懸光驄，五曰決波騟，六曰飛霞驃，七曰發電赤，八曰流金騧（guā），九曰翔麟紫，十曰奔虹赤。當然，進貢也不是白送的，有貢必有贈。獻馬除了政治利益，更重要的是，這是絲綢之路上官方對官方的貿易形式。中原王朝回贈的物品，主要就是絲綢。

唐朝的名馬還有著名的昭陵六駿，分別是：特勤驃、青騅、什伐赤、颯露紫、拳毛騧、白蹄烏。有學者已經注意到，這些馬匹的命名，有西域風格，即毛色置於馬名之後。有人說馬名的前半部特勤、青、颯露，是職官或者地名，可備一說。什伐赤的「什伐」，大約就是「叱撥」的另一翻譯，8 世紀後半葉，有大宛進六匹駿馬於唐玄宗，分別叫紅叱撥、紫叱撥、青叱撥、黃叱撥、丁香叱撥、桃花叱撥。叱撥是粟特語「四足動物」之意。岑參《玉門關蓋將軍歌》：「櫪上昂昂皆駿駒，桃花叱撥價最殊。」「叱撥」儼然就是名馬的代名詞了。

至於拳毛、白蹄，則是與馬的外形有關。《史記》卷五《秦本紀》記載秦的先祖造父先生，就因善於養馬駕車而獲得周穆王信任，所駕八匹駿馬，裴駰《集解》引郭璞語曰：「八駿皆因其毛色以為名號。」

根據馬的外形來命名駿馬，也是西域的傳統。《絲綢之路：中國—波斯文化交流史》的作者、伊朗裔法國學者阿里·瑪扎海里就說，從張騫鑿空開通絲綢之路之日起，第一批波斯馬，由貴霜王朝或安息王朝送給漢朝。他們在中國獲得了「汗血馬」的別名。這一奇怪的名稱，可能是指其皮毛上紅斑，波斯術語謂之為「玫瑰花瓣」。馬的毛色深，斑點就很鮮明，有「玫瑰花瓣」狀皮毛的馬，最受歡迎。他還說，波斯歷史上有一位著名民族英雄魯達斯塔赫姆（120—155），他的坐騎就是這種血與火的顏色。因為傳說中認為，馬匹毛皮與其性格是一致的。血與火一樣的顏色，象徵火一般的性格，說明馬以彪悍和疾速而出名。這個解釋，比有人說「汗血馬」是因為馬有寄生蟲病更靠譜。

絲綢之路上另外一個換取中國商品的外來品是珠寶。和氏璧是如何來到中原的，爭議很大，已不可考。但中古時期，關於大食、波斯貢使以各種真珠、瑪瑙、寶石進貢朝廷，以換取豐厚回賜的記載，充斥於唐宋時代的各類書乃至正史之中。

據古代的波斯史家記載，8世紀初，倭馬亞王朝許多什葉派穆斯林和阿里後裔，因躲避遜尼派穆斯林的迫害，逃至呼羅珊（伊朗東北部至中亞五國部分地區）。這些人爾後又輾轉逃往寬容的唐朝，他們在長安做生意，主要就是經營珠寶。宋人趙汝適《諸蕃志》記載大食國28種主要物產中，有「貓兒睛」「真珠」「珠子」等寶石類。可以說，珠寶是唐宋時期大食、波斯商人往來於東西方貿易的主要商品。

《太平廣記》卷403的一個故事說，唐安史之亂後，有位叫魏生的千萬富翁，參加了西域胡人客商的「寶會」(珍寶博覽會)，「胡客法，每年一度與鄉人大會，各閱寶物。寶物多者，戴帽居於座上，其餘以次分別」。大家都拿出自己的寶物來展示，「諸胡出寶，上坐者，出明珠四，其大逾徑寸，餘胡皆起稽首禮拜」。參加這次賽寶大會的大食、波斯胡商竟然有30多人。

胡人經營的寶物眾多，且以古代文獻中常見的「瑟瑟」為例，略作解說。唐末詩人溫庭筠的《瑟瑟釵》:「翠染冰輕透露光，墮雲孫壽有餘香。」可見瑟瑟是婦女常用的頭飾。中外學者研究認為，瑟瑟就是波斯語或者阿拉伯語 jaza 的譯音，是出自西域的著名寶石，即天青石。《唐代的外來文明》的作者、美國學者薛愛華說：唐朝人用來指深藍色寶石的「瑟瑟」這個詞，通常就是指「天青石」，但是有時瑟瑟也用來指稱藍色的、類似長石類的「方納石」，瑟瑟偶爾還用來指「藍寶石」。後來，「瑟瑟」甚至成為了藍顏色的代稱，白居易的名句「半江瑟瑟半江紅」，其「瑟瑟」即用寶石的顏色來比喻月色下的江水。

唐朝由西域地區輸入的瑟瑟數量很大，公元750年，唐將高仙芝攻破西域小國石國(位於今烏茲別克斯坦的塔什干地區)，「大瑟瑟十餘石」，此外還有名馬、貴金屬、寶石等。瑟瑟是上流社會常見的奢侈品。唐玄宗攜楊貴妃幸華清宮，「於湯中(唐人謂溫泉為湯)，壘瑟瑟及丁香為山，以狀流州、方丈。」就是說，以天青石材裝飾溫泉池，真是皇家氣派。楊貴妃之姊虢國夫人華宅落成，賞賜給工匠，「以金盞瑟瑟三斗」。

一帶一路上傳入的西域珍寶，在宋元明清，愈演愈烈。明朝皇室、達官貴族，都喜歡收藏珠寶、玉石。大貪官嚴嵩被抄家後，查出其家藏有「盤紫玉、墨玉、碧玉、黃玉、荒玉、花玉等，名番字玉板一片，千巖競秀玉山一座，凡玳瑁、犀角、瑪瑙、銀寶石、琥珀、珊瑚象牙、水晶玻璃、哥窯、柴窯、嘉峪石等物共二千餘件。貓睛三十三顆，暈貓睛一顆，祖母綠二顆」。可見這些珠寶的來源比較複雜，但多數出自「一帶一路」，是毋庸置疑的。

今天，貪官也罷，土豪也罷，對於西方奢侈品和珠寶的喜愛，其實，不過是歷史的延續罷了。歷史時期的「一帶一路」上，輸出的是中國的工業品、農產品，絲綢、茶葉、瓷器，換來的卻是駿馬明珠。走筆至此，撫今追昔，真是令人感慨，歷史與現實何其相似。

九、 18 世紀歐洲的「中國風」

「中國風」(Chinoiserie) 是指 17 和 18 世紀在歐洲的室內裝飾、家具、陶瓷、紡織品、園林設計方面所表現出的對中國風格的奇異的歐洲化理解，它的出現成為促進巴洛克風格 (Baroque) 向洛可可風格 (Rococo) 轉變的一個因素，而洛可可作為一個時代的藝術風格和生活模式，又成為知識界以外的歐洲民眾看待和理解中國時所戴的有色眼鏡。中國風的形成得益於中國商品大量進入歐洲，以及耶穌會士、旅行家們對中國文化的反覆介紹。

中國風與中國的倫理、政治、儒學、歷史、文字等等相比，是非常抽象的東西，歸結起來反映了歐洲人在日常生活中對異國情調的追求，而其直接靈感就來自那些從中國進口的商品，如瓷器、漆器、織物、壁紙。這些東西的造型和繪飾的圖案無不令歐洲人耳目一新。所以有人指出，儘管歐洲的中國風在 18 世紀中期才達到顛峰，但它早在 16 世紀葡萄牙商人開始將瓷器等中國藝術品運銷歐洲時就開始醞釀了。這一時期有大量各式各樣的中國特產來到歐洲，令人眼花繚亂，忍不住競相獲取。中國商品像是撞開了蒙在歐洲人藝術和審美之眼上的一層霧障，像是為歐洲人指引出生活的快樂之門，因此而大受歡迎。17 世紀末的一位作家曾在《世界報》（*World*）上説，中國壁紙在豪宅中極為流行，這些房子裏掛滿最華麗的中國和印度紙，上面滿繪着成千個根本不存在的、想像出來的人物、鳥獸、魚蟲的形象。18 世紀初，中國絲綢也已在英國蔚為風尚，公眾審美觀由東印度公司的進口商品所指導，連當時的安妮女王也喜歡穿着中國絲綢和棉布露面。17 世紀末期，英國東印度公司運來的一船又一船瓷器刺激了英國和歐洲市場對這類商品的需求，英國上流社會以收集和展示瓷器相標榜。類似的風氣在路易十四時代的法國宮廷同樣盛行，路易十四也熱衷於通過東印度公司獲取大量正宗的中國漆器和其他物品，他一生都對中國藝術品及其歐洲仿製品興趣盎然，十八世紀中國風尚在法國的流行，就受到 17 世紀末期路易十四宮廷習氣的促動牽引。

進口中國商品俘獲了歐洲顧客的人心，本地的生產者和經銷商自然不甘寂寞。出於產品競爭的考慮或藉助時尚獲利的目的，開始摹仿這些中國的橱櫃、瓷器、繡品上的裝飾風格，這便產生了中國風。大體而言，較早大量使用這些中國器物的歐洲國家也較早開始出現中國風，17 世紀前幾十年先是英國和意大利的工匠摹仿中國風格，然後其他國家的工匠紛紛跟上。先是工藝品和日常用品等小物件的仿製，如製造瓷器、絲綢、壁紙；進而是室內裝飾與園林設計這些大工程，誕生了風靡一時的「英華園林」並在今天都留下許多建築痕跡。最早出現的內部裝飾主要為中國風格的建築是1670—1671年間為凡爾賽王宮而建的特里亞農瓷宮（Trianon de porcelaine），儘管它只存在了17年就被拆除，它卻標誌了後來席捲法國又蔓延全歐洲的崇尚異國情調的風習。特里亞農宮建成之後，此風迅速擴散，在德國尤甚，其宮室無不有中國屋，且一如特里亞農宮建造的初衷，這些中國屋也都是為王室的女主人而建。

1753年7月24日，瑞典王后收到國王贈送的一件特殊生日禮物，即一座建於德羅特寧霍勒姆（Drottningholm）的木結構的中國亭，她描述道：「我吃驚地突然看到一個真正的神話世界……一個近衛兵穿着中國服裝，陛下的兩位侍從武官則扮成滿清武官的樣子。近衛兵表演中國兵操。我的長子穿得像個中國王子一樣在亭子入口處恭候，隨侍的王室侍從則扮成中國文官的模樣……如果說亭外出人意料，亭內也並不少讓人驚奇……裏面有一個以令人賞心悅目的印度風格裝飾成的大房間，四角各有一隻大瓷花瓶。其他小房間裏則是舊式日本漆櫃和鋪着印度布的沙發，品味皆上乘。有一間牆上懸掛、牀上鋪蓋印度布的臥室，牆上還裝飾着美妙的瓷器、寶塔、花瓶和禽鳥圖案。日本舊漆櫃的一個抽屜裏裝滿各種古董，其中也有中國繡品。厢廊陳設桌子：其一擺放一套精美的德累斯頓瓷器，另一張則擺放一套中國瓷器。欣賞過所有東西之後，國王陛下下令演出一場配土耳其音樂（janitcher music）的中國芭蕾。」（所謂土耳其音樂，乃指土耳其近衛步兵用管樂器和打擊樂器演奏的軍樂。）

這座所謂中國亭在建築上到底有幾分中國風味不得而知，但顯然它就如 17 世紀末期流行起的中國屋一樣，以內中陳設有關中國的物品而得名。顯然，在瑞典這座中國亭裏，各種異國情調和歐洲風味混為一體，不僅是物質上的，行為上亦然，中國文武官員和皇子的裝扮、中國兵操、中國芭蕾舞究竟什麼模樣？不過是歐洲人憑藉一些來自東方的描述和圖形再參照歐洲人形象和想像力而幻化出的中國人物形象。而這一切由歐洲人創造的活的和死的裝飾就成為中國風，也成為他們所理解的中國的實體形象。

另一方面，東印度公司為了使中國商品更符合本地需求，早早就開始採用給中國工匠提供加工圖樣的方法，比如英國東印度公司在 17 世紀末就知道讓中國的工匠加工一些具有歐洲風格圖案的瓷器迎合歐洲顧客，而英國公司將家具模型運到中國製成漆器的做法在 18 世紀初期達到頂峰。這樣便形成了中國風的另一個製造地。總而言之，這些帶有中國人藝術觀感和手法的歐式圖案，與那些在歐洲產生的烙刻歐洲風味的所謂中國圖案，都是為迎合歐洲人的口味而誕生的，都是文化混合和變異的結果，對歐洲人而言都是異國情調和這個時代生活理想的表達，並且是通過一種變異和誇張的中國圖像來表達。比如 18 世紀中期進口到歐洲的中國玻璃畫，常見的主題是富裕的中國男女在樹蔭下悠閑舒適地生活，或者中國仕女帶着貴族式的無所事事的憂鬱神情坐在花園或牧野中，這都是專門設計來吸引歐洲買主的。這不難理解，當時的歐洲，英國已經產生大批富裕悠閑的中產階級，法國那些被剝奪了政治特權而依然經濟富有的貴族們則靡集在宮廷，百無聊賴地以虛度光陰為最高追求。這些中國畫實則正迎合了歐洲上流社會的追求。

在中國加工的瓷器有很多也同樣增加了具有歐洲式快樂情調的裝飾，最具代表性的就是乾隆年間紋章瓷的裝飾變化，1735—1753 年間以素淨的葡萄藤或花蔓裝飾最多，1750—1770 年間則是顯著的洛可可式裝飾，1770—1785 年間轉而為纏繞葡萄藤的黑桃形盾牌，1785 年之後黑桃盾牌開始嵌入藍黑邊線和金星，1795—1810 年間則變成由深藍色菱形花紋圍成的圈。1765—1820 年間歐洲市場上有大量中西參半的由菱形、符號、花朵和蝴蝶構成圖案的瓷器。中國進口瓷器在形制上亦做成符合歐洲人需要，比如英國公司訂購的便以英國銀器為模型，而此風以雍乾時期最盛。如此一來，歐洲人看到的究竟是中國瓷器還是歐式器皿，是中國人的生活風貌還是歐洲有產階級的人生理想？但恐怕他們都自以為從這些圖形、紋飾、質地、形狀中所看到的就是中國。

中國風不僅僅是由有形物品激發而成，也受到耶穌會士文學和遊記作品中相關敘述的影響，它可以説是這個時代關於中國的整體理想的一部分，這種情況尤其適用於對中國園林的認識。隨着耶穌會士所極力推崇的中國古代儒學成為一些啟蒙思想家的靈感之源，包含於這種哲學中的造園思想和由此產生的裝飾藝術也相應成為當時歐洲一些藝術作品的模型。啟蒙時代的歐洲知識界所廣為稱道的中國哲學和文化思想正是新的園林藝術成長的沃土。17 世紀和 18 世紀前半葉歐洲出現的一些對中國園林的評論助長了模仿東方的氛圍，而這一氛圍直接刺激了「貌似圖畫」（*picturesque*）園林景致的成長。17 世紀中期以來不斷湧現的耶穌會士書信和書籍已經在歐洲培養起一片關注中國的土壤，滑落在這片土壤中的任何有關中國的種子要生根、發芽和成長都並非難事。從利瑪竇的札記中出現對中國園林的評價開始，姑且不論耶穌會士們對中國園林的抑揚態度，畢竟他們總不忘提到。利瑪竇評價了南京的瞻園，提到花園裏一座色彩斑斕、未經雕琢的大理石假山，假山裏面開鑿了一個供避暑之用的山洞，內中接待室、大廳、台階、魚池、樹木等一應俱全，洞穴設計得像座迷宮。（《利瑪竇中國札記》）幾十年後，葡萄牙著名傳教士曾德昭於 1613—1636 年間在華長達 23 年，他在歸國途中寫成的《大中國志》，再次喚起人們對中國園林的印象，他說中國人喜歡在庭院和小徑上植花種草，在園中堆假山，養金魚和各種珍禽美獸，圓形、方形、八角形的寶塔造型美觀，有彎梯或直梯，外側有欄杆。奧地利耶穌會教士白乃心（Johann Grueber, 1623—1680）也描述過中國人的花園，說它們綠意盎然、令人愉快，因為很方便從河中汲水來澆灌。

對 17 世紀的歐洲人來說，最重要的描述來自荷蘭使團總管尼霍夫（Jan Nieuhoff）的作品《荷使初訪中國記》。尼霍夫的行紀不僅多處提到中國園林景致，而且總是讚不絕口。比如贛州附近某鎮的幾座自然逼真的大假山，泰和城外的拱橋，南昌一座道觀的盤龍柱，湖口城北的假山及旁邊的精美寶塔。他對寶塔似乎格外感興趣，說安徽境內繁昌有一座寶塔，有尖尖的塔頂和陡陡的塔檐，很有意思。清江浦、宿遷、故城、青縣都有引起他注意的、或美麗壯觀或式樣古樸的寶塔。南京報恩寺的琉璃塔雖然已毀，但尼霍夫還是繪聲繪色地描述它有九層一百八十四個階梯，裏外有漂亮的塔廊，琉璃生輝，塔檐的檐角所掛銅鈴隨風奏樂。北京的御花園被他稱為是從未見過的漂亮地方，因為裏面滿是悉心栽培的果樹和精心建造的房屋。圖文並茂的尼霍夫著作問世之後就如同當年的《馬可波羅遊記》那般風行，可想而知它對歐洲民眾之中國觀感的影響力。其實尼霍夫的原文介紹十分簡單，然而世面上的各種版本都並非尼霍夫原書，是經編者多方潤色的版本，其中對中國風物的描述想來遠比上文所引述的生動詳細，而這些生動的描述無疑包含了大量從未到過中國的歐洲人的想像。可是，正是這些想像大於真實、道聽途說來的信息才是點燃歐洲那些園林愛好者們想像之光的火炬。誇飾之辭助長了那些據說存在於中國的非凡建造物的魅力，而大家又都沒去過中國，想駁斥那些迷人的敘述也無憑無據，又逢 17 世紀末的人們開始厭煩那種中規中矩的法國園林，正需要有個釋放想像、創造自由空間的藉口。中國人的物品與意象就成為照亮西人想像的一縷亮光。

回到貿易方面，16 至 18 世紀的中歐貿易是以歐洲市場對中國商品的單方面巨大需求為特徵，無論在哪條運輸路線上，中國的絲織品、生絲、棉布、茶葉、陶瓷器都是主打產品，而且它們都經歷了從高檔奢侈品變為大眾消費品的歷程。此外的中國商品還有從食物、礦物到居家用品和玩具的各類物產，都頗受歡迎，如糖塊、燒酒、醬油、糕點、白蓉、桂子、蜜餞、茯苓、生薑、茴香子、草藥、大黃、鹿皮、麝香、樟腦；汞、明礬、硼砂、硃砂、鉛、錫、鋅、黃銅、白銅；黃金首飾、珠寶、漆器、畫、茶几、扇、席、手杖、玩具。而歐洲各國向中國輸出的本國產品以高檔毛絨和毛呢為主，由於價格昂貴，且中國人很長時期也不缺衣料，所以僅限於供應極少數富貴之家，總體是滯銷貨。

歐洲人能打入中國市場的商品都是亞洲出產，主要有香料（如木香、沒藥、乳香、胡椒、丁香、肉豆蔻、桂皮）、木材（如檀香木、紅木、藍靛）、棉花，還有鑄銅錢所需的錫塊，此外還有王公貴戚歷來喜歡的奇珍異寶，以及自鳴鐘等歐洲精巧製品。這種商品結構本質上與歷來以和氏璧和汗血馬為代表的絲路貿易相似，表現為出超特徵。因為中國進口物品的數量遠不能與出口物品相匹配，上述物品不可能贏得大眾市場，大多時候歐洲人必須直接支付白銀，這與漢唐時代中原地區巨量黃金和金銀器一樣，達成了絲路貿易的平衡。直到 18 世紀末期，歐洲毛織品在中國市場的銷售都處在大額虧損狀態。稍有例外的是 18 世紀後期北美發現西洋參，它立刻成為備受中國市場歡迎的物品。

從 16 世紀到 18 世紀，瓷器、絲貨和茶葉在運銷歐洲的中國商品中總是位列三甲，雖然它們彼此之間的排名因時而變，正是這三類物品在歐洲生活方式和藝術風格的變化中扮演了重要角色，成為中國與歐洲文化互動的突出例證。

第四章

絲路上的東西方相遇

一、大西洋與歐羅巴

「大西洋」在明朝人心目中是一個國家，並且總與「歐羅巴」為同義詞。「大西洋」的別稱還有「大西洋國」「大西國」以及「泰西」「極西」與「西海」，不過使用後兩種稱呼時，基本不具有國家意義，僅指地理方位。

「歐羅巴」的別稱則有「歐海國」。明朝人搞不清「大西洋」「大西國」與「歐羅巴」「歐海國」的確切關係，如明末浙江嘉興人李日華在《紫桃軒雜綴》中稱「大西國在中國西六萬里而遙，其地名歐海國」。出現這種誤解的原因之一，是晚明士人總體上不關心更遙遠的世界和新的地理知識，這在形成「佛郎機」和「紅毛番」這兩個概念時已經有充分表現。原因之二則是耶穌會士的刻意誤導，他們把「大西洋」與「歐羅巴」塑造為一個整體的樂土，因為奉行天主教而物產富饒、和平強大。

利瑪竇《坤輿萬國全圖》艾儒略《職方外紀》對晚明士人的世界地理知識有明顯影響，知道鄭和時代的「西洋」與歐洲所處之「西洋」不同；知道傳統上的西洋是「小西洋」，利瑪竇等人所來的「大西洋」距南海有三年航程。明末白鹿洞書院講席章潢曾邀請利瑪竇到白鹿洞書院宣講西學，他在寫《圖書編．輿地山海全圖敍》中感慨，中國至小西洋道途二萬餘里，自小西洋至大西洋仍有四萬里，並推測自大西洋以達極西，恐怕還有不可以里計的廣大空間。

不過，接受西方地理觀的畢竟只是極個別。在看過利瑪竇的世界地圖之後，士人們依然用古代四大部洲之説來統屬西洋，似乎連質疑中國中心地位的念頭都沒有。與利瑪竇接觸的士人們雖然知道利瑪竇來自遙遠的西洋，但多數人對西洋與中國的實際距離不甚細究，同一時期就有二萬里、六萬里、八萬里、十萬里甚至幾千萬里各種説法，後來為艾儒略《職方外紀》作序寫跋的士人又有九萬里之説。對數據精確性的漠視也可以看作對新地理知識缺乏興趣的一種表示。曾與戚繼光打擊倭寇，並且與利瑪竇在南京有過交往的安徽歙縣人方弘靜，在《千一錄．客談六》中説，利瑪竇自稱來自歐羅巴國，其國在南海中，與西洋佛郎機國相近，浮海至中國海岸約八萬里。若把歐羅巴理解為意大利，則與佛郎機—伊比利亞半島相近沒錯，可是一在南海，一在西洋，又如何能相近？倘若是鄭和時代的南海與西洋，倒是相近，但這樣又意味着方弘靜不了解「大西洋」，也就沒明白歐羅巴和佛郎機真正在哪裏。明末上海人、《明經世文編》主編陳子龍，把泰西對應為古書中之「大秦」，因為泰西的位置、物產以及擇賢者為國王的方式都與大秦相似。如果把大秦的範圍理解為羅馬帝國疆界，則陳子龍的推測有正確之處。可是要注意，他如此推測的重要依據是，自古相傳的「大秦」人物、風俗、物產皆有類中華，而泰西也有此特點。所以，這不意味着歐洲人帶來的世界觀和地理觀對他有多大影響，除了他接受了緯度的觀念。

艾儒略在《職方外紀》中已經鄭重聲明「天下第二大州名歐邏巴……共七十餘國」，但這種糾正看來起不了實際作用，明朝士人就是喜歡把耶穌會士們的所來地籠統稱為「泰西」「西海」「大西洋國」「大西國」。直到《明史》的編修者才較為負責地指出，意大里亞（Italia）、熱而瑪尼（Germania，日耳曼）、依西把尼亞（Hispania，即西班牙）、波而都瓦爾（Portugal，葡萄牙），皆歐羅巴洲之國，並分別為晚明著名的耶穌會士劃分國籍。晚明士人與《明史》編修者似乎都傾向於把耶穌會士代表的羣體同依恃大船利炮經商行劫的那羣人區分開來。這與耶穌會士的自我形象塑造有重大關係。

「泰西」「西海」「大西洋國」「大西國」這些稱呼實為耶穌會士慣用的自稱之名，如《西國記法》中署名「泰西利瑪竇」，《職方外紀自序》中落款「西海艾儒略」，龐迪我和熊三拔在奏疏中自稱「大西洋國陪臣」，《熙朝定案》題下為「遠西臣南懷仁謹奏」，《不得已辯》自敘「極西耶穌會士利類思著」，方弘靜稱利瑪竇在萬曆二十七年（1599）對他自稱歐羅巴國人等等，不一而足。除此之外，利瑪竇等人一直着意強調歐洲各國在制度、文化、信仰上的共性，強調一個在面積、歷史和文明程度上都可與中國媲美的「大西洋」或「歐羅巴」。於是，傳教士出於方便權宜、中國人出於觀念執固，都更願意使用「大西洋國」這類稱呼。

《職方外紀》是第一本用中文寫成的世界地理著作，較為詳盡地介紹了各國風情、世界地貌、文化物產，以對歐洲的介紹最詳細，而艾儒略有意藉此塑造歐洲的理想國形象。其實在艾儒略之前，利瑪竇早就令很多人相信「大西洋國」是一片治道大行、安寧有序的樂土。當然也有人略為存疑，如方弘靜說，該國制度風俗若果如利瑪竇所言，則當真三皇五帝之世亦不能及，不過誰也沒有辦法證此說真偽。

《職方外紀》在中國流傳很廣，受到中國士人高度重視，但士人們把它置於什麼地位，就不好一概而論。在對《職方外紀》進行高度評價的幾篇序言中，處處流露出此書之令人不可思議的談論，因為它記載了許多中國曠古未聞之人與事。這些作序者們知道，如此之書很容易被一般士人目為奇譎志怪，所以他們（尤其是奉教人士）又設法極力預防，強調書中所言都是言而有徵的，並提醒讀此書者不可淺嘗輒止、買櫝還珠。這樣一些序言充分體現出當時士人對新知識充滿矛盾態度，一方面深信歐羅巴的良風善俗，一方面對古書不載的地理知識充滿疑竇。

然而，「大西洋」這個國家對晚明多數士人更深刻的印象，恐怕還是出產奇巧物品和奇人異術。沈德符《萬曆野獲編》、袁中道《遊居柿錄》、顧起元《客座贅語》、謝肇淛《五雜俎》、李日華《紫桃軒雜綴》、王肯堂《鬱岡齋筆塵》、姚旅《露書》、方弘靜《千一錄》、談遷《北遊錄》、王士禛《池北偶談》等，都是晚明士人中比較熱衷談論耶穌會士的記錄，最令他們津津樂道的，是耶穌會士的傳奇生活和他們帶來的罕見物品。

首先，他們感慨於耶穌會士慷慨好施，錢米似乎取用不盡。沈德符《萬曆野獲編．利西泰》言利瑪竇「性好施，能緩急人。人亦感其誠厚，無敢負者」；袁中道《遊居杮錄》記利瑪竇「所入甚薄，而常以金贈人」。顧起元《客座贅語．利瑪竇》稱利瑪竇常留人吃飯，其所供之飯「類沙穀米，潔白逾珂雪，中國之粳糯所不如也」。談遷《北遊錄》亦載湯若望贈其東道主朱之錫西洋餅，並述其製法。

由不同尋常的慷慨和優渥生活又推想這羣耶穌會士一定身懷異能。最常見的猜測是善於煉丹、煉金，沈德符、袁中道、談遷、姚旅都有這種言論。哪怕有耶穌會士明確告之，其日用來自家鄉的供應，士人們仍以為這是託辭。還有一類猜測是耶穌會士有養生駐顏術，如李日華《紫桃軒雜綴》對利瑪竇的判斷，「瑪竇有異術，人不能害，又善納氣內觀，故疾孽不作……瑪竇年已五十餘，如二三十歲人，蓋遠夷之得道者」。

其次，他們為耶穌會士展示的奇巧器物而歎為觀止。如謝肇淛、顧起元、馮時可、方弘靜都稱讚自鳴鐘走時準確與結構精巧。李日華提到利瑪竇的另一種奇巧計時工具，一隻狀如鵝卵的沙漏，「實沙其中而顛倒滲泄之，以候更數。」（《李日華集》）方弘靜提到利瑪竇帶來的鐵弦琴和耶穌畫像，以為它們與自鳴鐘都神奇萬分，慨歎宇宙之廣大，固非耳目之所限。（《千一錄》）劉侗、于奕正在

《帝京景物略．天主堂》中把耶穌會士帶來的天文儀器、計時儀器和樂器加以詳細羅列，值得注意的是把它們統統歸為「奇器」。談遷《北遊錄．紀郵上》記湯若望園中以機械裝置取水的噴泉，又在同書《紀聞上．湯若望》中對湯若望一隻瑩然如水還能憑空現花的玻璃瓶備感新奇，聽起來像是盛裝某種化學藥劑的瓶子。王士禛《池北偶談》驚奇地記載了，他與南懷仁來往時，看見一隻以顯微方式繪畫，並要以放大鏡看畫的玻璃器。然而，這些士人真的只是歎為觀止，沒有人關心上述器物如何製成和如何運行；還有人堅持認為中國人從來比西方人更巧，如福建莆田才子姚旅《露書》，談到利瑪竇的自鳴鐘後，先説海澄人已能仿製，又説，「人謂外國人巧於中國，不知宋蜀人張思訓已為之，以木偶為七直人以直七政，自能撞鐘擊鼓矣。」

最後，他們對質地精良的文房之物愛不釋手。利瑪竇所攜書籍之精良，紙張被王肯堂、顧起元、李日華等人評為「白色如繭，薄而堅好，兩面皆字，不相映奪……受墨不滲，着水不濡，甚異之」，「如今雲南綿紙，厚而堅韌，板墨精甚」，「如美婦之肌，不知何物也。云其國之樹皮製，薄之如此耳」。沈德符在《飛梟語略》中還提到利瑪竇帶來的書籍質理堅瑩，卻是舊布所製，因此覺得很神奇。想來應該是羊皮紙。西洋書籍裝訂精美也為士人所樂道，顧起元《客座贅語》謂「其書裝訂如中國宋摺式，外以漆草周護之，而其際相函，用金銀或銅為屈戍鈎絡之。書上下塗以泥金，開之則葉葉如新，合之儼然一金塗版耳」。讚美歸讚美，可沒有誰想到讓中國的造紙印刷工匠與大西洋技術溝通一下。

大西洋國對晚明士人有很大的吸引力。他們認為大西洋人是一羣擁有眾多神奇物品，又身懷黃白之術或駐顏長生之術的異人，是一羣神祕而又有趣的人。有獵奇之心本是人之常情，史書中記載的歷代各國貢物，本就以本國不產的奇珍異寶為主，中國皇帝和各級官僚喜歡的也就是這些東西，而且歐洲人同樣喜歡記錄異域的奇風異物。無論耶穌會士還是外國使團，都常常要靠此類物品吸引中國士人、官員與皇帝的注意力。

晚明士人中流行長物之風。明代蘇州文人文震亨撰著有《長物志》，是一部關於生活和品鑒的筆記體著作。所謂「長物」，即多餘無用之物。獵奇於「長物」之心，屬於人之常情，可以理解。到了清朝也一樣。康熙六年（1667）的荷蘭使團中，最令中國人感興趣的除柔韌如帶的利劍之外，還有所謂荷蘭馬與西洋小牛，四匹馬據説是稀罕的千里馬，四匹白色小牛的特異之處則除了色白、有肉峰，還是微型牛，僅高一尺七寸、長二尺有奇，它們便由此贏得了王士禛的詩作。荷蘭人歷次都帶來名目繁多的西洋紡織物（康熙二十五年的貢物中就有 17 種紡織品），顯然有詢問貿易前景之意，但最終被青睞的僅哆囉絨、織金毯、嗶嘰緞三種材料和質地令中國人備感奇特的產品。1686 年，荷蘭人無意中展示的鐘錶、小提琴和豎琴比體現荷蘭工業實力的紡織品更令康熙皇帝着迷，可惜荷蘭使團沒意識到可以藉此謀求與皇帝的進一步接觸。

但是，也有一部分人注意到大西洋國不遜於中華的諸多制度。在與傳教士來往過的中國士人中，李日華和方弘靜算是最早也很罕見地記錄歐洲制度之人，但所謂歐洲制度，實際僅是羅馬教廷的制度。李日華是在利瑪竇定居南京不果而改定居南昌的這段時間結識利瑪竇的。方弘靜在南京結識利瑪竇，從其論及利瑪竇購買屋宅來看，是在利瑪竇第三次亦即最後一次來南京之時，所以比李日華晚幾年結識利瑪竇。

《紫桃軒雜綴》記載：「大西國在中國西六萬里而遙，其地名歐海國，列三主，一理教化，一掌會計，一專聽斷。人皆畏聽斷者，而教化、會計獨其尊等耳。旁國侵掠亦聽斷者徵發調度，然不世及，其人素有望譽，年過八十而有精力者，眾共推立之，故其權不久，而勞於運用，人亦不甚歆羨之。」利瑪竇並未記錄與李日華談話內容，這裏的教化、會計、聽斷三者各自所指尚難斷定。清朝文獻通常將羅馬教宗稱為「教化王」，但此處所敘之「聽斷者」大權獨攬且推舉有聲望之人擔任，卻更像教宗。「旁國侵掠亦聽斷者徵發調度」一條與教宗組織十字軍東征頗相吻合。而且李日華對「聽斷者」的描述與艾儒略《職方外紀》中對教宗的描述也很相近：「教宗皆不婚娶，永無世及之事，但憑盛德，輔弼大臣公推其一而立焉。歐邏巴列國之王雖非其臣，然咸致敬盡禮，稱為聖父神師，認為代天主教之君也，凡有大事莫決，必請命焉。」若聽斷者果是教宗，則教化者可能是指教廷傳信部負責人，能構成三足鼎立的另一個教廷部門理應是國務院，不知為何此處出現的是屬於辦事局的掌會計之主。以利瑪竇揚教之心，李代桃僵，將教廷機構作為歐洲的統一領導機構、構築出一個可以與中國朝廷相對的歐洲「朝廷」，這顯得合情合理。方弘靜也記錄了教宗制度，以及教宗有權征伐反對天主教的屬國：「國不知所謂儒佛，自有經書，能通曉其書有行者舉在位，在位者率不娶，王世禪眾所推也，故無無道者。屬國有改行者，王即移文革之，不必征伐。」方弘靜在《千一錄》中認為這樣的國家聽起來的確處在黃金時代，只是不知利瑪竇所言屬實與否。

李日華亦略記大西洋出產犀象虎豹，也有稻麥菜茹，但居民主要以捕獵為生，由是將其歸於蠻荒遊牧民族一類。但艾儒略在《職方外紀》中強調這是塊農業經濟發達的土地，西北歐諸國土地雖薄，但富產牛羊鹿魚，絕沒談到犀象虎豹之屬。也許是利瑪竇沒有專心對李日華講述歐洲風物，李日華則出於自己的文化優越感發揮了一些想像。方弘靜的記載更可信一點，稱該國出產黍、粳、梨、栗與諸禽獸，與中夏之出產相類，這表明他承認該國物產和農業狀況與中華相近。方弘靜還提到大西洋國海中盛產一種魚，為中國所無，這種魚的骨頭頻繁用於「棟宇輪輿」——這說的恐是鯨魚。鯨魚骨在歐洲被廣泛用於服裝需支撐造型的部分，還用於製作傘骨、馬車鞭子以及一種附加支撐纜索的弓（cable—backed bow）。但是鯨魚骨不是直接用於製建築物和車輪，方弘靜所言又有些偏差。

二、成吉思汗的鐵騎：蒙元帝國西征記

夕陽殘照，涼風習習，成吉思汗陵（簡稱成陵），靜靜地矗立在內蒙古自治區鄂爾多斯市伊金霍洛旗的草原上。這是蒙古帝國的傑出創建者成吉思汗的衣冠塚，全國重點文物保護單位，是 1954 年才從青海省的塔爾寺遷回故地的。導遊這麼告訴我。

成吉思汗在全世界聲名顯赫程度，一點不亞於在中國。這是成吉思汗完成蒙古部族的統一之後，與其子孫連續發動三次大規模西征造成的持續影響。

蒙古人的西征究竟打到了哪裏？

第一次西征在 1218—1223 年間，成吉思汗親自指揮，把蒙古的領土擴大到中亞。

第二次在 1235—1242 年間，由成吉思汗長子朮赤之子拔都統帥各支宗王長子出征欽察、俄羅斯諸地，滅亡了也的里河（Volga，伏爾加河）流域的不里阿耳和欽察，攻入俄羅斯並擊破其境內各個公國，繼而兵分兩路侵入東歐，一支兵臨摩拉維亞（今捷克境內）和匈牙利，另一支衝進奧地利，整個歐洲為之震驚。1242 年，拔都聞窩闊台死訊而率軍東返至伏爾加河下游，西歐才倖免於難。

第三次西征發生在1252—1260年，蒙・哥汗派遣其弟旭烈兀為統帥，目標在征服西亞，結果滅亡了阿拉伯帝國並佔領敍利亞，將蒙古帝國的疆域擴展至西亞。

蒙古軍隊的西征在歷史上產生雙重影響：一方面是野蠻殘酷的征服，對所經地區的社會經濟造成極大破壞；另一方面，蒙古帝國的統治擴張到黑海南北和波斯灣地區，使中國和中亞、西亞、歐洲連接起來，在這些交通線上亦建立起完善的傳驛制度，從而使蒙元時代的中西陸路交通更加通達。

蒙古軍隊西征過程中，為了大軍行進的需要而帶去大批漢族技術人員劈山開路、修築橋樑，使道路狀況大為改善，李志常《長春真人西遊記》記載：「始鑿石理道，刊木為四十八橋，橋可並車。」耶律楚材亦有《過陰山和人韻》詩描述此景，中有「古來天險阻西域，人煙不與中原通……四十八橋橫雁行，勝遊奇觀真非常」之句。從某種意義上說，蒙古軍隊的西征過程也就是中西交通路線的建設過程，開闢了一條從漠北和林（今蒙古國額爾德尼召以南）北穿南俄，南貫波斯，東經中亞、西亞，西到歐洲的通道，而在蒙古人的「軍隊過去之後，他們就把這條道路開放給商人和傳教士，使西方和東方在經濟上和精神上進行交流成為可能」。（道森著、呂浦譯：《出使蒙古記》）

驛站傳訊系統是蒙古帝國為保證帝國內部的交通暢通和信息傳

遞快捷而建立，被認為是維持龐大帝國統治的強有力手段。從第一次西征建立欽察汗國到忽必烈時期，建立起連通漠北高原的蒙古本部和察合台汗國、欽察汗國的驛道，在中國境內沿太和嶺（山西雁門）至別失八里（今新疆吉木薩爾）一線設置了 30 個新驛，以連通察合台汗國和元朝的政治中心。稍後，伊利汗國境內推行忽必烈時期的中國驛站制度——全汗國各主要道路上每三段（約 18 公里）置一站，每站備健馬十五匹。如此，蒙元帝國統治區域，都鋪上了高效快速的驛道網絡。元朝政府和各汗國政府還特別在交通大道上設置護路衛士，頒佈保護來往商人的法令，以維護路途的安全。

蒙古西征也帶來東西方人員和生產技術相互流動。歷次西征的軍隊中除有大量徵發來的女真人、契丹人和西夏人之外，還有不少中原漢人，他們隨軍來到西域後，逐漸在當地定居下來。據《長春真人西遊記》記載，丘處機沿天山北道西行時，在別失八里看到從事音樂技藝的都是「中州人」，在輪台還遇到一位來自中原的書生。此後，元憲宗蒙哥（1209—1259）派使者常德出使旭烈兀（1217—1265）統治的伊利汗國（以伊朗為中心）時，在別失八里和阿里麻里城（今新疆霍城附近）也看到不少漢人居民，有關記載見元代劉郁的《西使記》。

忽必烈滅南宋以後，又將降服的大量漢軍、新附軍和中原的農民、工匠徵發到西北，讓他們在別失八里、哈迷里（今新疆哈密）等地屯田並冶煉農具兵器。漢人被遷往西域和中亞的同時，大批西域人、中亞人、波斯人、阿拉伯人等，或由於蒙古軍隊的征服，或由於入華經商，也遷往中原地區，甚至分佈於廣西、雲南等地。其中一些人以伊斯蘭教的宗教信仰和日常生活習俗為紐帶，逐漸組合為一新興民族回族，另外一些人則深受中國文化習染，或接受儒家教育，或轉信佛、道，逐漸與漢民族融合。

東西人員的雙向流動自然會帶來生產技術的交流。西遷的漢人把當時一些中原先進的生產技術帶到西域，如汲水器具、雕版印刷技術，以至《長春真人西遊記》載阿里麻里人讚歎：「桃花石諸事皆巧。」桃花石指的是中國內地。

中國內地也從西域接受了一些生產技術，尤其是棉花種植技術。棉花通過陸、海兩道傳入中國，並在宋、元時期開始在中原推廣，元代迅速發展，而陸上一途就來自元代西域。元代《農桑輯要》卷二「論苧麻木棉」條載，木棉（即棉花）產於西域，入元以來種於陝右，茲繁茂盛，與本土無異。這一時期西域畏兀兒人，對於在關陝地區推廣植棉起到重要作用。《西鄉宣差燕立帖木兒遺愛碑》記載，陝西西鄉縣人原先「不知種棉之利」，畏兀兒人燕立帖木兒「自興元求籽給社戶，且教以種之法」。

三、　謀之不得的香港

葡萄牙是西歐的小國，在歐洲的歷史上從來不曾輝煌過，為什麼在大航海時代，卻拔得頭籌，率先征服了亞洲？事情的原委，要從葡萄牙在遠東的「保教權」談起。

所謂「保教權」是天主教傳教事業上的一種優惠特權。天主教會在發展的初期，因召集信徒幫助修建各種宗教設施，而賜予他們各種特權作為回報。到中世紀晚期，這種特權在歐洲本土已經衰落，但隨着葡萄牙航海探險開始，它又在海外復興，成為歐洲國家瓜分世界的「理由」和「根據」。

海外「保教權」能夠確立的前提是，基督教國家普遍認可，他們有權把野蠻人和異教徒的土地佔為己有，而無須顧及土著民族的感受。或者說，你不信仰基督，你就不配佔有這個世界的土地和財產，甚至不配享有平等的生存的權力。你說這是什麼邏輯？這就是上帝的邏輯。上帝無法管人間的事情，於是天主教國家的國王們都承認，羅馬教宗有權分配這些地區的世俗統治權。

葡萄牙是一個窮國，卻在反對阿拉伯佔領的鬥爭中，最早建立集權制的民族國家，這就使它有了擴張的動能。葡萄牙要推銷國內的葡萄酒、橄欖油等商品，改變它在西歐國際貿易中的不利地位，最迫切需要的是黃金。歐洲的金礦很少，黃金供應嚴重依賴非洲，當時主要靠從西非穿過撒哈拉沙漠的商隊運來。要取得撒哈拉以南某個地方的黃金，要麼奪取北非的一些貿易中心，要麼直接與撒哈拉以南的黃金產地建立聯繫。在這方面，葡萄牙有天然的地理優勢。

葡萄牙人在非洲的殖民活動，持續了很長時間。1416 年佔領非洲北岸重鎮 —— 摩洛哥的休達，控制了直布羅陀海峽，控制了通往地中海與大西洋間的海上咽喉要道。這就有力地保護了葡萄牙的商船隊和漁船，保證了葡萄牙的南下探險活動，葡萄牙的年度探險活動，也以此為基地而逐漸展開。

這些殖民探險活動，需要尋求保護和合法性授權。羅馬教廷因宗教改革後號召力衰弱，但是葡萄牙人在西非的進展，燃起了教宗擴大海外傳教的希望。於是，教宗與葡萄牙王室各取所需。葡萄牙人對撒拉遜人（北非的阿拉伯人）的持續打擊，使教宗相信亨利王子有這個能力。藉助葡萄牙人發現全世界的計劃，教廷要在全世界實現其宗教使命，葡萄牙因而率先獲得了海外「保教權」，即征服他們所「發現」的東方國家土地和財富的權力。兩個使命激勵着葡萄牙人，一個是物質的刺激，黃金的需求；一個是宗教的狂熱，對穆斯林作戰的神聖感。

15 世紀後半葉，教宗頒發一系列訓諭維護葡萄牙的海外特權，比如，1455 年教皇訓諭，確定已發現的「從博哈多爾角和納奧角，經過整個幾內亞，並從幾內亞到南方的地方」永遠屬於葡萄牙王室，「將來終要獲得的海外省、島嶼、港口、地方和海洋作為永久產業賜給阿方索國王和他的繼承人」，甚至以革除教籍相威脅，禁止他人在沒有葡萄牙特許的情況下染指上述地方。

1492 年哥倫布在伊莎貝爾女王（1474—1501 年在位）支持下到達美洲，使西班牙具有了要求發現權利的資本，在教皇的同意下，雙方經過艱苦的談判，1494 年簽署了著名的《托爾德西拉斯條約》，規定西班牙可以征服西半球，包括哥倫布在大洋的西方、朝向印度的方向，所發現的陸地和島嶼，以及其他在這個方向的尚未被發現的陸地和海島。與西班牙人極力掩蓋哥倫布的新發現不同，葡萄牙人則極力掩蓋迪亞斯（約 1450—1500）實際上已經於 1488 年發現好望角的事實。

雙方都是為了到達盛產香料的印度和壟斷同東方的貿易。西班牙人對印度的概念受哥倫布影響，葡萄牙國王長期以來堅信繞過非洲可以到達印度，在談判時着意營造僅僅是捍衛非洲以西陸地的擁有權的印象，至於通過好望角到達印度是獲取香料最快最實際的一條航線，這一信息被長期保密和精心封鎖。《條約》規定以經線或其他方式，在佛得角羣島以西 370 里格處，劃出一條從南極到北極的直線，線以東所有找到的和將來找到的一切都屬於葡萄牙，線以西則屬於西班牙。通過《托爾德西拉斯條約》，葡萄牙保留了通往印度的真正航道，還爭得了今日巴西的一大部分地區。

雖然幾十年後，雙方在馬魯古羣島的權利上又有一些新的修訂，但葡萄牙和西班牙瓜分世界的這種格局有效地持續了一百多年，而此後中國與歐洲的一切交往正是在這樣的基礎上逐漸展開的。

自葡萄牙於 1418 年佔領北非休達城，到達伽馬 1498 年繞過好望角抵達印度洋卡利卡特，再到 1510 年建立果阿行政中心，管理東方的殖民地，次年控制馬六甲海峽。

1511 年，葡萄牙人佔領了滿剌加（馬六甲）海峽。馬六甲王國是明朝的朝貢國。這裏是非洲、紅海、阿拉伯海、印度洋到中國之間的必經通道，具備得天獨厚的地理位置與優越的季風條件，但是土地稀少而貧瘠，長期糧食匱乏，發展艱難，海盜是當地居民的生意之一。但是，馬六甲位於馬來半島西南海岸，有兩大優勢。一是區位優勢，馬六甲處於馬六甲海峽與天然良港和通航河流交匯處，處於咽喉水道，作為港外港，它既能避免風暴，又位於黃金水道之上。二是資源優勢，馬六甲有檀香、松香等香料以及森林類資源如樹脂、木材，還有錫礦、黃金等。有葡人在此說：「馬六甲是一個為商品而生的城市，比地球上所有其他（城市）都要好，它是一些季風的結束和另一些季風的開始。」

馬六甲是通道，中國才是葡萄牙商人的最終目標。

1513 年，受葡萄牙印度總督阿爾布克爾克（Afonso de Albuquerque）派遣，喬治・歐維士（Jorge Alvares）前往中國，於次年抵達中國海岸屯門島，因中國不許外人入境而僅在屯門島立碑而已。這是葡萄牙人首次出現在中國南海地區。1515 年，葡印總督阿爾布克爾克又正式派遣佩雷斯特羅（Rafael Perestello）聘問中國。但直到 1516 年 8 月 12 日使團仍音訊全無，故又遣費爾南・佩雷斯德・安德拉德（Fernão Perez d'Andrade）出使，卻因風浪被迫中途返回，且遇佩雷斯特羅在中國獲利而歸。阿爾布克爾克大喜，1517 年（正德十二年）6 月 17 日再度遣使，由多默・皮列士（Tomé Pires）任使節，安德拉德則負責護送使節。此使節是阿爾布克爾克奉葡王之命派出，故可認為是葡王使節。

正德十三年（1518 年），葡人首領西芒・安德拉德（Simão de Andrade）就率三艘船隻闖入屯門，並且擅自在屯門建造屋宇，樹立木柵，修築炮台。他們劫掠商船，奪其財貨，搶劫百姓，掠奪人口。1521 年，廣東巡海道副使汪鋐進駐與屯門僅一海之隔的東莞南頭鎮，並以 50 艘戰船對屯門形成半圓形包圍圈，向葡軍發動了進攻，把他們驅逐出境。這件事史稱屯門海戰。

屯門海戰發生於明正德十六年和嘉靖元年之間（1521—1522），前後共歷時數月時間，這場海戰也是中西方的首次交鋒。隨後這羣來自於歐洲的海盜又多次侵犯中國的東南沿海，當時中國稱之為「番夷」。令嘉靖皇帝及朝臣更為不安的是，不死心的葡萄牙人在嘉靖二年（1523）又侵犯新會縣（今廣東江門市新會區）。

1522 年 4 月，葡萄牙官方組織一支由五艘船隻組成的艦隊，其中包括四艘武裝商船和一艘中式船隻。載着三百人和貨物，於 1522 年 7 月 10 日離開滿剌加來中國。同來者有上年屯門戰役敗回的科埃略和雷戈兩人，顯然有報復企圖。雖然聲稱來與中國訂立「和平條約」，卻要求在「屯門島或其他合適處建堡壘」。

當葡萄牙海軍艦隊再次在中國南海地區與中國水師在新會西草灣一帶相遇時，雙方發生激戰，中國水師再次獲勝。中方拒絕葡方重返屯門的要求。

這一仗，明朝朝軍隊大獲全勝，擒敵四十二人，斬首三十五人，俘獲被葡軍擄掠的男女共十人。此後，葡萄牙逐漸收回了武力侵略屯門的野心。大概這也是西方殖民者早於到的少數敗仗之一，那种放一陣槍炮就足以嚇到土著甚至不戰而勝的事情沒有了。此後，葡人在浙江舟山羣島的雙嶼港建立居留地，進行大規模的走私活動。1548 年，浙江巡撫朱紈下令進攻雙嶼港，將那裏的建築物及港內船隻一概焚毀，並用木石將港口填塞。

屯門之役、新會西草灣之役和雙嶼港之役使葡萄牙人認識到中國國力強大，不能輕易用武力征服，硬闖香港的屯門不行，他們轉而改用行賄等手段，謀求在中國沿海取得立足之地。開始只是「借用」澳門晾曬貨物，1553 年（明嘉靖三十二年），葡萄牙人終於獲得了在澳門居留權，澳門成為葡萄牙在中國的第一個落腳點。

葡萄牙在教宗訓諭和《托爾德西拉斯條約》庇護下，實施征服東方的計劃，逐步成為現實。他們既理直氣壯：心態之一，宗教上的正義性，代表上帝來征服異教徒的土地和財富。心態之二，實實在在的物質財富的誘惑，從黃金到香料，以及其他的貨物轉輸貿易利益，使其慾壑難填。

葡萄牙人在東方的統治可分為幾種形式：1. 葡萄牙人在內擁有絕對主權的真正的殖民地，有果阿、莫桑比克、馬六甲和第烏（Diu）等；2. 主權屬於當地土著人國王，他們是葡王的盟友或納貢人獲得保護，葡萄牙人修建要塞或居民點、普通商站或官署，波斯灣到印度海岸一帶的多數地區屬於這種情況；3. 完全從屬於當地所在國統治者意志而主權徹底獨立於葡萄牙王權之外的殖民地，這就包括澳門。

葡萄牙人初來廣州挑釁，被明朝官兵擊敗，聲名狼藉。明朝嚴加防範，為什麼他們就有機可乘了呢？《明史．佛郎機傳》透漏了其中一個奧祕。原來廣東省文武官的「月俸（薪俸）多以番貨代」，廣東地方官收入的相當一部分是用外貿物品的「抽分」（按比例向進口貨物徵稅）來獲取的。「至是貨至者寡，有議復許佛郎機通市者。」嚴厲的海禁政策，「番舶幾絕」，使得進口斷絕，財路也就斷絕了。

1529 年，兩廣巡撫林富（1475—1540）奏請准許佛郎機（葡萄牙）在廣州貿易，原因是「粵中公私諸費，多資商稅，番舶不至，則公私皆窘」。他提出准許佛郎機互市有四利：「第一，諸番常貢之外，原有抽分之法，稍取其餘，足供御用；第二，兩粵近年歲用兵，庫藏耗竭，藉以充軍餉，以備不虞之需；第三，粵西素仰給粵東，小有徵發，即措辦不前，若番舶流通，則上下交濟；第四，有利於解決百姓生計，小民持一錢之貨，即得輾轉販易，賴此足其衣食；第四，助國裕民，兩有所賴，此因民之利而利之，非開利孔為民梯禍也。」林富以政績優良、抗倭護疆著稱，他的奏疏説的是實情。可見，葡萄牙之得以在澳門從事經貿活動，明朝廣東地方官的支持，是重要原因。

也有人提出把在澳門經商的葡人遷往外海，對此，1614 年兩廣總督張鳴岡（1535—1616）的意見具有代表性。他說：「壕鏡（澳門）在香山內地，官軍環海而守，彼日食所需，咸依賴於我，若懷異志，我即可制其死命。倘若移之外洋，則巨海茫茫，如何監管？如何制約？」他的意思是，在澳門，我們尚可掌控，遷移到外海，則難以控制了。這個意見獲得了朝廷的同意。

總之，海外保教權使「征服」合法化，赤裸裸的物質利益和神聖的宗教使命，便變得難以區分，葡萄牙人因此進入西非、南亞、東南亞，但是，明朝中國依然難以侵犯，葡萄牙人被嚴格拒之於外島。通過多方博弈與折衝，連矇騙帶利誘才租借了澳門小島。

葡萄牙人入居澳門後，很快便形成以澳門為中心的海上貿易網絡。這是當時最長的國際貿易航線。葡萄牙遠東商業利益依賴於這條航線，它也是運送傳教士、歐洲傳教經費和歐洲珍奇物品，以及聯繫中國傳教區與歐洲的通道。利瑪竇等傳教士無不是從這裏進入中國內地的。

明朝（1368—1640）的中國重建了漢族皇權統治，明朝 270 多年的統治時期，西方正處在文藝復興到工業革命的前夜。明朝初年，三寶太監鄭和下西洋，是傳統海上絲路貿易的絕響，同時期葡萄牙王子亨利二世的航海事業，卻構成了西方大航海事業的關鍵起點。

四、化外之地「佛郎機」

《明史・外國傳》有《佛郎機傳》，佛郎機大體是指今日之歐洲。明朝官員從 16 世紀初就開始接觸葡萄牙人、西班牙人及荷蘭人，稍後還接觸到以意大利人為主的耶穌會士，但似乎罕有人願意費心追問，這些聞所未聞的國家究竟位處何方，只要知道它們「去中華極遠」似乎就夠了。不少人喜歡把這些國家在亞洲的殖民地視作該國本體，而且每當能夠確認某個自稱相隔萬里的國家，原來就在東海或南海之中時，總會為很多人帶來釋然之感。

歐洲人萬里揚帆，來到中國，按理首先會直接衝擊中國人的天下觀、地理觀，但事實上卻並非如此。中國人的天下觀中，於華夏之外，還有殊域遠方，但是，多半在「化外之地」這種體認前就止步了。

葡萄牙在晚明被稱為「佛郎機」(又寫作「佛朗機」「佛狼機」)，這個名稱從何而來，在中文記載中從無説明。不過，《利瑪竇中國札記》等文獻對此曾有一個解釋，當葡萄牙人首次抵達廣東沿海的小島後，島上居民叫他們為佛郎機人，這是回教徒給所有歐洲人的名字。這個詞本來是 Frank，但由於中國話沒有「r」音，就被念成 Fulanci（佛郎機）。

利瑪竇這段話中提供的最有價值的信息是，這個稱呼來自回教徒（想必是海上絲路傳來的名字），由此可以把這個詞同西亞地方稱呼希臘—羅馬—歐洲的一個名詞 Farang（元代文獻中譯稱富浪、佛郎，明代的「珐琅」亦來自該詞）聯繫起來。只不過利瑪竇把 Farang 誤會為歐洲語言中的現成詞彙 Frank（法蘭克）。19 世紀來華新教傳教士艾約瑟提供另外一種猜測，即波斯人最早用「拂菻」（Fū lin）一詞稱呼歐洲人，後被阿拉伯人與 Franks 混淆起來。但他沒有說明波斯人使用的 Fū lin 來源於哪個詞語。

佛郎機在哪裏呢？明朝人在著述中提到佛郎機的不下四十人，可是提到佛郎機地理位置的僅寥寥數人，還各有分歧。有人含糊地稱其來自「西海」，或更籠統地稱為「海夷」。曾任廣東提刑按檢使的汪鋐，是第一次擊退葡萄牙人進犯的功臣，他在《題為重邊防以蘇民命事》中，稱其為「西北極邊強番」，定位是佛郎機在滿剌加附近或爪哇附近。嘉靖年間（1522—1566）嚴從簡則更進一步將它對應為喃勃利國，即鄭和下西洋經過的位於蘇門答臘西北的南巫里國。更有人推測「佛郎機亦大食之鄰境也」，因為第一，歷代史傳並無佛郎機國之名，只有拂林國，佛郎機或即拂林；第二，史載大食國來貢馬時不拜有司，佛郎機人來京，對禮部官員也不跪拜，兩處遠夷脾氣這麼像，可見相去不遠。

顯然，從明朝人的記錄中完全無法知曉葡萄牙人來自哪裏。嘉靖末年，中國人已經聽説了葡萄牙的正確譯名「蒲都麗家」，當時葡萄牙人以此名要求通貢，這説明葡萄牙人在努力讓中國人對自己有正確認識，試圖甩脱「佛郎機」這一對他們而言頗為莫名其妙的名稱。謹慎的中國官員正確地判斷，「蒲都麗家」就是佛郎機，拒絕其貢市要求，但他們對葡萄牙的認識並未由於這個新名稱有任何改變。

葡萄牙人的外觀不同於華人，也不同於東南亞諸國，明人記錄中在這方面表現出較強的好奇心。明朝人筆下的葡萄牙人外貌比較一致，身長七尺，高鼻深目，貓睛鷹嘴，面貌白皙，鬈髮赤鬚。有人注意到他們以白布纏頭，如回回打扮，這完全符合中世紀晚期到大航海時代葡萄牙人的服飾特點。

明人反覆記載佛郎機人烹食小兒的惡俗。正德、嘉靖之間（1506—1566）的東莞人王希文，視此為佛郎機人入貢不成又擅留廣東後的諸多惡行之一。嚴從簡《殊域周諮錄》是記載明代交往各國和民族地區狀況的著作，對佛郎機人在廣東如何以一百文金錢購買一名小兒和活烹小兒的慘烈過程加以詳細描述。萬曆狀元、著名學者焦竑還把「買食」改為「掠食」。嚴從簡另外列舉兩個有食人習俗的海外國家，古之狼徐鬼國及爪哇之先鬼，而佛郎機就在爪哇對面，所以食人也算不得怪事，甚至在佛郎機人那裏，食小兒還是王室特權。比較例外的是，萬曆年間（1573—1619）的張燮《東西洋考》對此類記載提出過疑義，「然今在呂宋者卻不聞食小兒之事」。

總之，中國人傳統的蠻夷觀念，再加上葡萄牙人在南洋四處征討逐利的惡行，經海外華商和貢使傳至中國，疊加而構成了「佛郎機」的野蠻形象。

茅瑞徵《皇明象胥錄・佛郎機》記載佛郎機人衣着和日常習俗，較為真實，如地位低者見地位高者需脱帽致敬，飲食不用匙筯（用刀叉），婚娶時女方需支付大筆嫁妝，在佛（天主）和僧（神父）面前舉行婚禮，入殮時無棺椁（截止 17 世紀，普通歐洲人仍習慣用布匹纏裹後下葬，棺材僅供運送遺體），見面問候時彎臂至肩部。

佛郎機風物，以火銃最為知名。葡萄牙人首次出使不成，賴在東莞，那時人們就知道他們有一種厲害的火銃，每發銃，聲如雷。自嘉靖初年守備廣東的汪鋐，命人求取製作之法並成功仿製以來，它更成為晚明軍隊的主角和文人筆下的愛物，提到佛郎機銃的文字不可勝數。

西班牙人在明朝，也被歸之為「佛郎機」，西班牙人在呂宋（今菲律賓）的作為更強化了明朝人從葡萄牙人那裏形成的「佛郎機」印象。《明史・外國傳》:「時佛郎機已並滿剌加，益以呂宋，勢愈強，橫行海外，遂據廣東香山澳，築城以居，與民互市，而患復中於粵矣。」

明人沒有「西班牙人」的概念，只知道他們是一羣同呂宋互市，並逐呂宋國主取而代之的佛郎機人；知道現在的呂宋與從前的呂宋，地雖相同，國已不同。佛郎機人以詭計佔據呂宋，初與呂宋互市，以黃金為禮，向呂宋國王請求一塊牛皮可覆蓋的地方以供蓋屋，呂宋王許之。孰料佛郎機人把一塊牛皮剪成細條，連成長條，圈圍出一塊非常大的地盤。呂宋王知道中計，卻也不便反悔，只好應允。起初，佛郎機人每月繳地租。但隨着他們在定居地築起堡壘置妥城防，便開始圍攻呂宋，殺其王而奪其地，於是呂宋成為佛郎機屬國。佛郎機國王派大酋鎮守此地，數歲一易。這個故事與古代腓尼基人在迦太基求地定居的故事一模一樣，但不知在呂宋是否當真發生過此事。

因為明朝人把西班牙人也視為佛郎機，所以在介紹呂宋這羣佔領者的外貌與風俗時，基本重復有關佛郎機人的內容，比如身長七尺，貓睛鷹嘴，鬚密捲如烏紗，髮近赤，面如白灰；性貪婪好利，為行商靡國不至，至則謀襲人；婚姻由僧人（神父）決定；死後盛入布囊下葬，遺產半入僧室。不過，也提供了一些新信息。如張燮在《東西洋考．呂宋》篇提到，人死後葬於寺中，並強調其國僧人權重，凡遇大事，酋就僧為謀，凡有人被判死罪，僧人誦經勸之首肯，然後行刑。次一級刑罰是拘足（強行使腿彎曲），中罪用拘，輕拘一足，重則拘兩足。張燮還提到該國僧侶藉婦人來懺悔之際肆意輕薄，這是明末很多人對天主教僧侶的一種普遍印象。何喬遠《名山藏》對佛郎機的宗教終於提供了切近的信息，「其人敬天，稱天曰寥氏」。專家研究表明，「寥氏」乃西班牙文天主 Dios 一詞的閩南語對音。

明朝人很明確地把佔據滿剌加、遣使中國又強留廣東的佛郎機，同佔據呂宋的佛郎機視為來自同一個國家的同一羣人。除毫無例外地將佔據呂宋之人稱為佛郎機、稱呂宋為佛郎機屬國之外，又如張燮談呂宋佛郎機時稱其在中國香山盤踞已久，《明史．外國傳．呂宋》除談及此點，還稱佛郎機先後滅滿剌加、巴西、呂宋三國，稱霸海上。那麼，明人為何將葡萄牙人和西班牙人視為同一羣呢？除了直觀上的長相習俗幾乎一樣之外，恐怕還是因為「佛郎機」是回教徒對歐洲人的通稱，而明朝人有關這些歐洲人的信息最初皆來自大多信奉伊斯蘭教的東南亞諸島。

事實上，隨着明朝開始與葡萄牙和西班牙直接接觸，人們已經聽說了這兩個國家更準確的名稱。葡萄牙人在嘉靖末年以「蒲都麗家」之名與明朝官府接觸，「蒲都麗家」就是 Portugal 的有偏差的譯音。而萬曆年間的張燮與何喬遠提到呂宋佛郎機人屬「于係臘國」，尤其是張燮引述的西班牙代理總督致福建巡撫書信，其中自稱奉于係臘國王之命（或寫作「干絲臘」和「乾絲臘」，而「于係臘」的「于」，恐是「干」字之誤）。可見，「干係臘」/「干絲臘」是西班牙對中國人的自稱，而這個詞正是 Castilla（卡斯蒂利亞）之閩南語譯音。已經建立起一個橫跨大半地球之 Hispania 帝國的西班牙人，對外仍喜自稱卡斯蒂利亞國，以卡斯蒂利亞王國作為正統所在。但是這兩則國名信息，並沒有對明朝人產生任何影響，明末時人及《明史》編修者固執己見，認為他們屬於一個國家「佛郎機」。至於為什麼一個自稱「蒲都麗家」，一個自稱「干係臘」，《明史》編者認為是佛郎機人為遮掩自己的惡劣形象而故意改名，因此依然故我地一概名之為「佛郎機」。

需要補充一點，明朝人把葡萄牙人和西班牙人混為一談，同西班牙一度吞併葡萄牙關係不大。首先，吞併發生在1580年，而西班牙人入侵呂宋在1571年，明人甚至記載了西班牙人先期佔領菲律賓羣島的宿務（中文史料寫為朔霧）小島一事，此事發生在1565年，從1542年到1580年，兩國在東南亞的敵對姿態十分明顯。其次，即使1580—1640年被吞併期間，心不甘情不願的葡萄牙人也在努力突出自己的獨立地位，尤其是在遠東地區。

總之，由於葡萄牙人和西班牙人在外觀與行為上有種種相似性，同時又被與中國人接觸較多的東南亞回教徒賦予同一名稱，明朝人便無心再對他們詳細區分。這表明，「佛郎機」在明朝人心目中既是一個地域名詞和人羣名詞，更是一個形象名詞，它除了包含「長身鷹嘴貓睛白膚」這種含義之外，更突出的含義是貪婪、狡詐、殘暴、好鬥——亦即一種樣貌較新鮮但品質照舊的蠻夷。至於他們的國家在哪裏，如何來到中國，這一切對明朝人幾乎沒有意義，明朝人不只是滿足其對「蠻夷」的意象再次印證，也是讓自己陶醉在文明華夏的幻境中。

五、何處紅毛番

紅毛番是明朝人對荷蘭人的稱呼，因為他們鬚髮皆赤，所以稱之為紅毛，也稱紅毛夷，後來更簡稱紅夷。明朝人通常認為紅毛番與佛郎機接壤，自古不通中國，自稱「和蘭」（偶有人將「和蘭」寫作「利蘭」）。

既然明人多認為佛郎機在爪哇附近，那麼與佛郎機接壤的和蘭究竟在哪裏呢？

能關心這一點的人寥寥無幾。崇禎時曾任兵部尚書的萬曆進士熊明遇（1579—1649），曾模模糊糊地稱其負西海而居、地方數千里。但他所理解的「西海」該是哪裏卻並不清楚。熊明遇還引述了幾種其他意見，分別將紅毛番對應為東漢末年赤眉（農民起義軍，被劉秀所滅）的一支，又說屬於唐太宗貞觀年間曾出現的赤髮綠睛之屬，還有說倭屬島外所稱之毛人國的。

萬歷朝曾出任首輔大臣的葉向高（1559—1627），有過指揮平定倭寇和驅逐荷蘭人（紅毛夷）的經歷，他在《中丞二太南公平紅夷碑》中，敘述南公（名居益）平紅夷經過時，較為難得地提到，和蘭國去中華數萬里。清初流亡日本的朱舜水（1600—1682）在明朝末年就指出，和蘭在中國之西北，是比漢代匈奴、大宛更西的西北，而且要經海路交通。從大的地理範圍來講，這種説法倒不算錯。但是他將和蘭與紅毛視為兩國，外加南蠻，以為三國在中國以西的海上鼎足而居。

《明史》本着慣用的調和之法，先説和蘭地近佛郎機（《明史》堅持佛郎機近滿剌加），而鄭和七下西洋也未遇到過一個「和蘭國」，又説其本國在西洋，去中國絕遠，華人未嘗至。這似乎透露出在清初，《明史》編修者知道，萬里之外的和蘭在滿剌加附近有個屬國（殖民地）。不過，清朝初期的官員們多數認為荷蘭國就在東南亞。

曾在康熙南書房行走的著名文士王士禎（1634—1771），就明白無誤地説過，台灣海域向南可到荷蘭。每一次荷蘭使團都是由巴達維亞殖民當局與荷蘭東印度公司共同組建，而荷蘭使臣會明確聲稱，自己究竟是巴達維亞總督派來的，還是荷蘭本土派來的。康熙在 1667 年接見時曾問過荷使：荷蘭與巴達維亞相距多遠？你們是誰派遣的使節？荷蘭人坦率回答説，使節是為荷蘭國王效命的巴達維亞總督所派遣，以總督名義寫的荷蘭表文中也註明自己是印度地區的統領。

今日印尼首都雅加達，歷史上稱巴達維亞（Batavia，荷蘭的羅馬名），就是荷蘭人起的名字，也是荷蘭東印度公司的遠東中心，當然建設這個城市的民伕主要是華人。清朝官員們一貫稱呼巴達維亞總督為「荷蘭國王」，比如，巴達維亞總督約翰・馬綏克（John Maatzuiker）就被稱為「荷蘭國噶嘍吧王、油煩嗎綏極」（或徑直稱「甲婁巴王」）。這個「噶嘍吧」或「甲婁巴」卻不是荷蘭語，是馬來語Kelapa（椰子）的譯音，此名是葡萄牙人初來此地建要塞時當地漁村的名字。所以，雅加達又稱椰城，即本乎此。後來被伊斯蘭教萬丹王國征服改名查雅加達（Jayakarta，勝利之城），1619年荷蘭東印度公司征服此地又命名為巴達維亞。

從明朝人的描述來看，紅毛番與佛郎機長相沒有重大差別，基本特徵都是深目長鼻、毛髮皆赤、身材高大。只是與佛郎機的貓睛不同，這羣人是藍睛或者碧瞳。萬曆間的《廣東通志》又多提供一點特徵：「其人衣紅，眉髮連鬚，皆赤足，踵及趾長尺二寸，壯大倍常。」但是，葡萄牙人和西班牙人沒有因為紅色鬚髮被稱為「紅毛」，獨獨荷蘭人得到這個名稱，而18世紀時英國人也被中國人稱「紅毛」。這表明，明清中國人的人羣劃分標準隨機而又多樣。「紅毛番」被與「佛郎機」區分開來，外貌恐怕不是主因，對語言差異的認知更無從談起。當荷蘭人與中國人接觸之始便表現出與葡萄牙人的對抗，荷蘭人與葡萄牙人更雙雙強調彼此不同——荷蘭人一到澳門便與葡萄牙人開戰，葡萄牙人則想方設法讓廣東官府不要接納荷蘭人，而荷蘭人轉赴福建求市的要求就是，希望能與澳門的那羣人享有同樣待遇，凡此種種，使中國人知道這羣人不是來自「佛郎機國」，需要一個不同的名稱。為何偏偏用了「紅毛番」？可能有偶然因素，當時有人提到，福建人因其赤髮而稱其「紅毛番」「紅夷」，這個偶然產生的稱呼，或許正適切於區分荷蘭人與佛郎機人的需求，所以流傳開來。

但是，紅毛番與佛郎機終究長相相近，難免讓明朝人覺得他們都是一類，明末著名學者張燮（1574—1640）是福建漳州人，所著《東西洋考》，專門有《外紀考・紅毛番》一節，他引唐初學者顏師古的話說：「西域諸戎，其形最異。」因而發揮到：「今胡人青眼赤鬚，狀類獼猴者，其種也。一名米粟果、佛郎機，據呂宋而市香山。和蘭心慕之，因駕巨艦橫行瓜哇、大泥之間……」在明末這位最前沿的南海研究學者看來，米粟果、佛郎機、和蘭，是哪裏不重要，要之，他們都是同一類形狀怪異的西域胡人。

明朝人對紅毛番的印象比較平實，沒有像對佛郎機那般產生諸多怪談，而大多數論述都是以福建漳州學者張燮《東西洋考・紅毛番》中所記為依據。

張燮談到紅毛番奉天甚謹並敬祀天主，在不了解羅馬派與新教各派差異的情況下，這麼說也不能算錯。《明史》則徑稱其人悉奉天主教。張燮記該國出產金、銀錢、琥珀、瑪瑙、玻璃、天鵝絨、瑣服、哆囉嗹和刀，《明史》複述了這些物產。張燮說，這個國家很富，喜好在海外經商，貨不論華夷，只要紅毛番喜歡，就高價購買，不計較價錢，所以華夷商賈都樂於與之交易，凡賣給紅夷的貨物價格都會被提高。這一點顯然也成為其他人對紅夷的突出印象，還有人特別提到紅夷最喜歡的具體華貨是繒絮財物。荷蘭人或果然如張燮所説這般慷慨，那就易於理解福建居民為何在海禁之中還樂於同強行上岸的荷蘭人私下貿易。

明末著名學者沈德符（1578—1642）《萬曆野獲編》有《紅毛夷》專條，強調紅毛夷「不甚為寇掠。亦有俘執解京者，大抵海上諸弁誘致取賞，非盡盜也。近且駸駸內徙，願為天朝用，亦亘古未有之事。」言下之意，紅毛番比起佛郎機溫和而又友好，以蠻夷而論頗不尋常。張燮還介紹了紅毛夷首領在東南亞的居處環境、飲食方式以及與華人的關係，對華人不尚武有輕蔑之心，但當華人與其他夷人爭鬥時又會幫助華人，似乎流露出他覺得紅毛番比起其他夷人要好一些的意思。

明朝人注意到紅毛番好佩劍，在船上如履平地，登岸後則行動不利，其上等好劍可值百餘金。無獨有偶，康熙六年（1667）之荷蘭使團進獻的刀劍，也令中國人過目不忘，據説此刀劍柔韌如帶，其時的文壇領袖王士禛特為其賦詩一首。後來嘉道年間的趙慎畛在《榆巢雜識．英吉利刀》一篇也以類似語言描述過英國阿美士德使團帶來的英國刀，並流露出服膺西洋人的冷兵器製造工藝。紅毛番役使一羣黑鬼為水手，他們行於海中如履平地。這表明荷蘭人僱傭東南亞土著。但這羣黑鬼或烏鬼的能力越傳越神，張燮只説其善於游水，後來則傳説其可潛水行數里，《明史》乾脆將其演繹為入水不沉。

正如佛郎機銃令明朝人心嚮往之，紅毛番的船與大炮也令明朝人念念不忘。張燮説，荷蘭船長二十丈至三十丈，船體高為船長的三分之一，分為三層，船甲板寬五六丈，船板木厚二尺餘，接合緊密。葉向高《中丞二太南公平紅夷碑》形容其高大如山，當之無愧。還説其三十丈長的船上樹五桅，二十丈長的船上樹四桅，可能船有大小之分，桅杆相應有差。桅杆以鋈金固定，其中三桅掛布帆。桅上建瞭望台，亦可逢敵擲鏢石，可容四五十人，以繩梯上下。舶上設鐵絲網，外漆打馬油，光瑩可鑒。舵後有直徑數尺的銅盤，譯稱「照海鏡」，可以指引航路。這應當是指羅盤，但《明史．和蘭》從字面上理解「照海鏡」，稱其能照數百里，聽起來彷彿一面海上照妖鏡。

荷蘭船的船艙兩側鑿出小窗，臨窗放置銅銃，需放炮時，用機械裝置將銃管推出窗門，放畢銃管自退。桅杆之下還有長二丈餘、炮管直徑四尺的大銃，此銃所發彈丸可洞裂石城、震數十里，不到緊急關頭也不輕易施用。明人稱，荷蘭銃管皆銅鑄，彈丸則是鐵鑄。談荷蘭風土的文章都會談到荷蘭的炮，而另有不少人只關心紅夷炮，因為與紅夷炮相比，明人費了不少力氣掌握的佛郎機銃已成常技。沈德符自幼生長於北京，他在萬曆四十七（1619）或四十八年提到，紅夷通市之後，明朝也得以使用紅夷炮，並能仿製，雖然未能盡傳其精奧，也已足為恃。能夠仿製的主要是澳門葡萄牙人，當遼東戰事緊迫之際，這些仿製的紅夷炮發揮不小作用。1620 年，一艘荷蘭船因追逐葡萄牙船而不慎在廣東陽江縣海域翻船，當年和

1625年分兩批打撈起船上的大炮，對明廷幫助頗大。

明朝人難免羨慕荷蘭人的堅船利炮，但又忍不住要挑荷蘭人的毛病，以表明雖然有所不如，中國也不足為懼。他們聲稱荷蘭人所擅長「惟舟與銃耳」，其舟船因體型太大而不夠靈活，可以擊破；荷蘭人又不擅打仗，因中國驅逐而被迫招募倭寇作為前鋒。在福建數次挫敗荷蘭人後，可能加劇了這種印象。明朝人沒有考慮到或是不願考慮，來福建的都只是小支艦隊，又是在陸地附近作戰，荷蘭船因此有所不利，明人的自信心卻因此得以維護。儘管提到荷蘭與葡萄牙在東南亞幾國爭鬥情形的不只一人，但似乎只有福建泉州著名地方史志專家何喬遠，在其名著《名山藏》中意識到，荷蘭人稱霸東南亞不可小覷，「其人器械精利，數往來海上，苦諸夷，獨佛郎機與之角」。

六、橫跨歐亞：那些著名的東方遊記

「成吉思汗」在蒙古語中，是「擁有海洋四方」的意思，文雅的說法大概叫「橫掃六合」吧。成吉思汗（1162—1227）及其子孫三次西征，建立了大蒙古帝國，橫跨歐亞，東到太平洋，西達黑海，南到南海，北到北冰洋，說「橫掃六合」，也算名副其實。

從 1206 年鐵木真（成吉思汗）被推舉為可汗，到 1259 年，其嫡孫蒙哥汗（1209—1259）去世，大蒙古帝國存續的時間不長。帝國的遺產就是分裂後的元朝及察合台汗國、欽察汗國、伊兒汗國和窩闊台汗國（主要在今新疆、中亞、西亞及俄羅斯部分地區）。元朝與四大汗國之間交通暢達，傳驛制度完善，物品與人員的交流，盛況空前。中國的雕版印刷術和火藥的發明，就是此時經過阿拉伯人傳到西方的。許多西方人來到遠東，出使、經商或者旅行，並且留下了許多知名的遊記。他們把中國內地叫大契丹（原南宋地區叫蠻子省）。Cathay 成為西方對中國的稱謂。

蒙古人第二次西征（1235—1242），繼征服了斡羅思各公國（今俄羅斯、烏克蘭等地）之後，蒙古鐵騎又在里格尼茨（今波蘭境內）

擊潰了波蘭和普魯士聯軍，踏進匈牙利境內，甚至乘筏渡過了奧得河（Oder），兵鋒直逼德國邊境，別部且挺進到維也納附近。羅馬教廷和歐洲各國君主驚慌失措，莫知應對。西方人所謂「黃禍」一詞，最早就是指的從天而降的蒙古騎兵。

1245 年，新即位僅兩年的教宗英諾森四世，召集全歐主教在法國里昂開會，商討對策。有前線傳來的信息說，蒙古貴族及其追隨者中有許多人信仰基督。於是，教皇決定派遣教士出使蒙古，打探其宗教信仰狀況，最好能讓他們信仰基督。意大利人柏朗嘉賓（1182—1252）榮膺其選，1245 年復活節那天（4 月 16 號）首途之日，他已年屆 63 歲高齡。

柏朗嘉賓 1246 年 8 月到達了上都和林（又稱哈拉和林，今蒙古國前杭愛省境內），見到了貴由汗，次年 11 月回到歐洲，交上了一份旅行報告。這是西方世界第一份關於遠東地區完整的文字記載。讀讀全書的標題，你就知道他們想打聽什麼：「他們所在的方位、資源和氣候條件」「他們的服裝、住宅、財產和婚姻」「他們崇拜的神，他們認為是罪惡的事，占卜術、滌除罪惡和殯葬禮儀」「他們的性格、風俗習慣和食物等」「韃靼帝國及其首領的起源，皇帝與王公們的權利」「關於戰爭，他們軍隊的結構和武器，他們在作戰中的計謀，對待戰俘的殘酷，他們攻奪城堡的方法和對降敵的背信棄義」「他們怎麼媾合，他們所征服地區的名字和他們實行的暴政，曾經勇敢抵抗他們的地區」「怎樣同他們作戰，他們的意圖是什麼？他們的武器和部隊組織，如何在交戰中防範他們的計謀，要塞和城市的防禦設施，怎樣對待韃靼人俘虜」「韃靼人的省份以及我們所經過的那些地區，我們遇見的證人，韃靼皇帝和諸王的宮廷」。

顯而易見，柏朗嘉賓力圖摸清蒙古人的戰爭實力、作戰特點、武器裝備，其出使的軍事意圖遠大於傳教目的。關於中國內地的情況，在第五章介紹提到「大契丹」，涉及蒙古與金朝的戰爭，說蒙古人「尚未征服契丹的另外半壁江山（南宋），因為它在海上」。

在柏朗嘉賓回來不久，法國國王路易九世於 1249 年又派遣使者前往汗八里（源自突厥語，意為帝京，即今北京市）拜見蒙哥大汗。使者報道了蒙古王公改宗基督教，即「也里可溫派」（元代對基督教各教派的統稱）的情況。其想像的成分居多。

遼金時期，也里可溫教在蒙古乃蠻、克烈、汪古等部中頗為盛行，這似乎坐實了歐洲流傳的東方有約翰長老的故事。蒙古人的第三次西征（1252—1260），摧毀了巴格達和敘利亞，在基督教世界贏得一片喝彩聲，刺激了歐洲教俗世界要聯絡蒙古人制裁伊斯蘭教的幻想。因此，法王於 1253 年派遣方濟各派教士魯布魯克出使蒙古汗廷。如果上次出使是打聽軍情，這次出使就是試圖傳播福音。

魯布魯克 1255 年 8 月回到的黎波里（今利比亞首都），留下的報告有三十八章，他列專章介紹也里可溫教徒及其寺廟（第二十四章）、介紹佛教僧人的寺廟和偶像（第二十五章）、介紹他參加宗教論戰的情況（第三十三章）。當時英國著名哲學家培根（1214—

1294）在巴黎會見魯布魯克時，曾談到東方見聞。1266 年培根在自己的書中轉述了魯布魯克的觀察，說契丹是一個國家的名字，契丹人居住在東部臨海的地方。他們可能就是古代的賽里斯人（Serers）。他們生產最好的絲綢，由於一座城市得到絲人之名的。有人說過，大契丹的這座城市，城牆是銀子築成，城樓是金子。契丹還有許多省沒有臣服於蒙古人。契丹人身材矮小，說話帶強鼻音，有着東方人普遍都有的小眼睛。這些契丹人都是優秀的工匠，學有各種各樣的手藝。他們的醫師很熟悉草藥的性能，熟練地按脈診斷……他們有很多人在哈剌和林做工，子承父業。他們要給蒙古人交納巨額賦稅，約有一萬五千馬克（重的銀錠），這還不算交納的絲絹和糧食及其他勞役。魯布魯克首次準確地把契丹人和「古代的絲人」聯繫在一起，還提到了中醫和中草藥，對漢人形體的描述和蒙古人奴役內地掠來的工匠的介紹也很具體，很可能他在和林親眼見到過漢人。

與以教宗或法王的使者身份出使蒙古帝國不同，另外一位東行的西方傳教士鄂多立克，是自己旅行來到中國的。這已經是蒙古帝國崩潰之後的元朝了。他 1322—1328 年在中國旅行，其遊記三分之一說的是中國，即契丹和蠻子省。

鄂多立克的興趣不在宗教，也不在軍事，他對中國的描述偏重於政治方面。他不厭其詳地敘述朝廷的集會，朝參的秩序，覲見皇帝的場面，軍隊和狩獵，驛站的快捷等。介紹帝國的行政區劃為 12 個省，蠻子省有二千個城市，這還不包括五千個島嶼在內。說到宮廷建築壯麗輝煌，城市的宏偉、美麗與眾多，均讚不絕口。他對其他任何地區都沒有像對中國那樣頻繁地有時甚至是比較瑣細地介紹城市。他介紹民俗與特產時，以獵奇心態居多。

鄂多立克高度肯定契丹和蠻子省的所見所聞，從風光景色，到城市和財富。他讚揚中國男人「英俊」，女人之美貌為「世界之最」。他稱讚建築物的外表和裝潢，很少評價其建築技術和風格。作者的比較判斷，有時直接把東方和西方聯繫起來，但最多的比較只是度量數據的不同；有時他也用家鄉的城市來比較遠東的城市。他讚歎廣州有如此眾多的船隻，「整個意大利的船隻都沒有這一城市的船隻多」；讚歎杭州城是世界上最大的城市，「確實大到我不敢談它，若不是我在威尼斯遇見很多曾經到過那裏的人」；他還說南京城裏竟然有三百六十座石橋，「比全世界上的都要好」。總之，在比較中，鄂多立克強調的是東方文化與本身文化的相似性，有時甚至還有優越的地方。

這是利瑪竇（MatteoRicci，1552—1610）明末來華之前，曾在遠東旅行的幾個著名基督教人士。雖然行色匆匆，可是都留下了遊記。後來就有傳教士常駐遠東傳教了，如 1292 年到達北京的傳教士孟特科維諾，就在北京設立了主教區。他們多有商人陪同。早在 1224 年熱那亞就建立了印度貿易促進協會（東方貿易促進會），反映了當時東西商貿關係的發展。孟特科維諾自稱他在北京的教堂用地，是一個西方商人購得的，泉州主教安德烈 1326 年的信中提到他的教區的熱那亞商人，還有人提到泉州熱那亞商人的海外貨棧，鄂多立克說到廣州的許多商行。但是除馬可波羅外，很少有商人留下他們在東方活動的報告。

雖然馬可波羅並不是第一個向西方報道中國的歐洲人，卻是在華有過較長生活經歷的歐洲商人中，最早報道親身見聞的人。那麼，馬可波羅到過中國嗎？這種懷疑不絕於耳。他的報道又有什麼特點呢？

七、馬可波羅遊記：從邂逅契丹到發現世界

香港國泰航空（Cathay Pacific Airways）英文第一個單詞 Cathay，原意是契丹，現在都譯成中國。原來西方是通過發現契丹發現了中國。

契丹——中國東北地區的一個古老部族，曾建立中國歷史上的遼朝（907—1125），金滅遼，遼朝貴族耶律大石率領其中的一部到西部建立了西遼（1124—1218），疆域橫跨中國新疆與中亞地區。西遼曾擊敗突厥人在中亞和西亞建國的塞爾柱伊斯蘭帝國，強盛一時，名震歐洲，被突厥語和西方史籍稱之為喀喇契丹（Qara — Khitay，按 Khitay 即 Cathay），1218 年亡於成吉思汗東征。契丹（英文 Cathay）一名卻不脛而走，被西方當做中國本土的代稱。

大蒙古國時期，率先東行的法國教士柏朗嘉賓、魯布魯克在遊記中都提到契丹（北方中國），還推測契丹就是古代的賽里斯人（絲人）。但是，真正在契丹生活、遊歷，並留下令人眼花繚亂記錄的是威尼斯人馬可波羅。

馬可波羅（1254—1324），出身於威尼斯商人家庭。1271 年，17 歲的馬可波羅隨父親與叔父來中國經商。本來想從霍爾木茲坐船直接到達中國，後來改從中亞陸路，途徑新疆、敦煌，1275 年來到大都北京。在中國生活了 16 年之後，1291 年初，馬可波羅從泉州出發，離開中國。（此處離華年代的考證，採用業師楊志玖先生意見）1295 年回到威尼斯後，馬可波羅參加了威尼斯與熱那亞的戰爭，被俘後，在監獄裏留下了一部偉大的《馬可波羅遊記》。

《馬可波羅遊記》重點記述了他在忽必烈統治時期的元朝見到和聽聞的各地風土人情，也包括日本、東南亞、印度等地區。作為商人，馬可波羅的主要興趣集中在經濟、商業、道路走向和地形上。他記載了北京城（汗八里）棋盤般的整齊街道、宵禁制度、鐘鼓樓。他提到北京市場上南來北往的商人，印度和中亞的賈客，他關注金銀、寶石、珍珠、鹽、稻米、穀物、大黃、薑、糖、香料，當然也有中國最主要的貿易商品 —— 絲綢和瓷器。他說世界上任何珍稀的物品都能在北京市場上獲得，僅每天馱運生絲進城的車就不下千輛。他詫異地說，「大汗用樹皮所造之紙幣通行全國」，當金銀一樣充軍餉。元朝對於交通運輸、關津道路、驛站以及物價的管理，以及蠻子（原南宋地區）居民的工藝和經商才能，宏大而美麗的城市與港口，有着舟楫之利的廣闊的水域交通系統，都令馬可波羅讚歎不已。雖然該書中有關個人在華經歷，不乏吹噓之詞，比如，襄陽獻炮，在揚州為總管三年之類，但是，他關於「契丹」風貌的記載，是詳實而具體的。

《馬可波羅遊記》在西方產生過巨大影響，被稱為世界第一奇書。然而該書面世 700 多年間，不斷有人質疑馬可波羅是否到過中國。有的說，馬可波羅最遠不過到了他們家族在黑海或者君士坦丁堡的貨棧。這麼說來，馬可波羅的資料憑空捏造不成？在馬可波羅之前，歐洲完全沒有關於遠東地區的可靠信息。那麼，他會從哪裏得到資訊呢？有人說，他關於契丹（中國）的資訊可能出自中東（波斯文或阿拉伯文）導遊手冊或旅行指南，因為他沒有提到茶葉、筷子、長城、漢字。這種臆測真是毫無道理。假如真的出自波斯或者阿拉伯人的「導遊手冊」的話，資訊應該十分「周全」，決不會遺漏像筷子、漢字、女人纏腳這類標誌性的中國事物。相反，正因為馬可波羅不寫漢字，不喝茶，不用筷子，沒有見到「契丹概述」之類的文獻，全憑個人直觀感覺，才不會提到這些「導遊手冊」應該提及的內容。至於長城，則因秦長城已廢棄，今人熟知的明長城當時尚未修築，馬可波羅當然無從談起。相反，馬可波羅所記載的有些事件，比如，1291 年初，他們一家從泉州（時稱刺桐）啟程回國時，與元朝派出的三位使者同行，三位使臣是護送闊闊真公主去伊爾汗與阿魯渾大王成親的。這些事件「導遊冊子」絕不會記載，只有親歷者才得以傳聞。

馬可波羅經海上絲綢之路回歐洲的途中，在東南亞地區有數月的逗留，他說，南中國海地區有 7448 座島嶼，大部分島嶼都有人居住，蘇門答臘及其附近的島嶼是珍貴的香料產地，還介紹了這裏出產黃金、藥材和寶石。馬可波羅回到歐洲的時候，恰逢家鄉威尼斯與熱那亞之間爆發戰爭，他參戰被俘，在獄中口述東方見聞，受到特殊關照，因為熱那亞人關心他提供的商業信息，尤其是絲路那邊的信息，最後同室難友傳奇作家魯思蒂謙諾，根據馬可波羅的口述及其後來補充的相關筆記，筆之於書，1298 年完稿。

馬可波羅不僅發現了契丹，而且他的遊記成為激勵西方努力去發現新世界的契機之一。

此前西方世界對於遠東的知識，基本依據古典時代歐洲最著名的地理學家托勒密（Ptolemy）所著《地理學指南》。認為只有取道陸路才能到達絲國（中國），而馬可波羅則表明，亞洲大陸的東部並非封閉的水域，而是海岸的邊緣。馬可波羅記載的「行在」（即杭州）城，距離海洋僅 25 里，「在一名澉浦城之附近」，可以乘船從海路到達。有西方史家評價説：「馬可波羅對亞洲東海岸的描述，對於排除前往遠東海路上的許多困難，有巨大價值。」哥倫布就是手握着《馬可波羅遊記》尋找前往契丹的海洋之路的。可以説，地理大發現的偉大壯舉濫觴於 14 世紀。

馬可波羅生前及死後一個時期，其遊記的影響十分有限，因為其傳奇內容被視為不經之談。但是，14 世紀初一些前往東方的傳教士獲得該書後，逐漸將其傳播開來。1350 年代，有一部歐洲的編年史著作，記錄了馬克波羅對遠東的觀察，1375 年《加泰羅尼亞地圖》

（加泰羅尼亞今屬西班牙）出版，也參考了馬可波羅對亞洲的記錄。於是，《馬可波羅遊記》臻於信史行列，並不斷發酵，指引人們去發現新世界。除哥倫布（1451—1506，熱那亞人）外、地理學及地圖學家托斯堪內里（1397—1482，佛羅倫薩人）、為新大陸命名的亞美利哥（1454—1512，佛羅倫薩人）、領導首次環球航行的麥哲倫（1480—1521，西班牙人）、繞過好望角的達伽馬（1460—1524，葡萄牙人），無一不是《馬可波羅遊記》的忠實讀者。

哥倫布經常閱讀的，是一本 1485 年印行的拉丁文版《馬可波羅遊記》，他做了 264 處邊註，共 475 行。托斯堪內列根據馬可波羅的記載，堅信亞洲大陸比托勒密設想的更加向東延伸，提出了西行尋找東方的許多具體設想。他與哥倫布多次通信，回答詢問，還把自己新繪製的世界地圖提供給哥倫布，他的意見和地圖，促使哥倫布下定決心西航。1492 年首航時，哥倫布不僅帶着一份馬可波羅遊記，還帶着西班牙國王一封正式致蒙古大汗的國書和兩份空白的備用國書。他抵達美洲東海岸後，就去按圖索驥尋找「行在」（杭州），以為古巴就是馬可波羅所提到的「吉潘各」（Cipango），即日本國。

1498 年達伽馬率領葡萄牙船隊繞過好望角，來到印度洋。達伽馬是《馬可波羅遊記》的忠實粉絲。在他率領船隊出發之前，所做的重要的準備工作之一，便是再次仔細地通讀了《馬可波羅遊記》，然後才確認準備就緒，可以啟航。

馬可波羅一家得以橫跨歐亞在華旅行，發現契丹，得益於「蒙古和平」(Mogole Peace) 營造的環境，此時期中國對於絲綢的銷售，不加限制；《馬可波羅遊記》得以傳播，引領地理大發現，則是因為其時地中海地區的商業革命（12—14 世紀），帶來的對於東方香料和中國絲綢的渴望。同時，亞洲中部和西部地緣政治的變化，帖木兒汗國（1370—1507）控制了中亞，奧斯曼帝國（1299—1922）統治了西亞，歐洲人不滿意絲綢之路被穆斯林世界所壟斷，攜航海技術進步的優勢，要直接走到遠東貿易的前台，《馬可波羅遊記》給他們指明了航行的方向 —— 中國和印度。

著名的《加泰羅尼亞地圖》(加泰羅尼亞當時屬於阿拉貢王國)，被譽為中世紀最好的世界地圖，正式名稱是《1375 年加泰羅尼亞地圖》(現藏法國國家圖書館，地圖繪製在六張羊皮紙上，後來因為對摺次數多了，在對摺的地方折斷，變成了 12 張羊皮紙)。其中關於東亞部分，主要信息來自《馬可波羅遊記》和鄂多立克等人的東方遊記。該圖關於中國的部分，有文字寫道：北方是契丹，有大汗及其都城汗八里（北京）；南方是蠻子省（指原南宋地區），這裏有著名城市刺桐（泉州）和行在（杭州）。還提到從汗八里到蠻子省的運河。

《加泰羅尼亞地圖》的作者並沒有到過中國。因此，契丹被坐實為現實的中國，還要到《加泰羅尼亞地圖》出版兩百年之後。1575 年，曾到過福建沿海的西班牙人拉達報告說，「我們通常稱之為中國（China）的國家，曾被威尼斯人馬可波羅稱為契丹（Cathay）。」1601年意大利傳教士利瑪竇來到北京，根據他的生活經驗以及對於經緯度的實測，確鑿無疑地告訴歐洲朋友說，北京即馬可波羅說的汗八里，契丹（Cathay）和中國（China），都是指他所在的大明王朝。

從發現契丹到發現世界，經歷了兩百年。而這，正是歐亞大陸平衡被打破，西方超越東方，山雨欲來風滿樓之前夜的兩百年。

第五章

絲路上的文化符號

一、「胡人」遷徙史：從故土到異鄉

漢唐時代，國力強盛，因戰爭、經商、留學而來華的移民熙熙攘攘，構成了「一帶一路」上中外文化交流的一道獨特風景線。

戰爭是人類歷史上最殘酷的事件之一。漢唐時代，與匈奴和突厥的戰爭，此類事情，所在多有。戰敗的俘虜被強制向內地遷徙，構成移民。由於中國當時的經濟文化水平，確實高出周邊地區一大截，因而也有人出於各種原因，向風慕義也罷，皇恩浩盪也罷，成為融入華夏社會的優秀分子。這方面最突出的例子，是漢代的匈奴人金日磾（jīn mì dī）、唐代的突厥人阿史那忠。

金日磾（前 134—前 86 年）是匈奴休屠王之子，駐紮在今甘肅武威，公元前 121 年的漢匈戰爭中，漢驃騎將軍霍去病大獲全勝，獲得匈奴祭天的金人。在隨後投降的匈奴俘虜中，就有 14 歲的金日磾和他的母親閼氏、弟弟（父親休屠王被同降的渾邪王所殺）。漢武帝安排金日磾在宮中養馬。一次漢武帝檢閱馬匹的過程中，身材魁偉、目不斜視的金日磾，牽着高大健壯的駿馬走台時，獲得皇帝的好感。當武帝得知這個英俊的青年乃匈奴休屠王之子，當即任命他為馬監，相當於皇家養馬總管。金日磾後來在漢武帝身邊做到光祿大夫之職，曾經英勇地阻止了一次暗殺漢武帝的行動，深得武帝信任，封為秺（dù）侯，是劉徹臨終時的託孤大臣之一。

金日磾的後裔，終西漢之世，都有人在宮中侍衛，西漢末年才散落到南方各地，其中有一支，據説去了朝鮮半島。《新唐書・新羅傳》記，新羅國「王姓金，貴人姓朴，民無氏有名」。在那裏發現的《新羅文武王陵之碑》（該碑建於唐高宗時期，682 年），碑主是新羅國第 30 任君王金法敏（661—681 年在位），其殘留碑文稱：「載生英異，秺侯祭天之胤，傳七葉以□□焉。」意謂新羅王室，乃金日磾的後人。有韓國學者頗認同這一説法，並且解釋説，在王莽被殺後兩年，東漢劉秀建國之際，金氏家族成員擔心與王莽的密近關係，被劉秀追殺，故而逃到朝鮮半島，成為朝鮮金氏家族的鼻祖。大約在唐朝，辰韓六部有姓氏，即李、崔、孫、鄭、裴、薛。而朝鮮半島最重要的姓氏之一金姓，則出自金日磾之後。

後來，金日磾成了在華做出突出貢獻的外僑代稱。如唐太宗、高宗時期在華任職的突厥貴族阿史那忠，在貞觀四年（632）、大約 20 歲的時候，歸附唐朝。宿衛多年，屢出征戰，「無纖隙」，唐高宗的詔書表彰他「匪躬之操，在暮齒而彌隆；奉上之誠，歷歲寒而逾劭」。（《全唐文補遺》第一冊《阿史那貞公墓志銘》）「時人比之金日磾」（《舊唐書・阿史那忠傳》）。

經商僑民，以中古時代粟特商團最為典型。《舊唐書・西戎傳》

記述康國人善經商，「爭分銖之利」，男子年二十，即外出旁國經商，「來適中夏，利之所在，無所不到。」粟特人經商，一般以商團出行。據《周書・吐谷渾傳》記載，553年，有一支青海吐谷渾政權出使北齊的使團，在返回時有粟特商團同行，其中胡商二百四十人，帶有駝騾六百頭，雜彩、絲絹以萬計。可見這種粟特商隊規模是相當大的。有些人長期在華經商，攜家帶口，逐漸落戶中土，最後終老長安。近年發現的北周史君墓、安伽墓、康業墓、隋代虞弘墓，都是中亞和西亞商人家族在華移民的重要佐證。

例如，2003年西安市未央區發掘的北周史君墓，是「昭武九姓」（今烏茲別克斯坦）「史國」的粟特移民墓葬。該墓在放置棺槨的石室南壁有一幅壁畫，畫中有夫婦帶小孩的場面，還有講經場面。在石室北壁的壁畫中，是粟特商隊野外露宿和從事貿易的場景。有男子盤腿坐在帳篷內，頭戴寶冠，身穿翻領窄袖長袍，腰帶裝束，腳穿長靴。帳篷外兩位長者，對坐飲酒，3位侍者在側服務。帳篷門前有一臥犬。帳篷的下方是4個男子率領的商隊，其中兩位男子正在交談，馱着貨物的兩匹駱駝跪臥於地，旁邊還有兩匹馬和一頭驢，都作歇息狀。這些內容應該是墓主生前生活與經歷的寫照。

北壁另一幅畫面為男女主人在家中宴飲的場面。穹隆頂建築，為磚砌木結構，帶有迴廊，屋正中端坐着男女主人，周圍有4個樂伎，或彈奏箜篌，或彈奏琵琶，或吹奏篳篥。室內有幾個侍者。外面台階下歌舞演員，有的手拍腰鼓，有的擊節鼓掌，有的翩然起舞。這是墓主在華家庭生活的實錄。

又比如，1999 年在山西太原發現的隋朝虞弘墓，墓主虞弘大約是有着雅利安人血統的波斯人。在他的墓葬中，保留着完整的祆教信仰的記錄。虞弘墓石槨底座的祭壇上有聖火在熊熊燃燒，這個畫面也曾出現在西安北周安伽墓、史君墓中，對聖火的崇拜是祆教的最重要標誌。祆教把聖火作為最高神阿胡拉·馬茲達的象徵。有兩個祭司戴着口罩主持拜火儀式。這一古代祆教祭司拜火戴口罩的傳統，依然保持在現代祆教徒中。

總之，這些來自中亞粟特和波斯的經商僑民，雖然在華生活多年，甚至後來還擔任了一官半職，卻依然比較完整地保留着自己的民族習慣和宗教文化。當然，也接受了部分中華的生活習俗。比如用棺槨來下葬，就背離了祆教的傳統，屬於中土的生活習俗。

經商移民中還有西亞的阿拉伯人、波斯人。唐朝的胡商或者商胡就是這些人。有阿拉伯文獻説，唐朝末年在廣州的阿拉伯商人多達 10 萬。宋朝在東南沿海地區設置了「蕃坊」，就是這些人的聚居地。大約就如同我們提到的北魏洛陽地區胡人聚落那樣，「附化之民，萬有餘家。門巷填列，青槐蔭陌，綠樹垂庭，天下難得之貨，咸悉在焉。」（前引《洛陽伽藍記》）

留學生移民，以唐代日本和新羅的留學生最知名。儘管有學者能羅列出日本留學生、學問僧、請益生等細微的身份區別，但實際上，他們都屬於來華學習的僧俗人物。2004 年 10 月公佈的西安市東郊出土的日本留學生墓誌，墓主井真成（699—734）就是717年（唐玄宗開元五年）與著名的阿倍仲麻呂（698—770）、吉備真備一道來華留學的日本學生。其時井真成19歲，阿倍仲麻呂20歲，吉備真備22歲。

他們到達唐朝首都長安後，進入國子監中的「太學」學習。唐朝政府優待外國留學生，其助學金和生活費全部由唐政府提供，學習重點是經史之學，畢業後參加科舉考試。唐朝對外國學生特設了「賓貢科」，這大約相當於我們現在對於外國學生的「漢語水平」考試。可是，科舉考試還是要比漢語水平的測試要複雜得多。詩賦就是其中的一項。阿倍仲麻呂中文名字叫晁衡，與王維、李白、儲光羲是好友，有詩文唱和。晁衡歸國，據說中途遇難，李白深情賦詩：「日本晁卿辭帝都，征帆一片繞蓬壺。明月不歸沉碧海，白雲愁色滿蒼梧。」阿倍仲麻呂大難不死，返回長安，作《望鄉》詩感念李白：「卅年長安住，歸不到蓬壺。一片望鄉情，盡付水天處。魂兮歸來了，感君痛苦吾。我更為君哭，不得長安住。」此外，王維的送行詩《送祕書晁監還日該國》，儲光羲也有《洛中貽朝校書衡，朝即日本人也》的詩作傳世。阿倍仲麻呂在唐朝從校書郎做到祕書監、左散騎常侍兼安南都護的官職。安史之亂期間，還曾追隨唐玄宗一起避難四川。

日本之外，新羅的留學生也很多。崔致遠（857—？）是在華新羅文人的代表。他年方12歲離家入唐求學，6年後，即874年獲得賓貢科進士學位，年僅 18 歲。直到 884 年離華，僑居中國長達十六年之久。崔致遠曾任唐溧水縣尉，入淮南節度使高駢幕府任掌書記。曾為高駢寫《檄黃巢書》，名動天下。所著《桂苑筆耕集》，為文林所推重。留學生作為專門學習中華文化而來的僑民，在中外文化交流中意義更為不同凡響。

總之，外國和外族在華僑民，不僅學習和接受了中華文明，無疑也帶來了異域的文化，豐富了中土社會與文化元素。這些僑民在華的活動，突顯了中國文化具有寬廣的包容性。異族人士可以在唐朝求學、做官，不同的宗教都可以在中土設寺傳教。不僅佛教成為中國文化的一部分，祆教在華傳教也影響深遠，宋元時代被稱為明教，朱元璋所建明朝之「明」，即源自於此。任何文化的傳播都是由人來完成的，人類文明都是可以相互借鑒互相融合的，戰爭難民也好，商業移民也好，學生僑民也好，正是因為這些移民的存在，才使絲綢之路成為一條靈動的文明交流的紐帶。

二、楊貴妃與安祿山的「花邊新聞」之外

稗官野史都喜歡報道名人的緋聞軼事，一如今日之狗仔隊，追逐明星。在大唐天寶盛世，最有名的女人非楊貴妃莫屬；最有名的男人之一，當屬節制三鎮、擁兵 15 萬的安祿山了。於是，關於楊貴妃與安祿山的緋聞也就不脛而走。連《資治通鑒》這樣嚴肅的著作也說，安祿山經常往楊貴妃宮中跑，外面的人都議論紛紛。

安祿山與楊貴妃有什麼關係？

《資治通鑒》卷 216，天寶十年（751）條記載，這年的正月二十日，是安祿山的生日。唐明皇與楊貴妃給安祿山送了很多生日禮物。為了籠絡安祿山，唐明皇收安祿山為養子，於是，楊貴妃自然就成了養母（司馬光「考異」引有「祿山諂約楊妃，誓為子母」的史料）。民間有生子第三日，給孩子洗澡的風俗，謂之「洗三朝禮」。洗過之後，要給嬰兒穿上新衣服。

於是，安祿山生日過後的第三天，祿山應召入宮，「貴妃以錦繡為大繈褓，裹祿山，使宮人以彩輿舁之（宮人用彩轎抬着祿山）」。

唐明皇發現後宮中歡聲笑語不斷，問是什麼情況，「左右以貴妃三日洗祿兒對」，身邊的人回答說，貴妃娘娘在給兒子安祿山「洗三朝」呢。皇上親自前往觀看，也非常開心，賜給貴妃洗兒金銀錢，又厚賜安祿山，「盡歡而罷」。大家都叫安祿山為「祿兒」。除此之外，司馬光還綜合了許多史料，說「自是祿山出入宮掖不禁，或與貴妃對食，或通宵不出，頗有醜聲聞於外，上亦不疑也」。這不就是緋聞了麼？連給《資治通鑒》作註的元朝人胡三省也都在這裏說，玄宗如此對待安祿山，連老婆與人家不清不白的關係都不懷疑，如此昏庸，「殆天奪之魄也」，是上天奪了皇上的魂魄了。

楊貴妃與安祿山有沒有關係？當然有關係。問題是你說的是哪一層關係。母子關係，那是唐明皇籠絡安祿山的手段，他當然不疑。筆者的猜測是，兩人之間也許有一種師徒關係。安祿山很可能是楊玉環的舞蹈「教練」，至少，安祿山也許向楊玉環傳授過舞蹈技藝。

我們知道，楊玉環之所以得寵於玄宗，一個很重要的原因是，雙方有着共同的音樂歌舞方面的愛好。早在開元二年（714），玄宗全面掌權不久，他就設置了左右教坊，教授民間俗樂，同時又調選了數百名年輕歌舞演員，「自教法曲於梨園，謂之皇帝梨園弟子」。今日我們稱戲劇演員為梨園子弟，出典即在於此。當時，有人上諫，說皇上春秋鼎盛，不可沉迷於鄭衛之音。明皇讚許其諫言，也沒有把心思都用在音樂愛好上。但是 50 歲之後，特別是有了楊貴妃這個音樂知己之後，玄宗的藝術熱情就被激發出來了。他們合作的一部歌舞劇叫做「霓裳羽衣舞」。

史書記載，該曲是河西節度使楊敬述所獻《婆羅門曲》，然唐代著名詩人劉禹錫有詩云：「開元天子萬事足，惟惜當時光景促。三鄉驛上望仙山，歸作霓裳羽衣曲。」可見，該曲原本是唐玄宗依據自己觀察仙山（道家「羽衣」大約與此有關）的靈感創作出來的。大約起初只有一個樂曲的大概，後來吸收絲綢之路東傳的「婆羅門曲」改編而成。所謂「婆羅門曲」，可能是中亞地區的舞曲，也就是說，霓裳羽衣曲是絲綢之路上中西文化交流的產物。

楊貴妃是霓裳羽衣歌舞的主演。舞蹈的最後，楊貴妃出場，以快速旋轉的優美舞姿，把劇情推向高潮。

唐代盛行的中亞舞曲是什麼呢？最有名的是胡旋舞。白居易有《胡旋女》詩為證：「胡旋女，胡旋女。心應弦，手應鼓。弦鼓一聲雙袖舉，回雪飄搖轉蓬舞。左旋右旋不知疲，千匝萬周無已時。人間物類無可比，奔車輪緩旋風遲。曲終再拜謝天子，天子為之微啟齒。」白居易說，胡旋舞來自西域，可是中原也有人早就會啦。

「胡旋女，出康居，徒勞東來萬里餘。中原自有胡旋者，鬥妙爭能爾不如。天寶季年時欲變，臣妾人人學圓轉。中有太真外祿山，二人最道能胡旋。梨花園中冊作妃，金雞障下養為兒。祿山胡旋迷君眼，兵過黃河疑未反。貴妃胡旋惑君心，死棄馬嵬念更深。從茲地軸天維轉，五十年來制不禁。胡旋女，莫空舞，數唱此歌悟明主。」白居易詩中的政治諷喻先不談，且看其中的「中有太真外祿山，二人最道能胡旋」一句，明確指出貴妃與祿山都是胡旋舞的高手。

安祿山本出自西域，史書上說他是突厥人，後來其母親嫁給了粟特胡人安延偃，因而姓安。最初他在幽州邊境任「互市牙郎」，就是邊境絲路貿易的掮客。《舊唐書》卷200《安祿山傳》記載，安祿山晚年身體肥壯，腹垂過膝，重三百三十斤，行步不太方便，但是卻很善於跳胡旋舞，他曾經在玄宗面前作胡旋舞，「疾如風焉」。為什麼安祿山會胡旋舞呢？因為胡旋舞本來就出自他的故鄉西域。粟特人的城邦國家如康國、安國、石國的商人們，沿着絲綢之路東行，甚至大量遷居中國內地。安祿山家族就是其中一員。盛唐邊塞詩人岑參有詩詠歎道：「美人舞如蓮花旋，世人有眼應未見。」「此曲胡人傳入漢，諸客見之驚且歎。」「忽作出塞入塞聲，白草胡沙寒颯颯。翻身入破如有神，前見後見回回新。始知諸曲不可比，採蓮落梅徒聒耳。世人學舞只是舞，恣態豈能得如此。」中原地區的歌舞，似乎不能與胡旋舞姿比美啊（「始知諸曲不可比」），如果楊貴妃要學舞的話，肯定是要學這種高級的歌舞了。

史籍中並沒有楊貴妃善胡旋舞的記載，陳寅恪《元白詩箋證稿》認為，「此舞為唐代宮中及貴戚所愛好」，因而推斷說：「太真既善歌舞，而胡旋舞復為當時所尚，則太真長於此舞，自亦可能。樂天之言，或不盡出於詩才之想像也」。陳寅恪也認為楊貴妃是擅長胡旋舞的。筆者認為寅恪先生的這個推斷很有道理。白居易是唐朝人，他的記載比《舊唐書》的成書時間還要早百年。他說貴妃擅長胡旋舞，其可信度絲毫不比《舊唐書》說安祿山善跳此舞為低。

筆者要進一步推測的是，楊貴妃對於大腹便便的安祿山未必會有興趣，但可以肯定的是，對於胡旋舞高手安祿山的舞技，楊貴妃一定是感興趣的。美女對於善於歌舞的男子感興趣，有一個旁證。《舊唐書・外戚傳》記載，中宗安樂公主的駙馬武崇訓，有一個堂弟叫武延秀，「久在蕃中，解突厥語，常於主第，延秀唱突厥歌，作胡旋舞，有姿媚，主甚喜之」。後來武崇訓被殺，安樂公主就主動要求嫁給武延秀。

安祿山是親自在唐玄宗面前表演胡旋舞，並且得到了玄宗高度讚賞的。因此，與唐玄宗一起編導霓裳羽衣舞的楊貴妃，向安祿山學胡旋舞是很自然的事。唐代絲綢之路上傳來的西域舞蹈，有胡旋舞、胡騰舞、柘枝舞。其中胡旋舞的表演者多是女演員。與之不同的是，胡騰舞則多是男演員。至於柘枝舞，原是女子獨舞，後來變成是女性雙人舞。正如前引文所述，美男武延秀在突厥中生活很久，也善於表演胡旋舞，並引起安樂公主愛慕。則安祿山生父突厥養父粟特，其善於多為女性演出的胡旋舞，是不奇怪的。男子指導女子舞蹈，特別是作快速旋轉的動作之時，難免有肢體接觸。大約因為這個緣故，就有了「或與貴妃對食，或通宵不出，頗有醜聲聞於外」，這許多真真假假的流言蜚語。

「漁陽鼙鼓動地來，驚破霓裳羽衣曲。」楊、安因為絲綢之路上的「胡旋舞」而結緣，但不能像白詩那樣把亂離的責任推給「胡旋舞」。關鍵是，唐明皇沉湎於歌舞升平，荒廢朝政，而胡旋舞高手安祿山卻從未停止攫取權力的腳步。猝不及防的安史之亂，令陶醉於歌舞享樂的唐王朝元氣大傷。玄宗倉皇逃蜀，貴妃喪命馬嵬坡。帝后之間的愛情故事終以悲劇結束，霓裳羽衣曲跳珠撼玉的輝煌、胡旋舞翩若遊龍的舞姿也隨之失傳。今天，我們只能從文人墨客的吟哦中，去追想盛唐氣象的恢宏，發掘宮廷逸事的隱微。

三、中印文化混血兒——飛天

中西文明交往的歷史像一條流動的長河，文化藝術是河水激盪中跳躍的浪花。敦煌壁畫中美麗靈動的飛天形象，就是絲綢之路上印度佛教文明與中國道教文化，乃至希臘文化元素，交互碰撞所激起的一朵絢麗的浪花。

金庸有部著名小說《天龍八部》，這是一個佛教化的書名。八部「天龍」之中，就有「飛天」。只是她原本的名字叫「天人」。佛陀誕生，前來祝賀的貴客中就有「天人」。她的真名叫做「乾闥婆」和「緊那羅」，是音樂之神，在空中歌讚、燒香、散花、散水。傣族的潑水節，就源自於佛誕節。「天人」在空中飛行，被國人稱為「飛天」。「飛天」原本指在空中飛行的神，是神在空中散花、奏樂、歌舞時的一種狀態。後來動詞變成了名詞，乾闥婆和緊那羅相混合，男女不分，職能不分，合為一體，變為飛天。

敦煌飛天的形象從印度傳入，與中國本土的道教羽化昇天等意象相結合，慢慢通過提煉、融合，最終發展為中國式飛天。像所有的文化交流一樣，它經歷了引入、吸收、創新的階段。

西域風格的引入：北魏以前，莫高窟早期西域風格的飛天，都是上身半裸，雙手合十或散花。下身着長裙，露出赤腳，飄帶寬短，缺少飄逸感。在印度、伊朗早期佛教藝術中，作為天人的乾闥婆，體肥身短，是典型的印度舞蹈「三道彎」式的造型，衣服也很樸素，幾乎沒有飛動的體態。印度馬圖拉早期佛教雕刻中，佛光兩側，各有一位表現出飛行狀的天人，身體直立，一手托花，一手散花。

中原風格的摻入：北魏晚期，飛天身體和飄帶都加長，身體比例誇張，飄帶迎風飛揚，已經顯露出中原風格的明顯影響。有的洞窟的飛天，臉形已非豐圓而是修長清秀，鼻挺嘴小，面目標緻。在佛教傳入中國之前，講究羽化昇天的道教，有「飛仙」的形象，如王子晉乘着仙鶴，羽化昇天。受到道教「飛仙」文化的影響，促進了佛教「飛天」（飛翔的天人）向體態輕盈的方向轉化。敦煌石窟中還繪製了飛天與道教飛仙共存的現象。在中原「秀骨清像」的畫風影響下，創造出了千姿百態的飛天新形象：有的悠閑遨遊，有的躍起向上，有的雙手合十，有的俯衝下方。飛天造型，也是身材漸漸變長，動態飄逸輕盈。飛天所飛過的地方，香花散落，大有仙境之意。北魏後期的飛天，受到漢晉畫風影響，開始向女性化發展，五官勻稱，眼睛秀麗，鼻脣嬌小，眉毛平直，腿型修長，腿部長度甚或兩倍於上身。飛天身上的飄帶數量多達四五條，有的飄帶末端形成一個尖角，向下自然飄動，營造出飛動升空的視覺效果。

西域風格與中原風格的融合：隋文帝崇佛，佛教大發展，飛天也大為流行。隋代飛天，身體彎曲幅度較大，臉型豐富，身體比例適中，靈活多姿，融合了「西域式」和「中原式」的藝術特徵，形成了較成熟的藝術風格。唐代飛天藝術發展到了頂峰，外型塑造和內在精神表達，都本土化了。飛天的動作輕盈舒展、神情悠閑自得。盛唐飛天進入淨土變，出現了雙飛天，環繞寶蓋，追逐嬉戲，飄帶彩雲形成了旋繞的圓圈，表現出「極樂世界」的美妙氣象。飛天造型趨於寫實，身材婀娜，髮髻高聳，面容姣好，姿態妙曼。從藝術風格上說，唐代飛天，應當受到了吳道子「吳帶當風」畫風的影響，也顯示出顧愷之鐵線描畫的餘韻，使敦煌飛天展現出秀麗飄逸與雄渾豪放的和諧統一，將中國優秀傳統畫法與印度題材高度融合。

這裏還要提到中原地區流傳的「嫦娥奔月」的故事。嫦娥飛向浩渺的月空，不靠雙翼，單憑動勢飛翔的衣襟裙裾。這位美麗的仙人，與西來佛教中會飛的天人，在「飛」的造型上產生了共鳴。這種交互感應而形成的文化創造，是最美麗的一種交融。總之，敦煌飛天的發展變化，體現了古代藝術家的博大胸懷，以中國儒道思想為主導，兼容的姿態，吸收異域的藝術精華，融合本民族傳統藝術風格，經過不斷提煉、加工，創造了充滿生命力的、豐富的飛天形象，敦煌飛天史見證了外來文化和本土文化從融合到發展創新的歷程。

類似的例子，在絲綢之路的中外文化交流史上，可以說不勝枚舉。比如，中古時期西域傳入中原的動物型裝飾圖案，以對鳥圖案、對獸圖案和有翼獸圖案最典型，這類圖案一般與菱形紋或聯珠紋結合而對稱出現，在聯珠紋中最常見。馬王堆漢墓出土的對鳥文綺，就是一件中原風格與西域風格完美融合的藝術品。它以極為自由的寬邊菱形圖樣，作為四方連續的構架，菱形邊線內織以中國傳統的回紋圖案，整個圖案以對舞的雙鳥和兩兩相對的兩組卷草圖案呈條形間隔展開，雙鳥對舞，舞姿十分優美，採用了西域藝術中常見的繞首回望式樣，鳥首並有捲草組成的飄綏，與鳥身並行。樓蘭出土的漢代菱格忍冬紋文綺中，也有對鳥圖案，樓蘭鄯善還出土過對羊紋錦和對鳥對獸紋錦，吐魯番發現的織錦中出現了聯珠對雁紋、聯珠對孔雀紋等。對獸圖案常見的則有對羊、對馬、對獅等圖案，吐魯番、樓蘭出土的絲織物和敦煌壁畫中多有反映。唐代的內地絲織物也常採用這類圖案，稱為「陵陽公樣」，據說是由唐初四川地方長官竇師倫（封凌陽公）所創。但從吐魯番出土絲織物來看，這種紋樣早在公元 6 世紀就已流行西域，竇師倫最可能的角色是將其收集、整理和定為程式，而這也說明中國工匠在接受異域圖案藝術的基礎上表現出一定的創造性。

又如，首見於亞述帝國的有翼獸圖案，也見於漢代中原絲織物、壁畫，最常見是出現在石雕藝術中。四川雅安東漢末年益州太守高頤墓前的石獅，是中原地區最早的此類造型，石獅四足奔騰，尾部高聳，胸旁各有肥短的飛翼。南北朝時期，有翼獸動物造型已成為流行的鎮墓獸像，充分體現出本土化程度。現存六朝陵墓石刻中，南京宋武帝劉裕陵前的石麒麟、陳文帝陳蒨陵前的石麒麟、石天祿，丹陽梁武帝蕭衍陵前的石天祿，南京南梁蕭秀（蕭衍弟）墓前的石獅子等，肋下均有飛翼。這些飛翼形態不一，或呈波形，或呈浮雲狀，或呈魚鱗狀鈎型，都與純粹西亞式的飛翼不同，顯是已經融入中國手法。唐代帝王陵墓中，這種有翼神獸的石刻也多有表現。

更有意思的是，筆者曾參觀過福建泉州的海外交通史博物館，在那裏發現了一些很有趣的石刻雕像。阿拉伯商人的墓地，雕刻着佛陀面容的神祇，佛陀身上掛着天主教的十字架，佛陀腰身兩側，帶着希臘神話中天使般的翅膀。這是 12 世紀的作品。在那個時代，歐洲正在對西亞發動血腥的十字軍東征。為了討伐異質宗教，基督文明與伊斯蘭文明，在歷史上產生過許多次激烈衝突。可是在中國，這些宗教文化卻彼此相容無礙，共同繁榮，互相影響，相得益彰。開封的猶太人，與來華的阿拉伯人和基督徒，都能夠在中國和睦相處。我們不能不禮讚中國文化的博大襟懷和寬厚的包容精神。也許，這正是為什麼中華文明，即使經歷多少磨難，也依然生生不息的原因。

四、 箜篌・胡笳・琵琶：漢唐絲路上的胡樂入華

絲綢之路上流動的不僅是物質財富，還有精神財富。科學、藝術、宗教，交流是雙向的。儘管由於史料的湮沒，我們已經很難重現當日的盛況。可是，蛛絲馬跡，仍然保存着當年的輝煌。

我們這裏且說說漢唐時代傳入中原內地的胡人樂器，比如箜篌、琵琶、觱篥、胡角、胡笳、胡笛等等。

箜篌原為西亞兩河流域的蘇美爾人在公元前3000年創製，以後傳入中亞和印度，並從三弦豎箜篌逐漸發展為11—15根弦的弓形臥箜篌。漢武帝征服南越後，箜篌自南亞傳入中國。東漢《釋名》解釋「箜篌」之名時，稱這種樂器是印度西南部的一個小國空國的貴族所常用，所以又叫「空侯」，這正說明了此樂器來到中國的直接途徑。中國樂師將箜篌稍加改進，成為一種類似瑟的小型弦樂器，風行一時。它在西漢時已經和鐘、磬等中國傳統樂器相並列，東漢的中國樂師還專門創作《箜篌引》樂曲。箜篌至隋唐已成為傳統燕樂調中常用的弦樂器。

琵琶也是漢代自西方傳入，最早起源於美索不達米亞地區，而「琵琶」一詞大概來自波斯語中的 Barbāt，漢代一度譯稱「批把」「枇杷」，晉以後改「琵琶」。傳入中國的四弦琵琶直接來自龜茲，所以又稱龜茲琵琶。龜茲改進西亞兩弦琵琶，成五弦曲頸，不過傳入中原後又被改為四弦，據宋代《樂書》稱，是以法四時天地。四弦曲頸琵琶在漢代已流行於北方黃河流域，東漢靈帝時進入宮廷樂隊。秦漢時期陝西地區還有一種稱為「秦琵琶」或「秦漢子」的三弦琵琶，也是原產西亞，後經漢人改造的樂器。公元前 2 世紀末，漢公主嫁於烏孫昆彌時，所帶嫁妝即有此種琵琶，儼然已作為中國特產。

傳入中原的簧管樂器有多種。觱篥（bì lì），又稱「必栗」「篳篥」等，唐中期以後固定為「觱篥」。這是一種簧管樂器，也稱豎笛。由西亞或印度傳入中亞，漢代傳入中國，東漢已被民間普遍使用，隋唐時期更頻繁用於隋九部樂、唐十部樂。

胡笳，似觱篥而無孔，有大小之分，傳說是張騫自西域帶回。東漢時還有《胡笳調》《胡笳錄》各一卷，專門編集胡笳曲。最著名的是據傳為蔡文姬創作的《胡笳十八拍》，流傳至今。

蔡文姬是東漢末年著名學者蔡邕的女兒，是個飽讀詩書的才女。遭戰爭不幸，流落到匈奴，嫁給了匈奴左賢王，生下兩個兒子。《胡笳十八拍》（郭沫若說，十八拍即胡語十八首之意）描寫了蔡文姬在胡地的生活，以及曹操派人把蔡文姬贖回漢地時，她與兒子生離死別的場景。唐代著名詩人李頎有《聽董大彈胡笳》詩云：「蔡女昔造胡笳聲，一彈一十有八拍，胡人落泪沾邊草，漢使斷腸對客歸。」這裏的董大，就是唐代著名音樂家董庭蘭。

又有吹鞭，也屬於笳之類，狀如鞭。原是匈奴、樓煩牧馬之號，長期作為軍樂的主要樂器。另說吹鞭即胡笳，胡角，又名「橫吹」，亦是來自西域的樂器，與鼓一起組成另一類軍樂，是橫吹樂的主樂器。其強大的聲響被認為有驚退敵軍的作用。西漢音樂家李延年等人，曾據胡角原曲改編出配樂「鼓角橫吹」。隋唐時期的高昌樂中，胡角成了牛角形的銅角，宋代改用皮革、竹木製成，在民間則逐漸演變成鼓吹樂中的大喇叭，又稱號筒。有種説法稱「橫吹」即為橫笛。

漢唐時期西域音樂能夠大規模傳入中原，同西方樂人大批入華密不可分。北魏以後的文獻中，就有西域樂人來到中原的大量記載，並以「好歌舞於道」的昭武九姓粟特人最多。唐代粟特樂人僅見於段安節（著名詩人溫庭筠之女婿）《樂府雜錄》者就有十幾人。其中許多人都得到唐代詩人的讚詠。粟特藝人大多技藝精湛，並好在市中較量技藝；胡姬當壚賣酒，伴隨着適當的歌舞表演，也是長安等大都市的一道風景線。盛唐大詩人李白《少年行》之二有句云，「落花踏盡遊何處，笑入胡姬酒肆中」。不獨唐代，漢代就有這樣的胡姬，漢代詩人辛延年《羽林郎》詩：「依倚將軍勢，調笑酒家胡。胡姬年十五，春日獨當壚。長裾連理帶，廣袖合歡襦。頭上藍田玉，耳後大秦珠。兩鬟何窈窕，一世良所無。一鬟五百萬，兩鬟千萬餘。不意金吾子，娉婷過我廬。銀鞍何煜爚，翠蓋空踟躕。就我求清酒，絲繩提玉壺。」這位胡姬滿身的穿戴都是西域來的珍寶。此後，胡姬成為一種文化意象，比如宋周邦彥《迎春樂》詞之二:「解春衣、貰酒城南陌，頻醉臥、胡姬側。」明李攀龍《送盧生還吳》詩:「輾然一笑別我去，春花落盡胡姬樓。」漢唐以後的這些詩詞，多是文化意象的傳承，未必是事實的記錄。

胡人樂器的傳入，自然導致「胡樂」的流行。從東漢覆滅到隋朝建立之前，北方政權更替頻仍，少數民族內遷，漢族流徙南方，宮廷雅樂也隨着樂工散亡、器法湮滅、典章失落而亡失垂盡。雅樂散失，加上北方統治者多具少數民族血統，遂使胡樂的影響日趨普遍，並逐漸滲入宮廷音樂。唐初訂的「十部樂」，統稱為燕（宴）樂或俗樂，包括了相對雅樂而言的全部樂舞百戲，是兼有禮儀性、藝術性與娛樂性的音樂，而歌舞音樂在其中最為重要。諸如龜兹樂、疏勒樂、安國樂等都是胡樂。此後，胡樂已同中原固有音樂相互融合，彼此的區別逐漸泯滅，玄宗時期便取消了十部樂的名稱，代之以「坐部伎」與「立部伎」兩類，這標誌着胡族音樂已經融入華樂。李隆基開元二年（713）設立的「梨園」和教坊，所教俗樂歌舞，大都有西域的背景。即使是作為政治象徵的雅樂，在唐代也滲入了胡樂成分。所謂「陳、梁舊樂雜用吳、楚之音，周、齊舊樂多涉胡戎之伎」，朝廷的音樂官員只好「斟酌南北，考以古音，作大唐雅樂」。《舊唐書．輿服志》則載，開元以來，甚至「太常樂尚胡曲」。可見，唐代無論雅樂還是俗樂，都受到了胡樂的普遍影響。

五、 佛教東來三部曲

佛教產生於公元前六至五世紀的古印度，是在印度古代婆羅門教和耆那教的基礎上發展而來，受到古代印度哲學的重大影響。在悉達多．喬達摩（Siddhartha Gautama，約公元前 566—前 486）初創之後，經過很長時間的發展過程才逐漸成熟和完善，並開始向外傳播。

由於地域的關係，印度佛教是經過今天中國的新疆傳入中原內地。佛教傳入西域的時間雖不可確考，但一定遠遠早於傳入中原的時間。印度佛教向外傳播與孔雀王朝政治勢力的擴張有密切關係。阿育王時期，孔雀王朝的勢力已從恆河流域擴展到印度河流域，在喜馬拉雅山、邁索爾、阿姆河及興都庫什山之間的廣大區域內建起一個龐大的帝國，而阿育王皈依佛教之後曾多次派傳教士去四方傳播佛教，因而佛教的影響極有可能在公元前三世紀後半葉就達至中亞及西域一帶。公元一世紀末至二世紀，迦膩色伽治下的貴霜帝國之勢力範圍與影響達於喀什噶爾、葉爾羌和于闐一帶，促使佛教在這一帶傳播，有兩條傳播路線，一條從貴霜中心巴克特利亞到喀什噶爾及以東，另一條從西北印度和克什米爾到和田（于闐）與塔里木盆地南部諸綠洲。傳入北部綠洲庫車和吐魯番的時間沒有明確記載，但一般認為在公元初。漢文史料表明公元 300 年，龜茲（庫車）有一千所佛教寺院和神廟，四世紀龜茲已成為重要的佛教教育中心，達成如此成果需要經過長期發展。

佛教在中原地區的初傳時間有西漢說和東漢說兩種，目前學術界多認同東漢初年是佛教正式傳入中原之始。西漢說見《三國志》卷三十裴松之註引《魏略 · 西戎傳》:「漢哀帝元壽元年（公元前 2 年），博士弟子景盧受大月氏王使伊存口受《浮屠經》。」現在一般認為，這時期的大月氏（貴霜）並不信佛教，不可能派使者來漢朝傳授佛經，同時《魏略》已佚，裴松之註釋所引缺乏足夠證據。東漢說來自《後漢書 · 西域傳》，並被《高僧傳》和《歷代佛祖統記》等佛教典籍廣泛採用，稱東漢明帝永平七年（64），明帝夜夢金人，飛行殿中，次晨問於羣臣，太史傅毅告訴明帝說，西方有神，其名曰佛，恐怕夢中之金人就是佛。於是明帝派遣中郎蔡愔、羽林郎秦景、博士弟子王遵等十八人去西域，訪求佛道。永平十年（67），蔡愔等於大月氏國遇沙門迦葉攝摩騰和竺法蘭等人，又在西域抄回佛經四十二章以及佛像等，用白馬馱還洛陽，明帝特為他們在洛陽城西雍門首建寺院，這就是洛陽白馬寺。這一說法雖帶有些神祕色彩，但根據與其他文獻材料的對比研究，基本可信，是目前關於佛教傳入中國之時間的公認說法。不過這個時間應當理解為佛教在中國政府許可下正式進入中原的時間，實際上佛教或有關佛教的信息在民間的流傳應該比這早，傅毅知曉西方有佛，這就說明佛教當時已被人所知。1991 年敦煌懸泉漢簡中發現一支聚會請柬，它明確提到敦煌的「小浮屠里」。這是敦煌最早的佛跡。里名謂之「小浮屠」。俗稱七級浮屠，佛家寺塔之謂也。根據該遺址其他漢簡紀年，在公元 51 年到 108 年之間，正是班超經營西域之前或略後那一段時間，是漢人在河西走廊西端往來頻繁的時期。

藉助老莊

佛教傳入中國之初，貴族和帝王之家多把它看作是神仙方術的一個支派，因為佛教的主靜尚虛與黃老的清淨無為頗為相似。人們總是習慣於用自己熟悉的東西去理解那些新鮮而陌生的事物。自秦始皇時代以來，在社會上颳起一種尋求長生不老之術的風氣，漢代此風愈演愈烈，一時間，各種方技異術氾濫，在此背景下，佛被看成是法力無邊的大神。而且至東漢桓帝以前，雖然已有佛僧東來傳教，但譯事未興，多由口傳，中國人僅粗知其戒律禪法和釋迦行事大略，以為與神仙方術和黃老學說相似。加上佛與神在許多地方能力相近，更使信仰者把佛徒視作方士一類，把佛經看作讖緯，把佛陀同於黃帝、老子。例如漢桓帝在宮中同時供奉黃金鑄成的浮屠和老子像，設華蓋之座，用郊祀之樂。東漢楚王劉英（明帝異母弟）晚年也是既喜黃老又學浮屠。

佛教作為一種外來宗教，為了能在神仙方術大行其道的環境中生存，也有意與之協調，特別是與長生不老之術。早期東來的佛教傳播者往往採取一些神異靈驗的手段或看病占卜的方法來吸引信徒，雖然這些做法與佛教教義有所出入，也有某些僧團反對「誦咒行術」「半自然火」等異道行為，但仍不能阻止這種趨勢的發展。著名僧侶如安世高、支婁迦讖、佛圖澄、曇無讖等，都同時以巫術見長。

漢魏南北朝時佛教大發展的時代，也是佛教與中國傳統社會與文化碰撞和磨合的時代。晉宋時期早期的佛典翻譯家已經注意通過節選、增刪與改動的辦法，使佛典的譯文儘量與中國倫理社會的價值觀相一致。如關於男女關係，漢譯佛典有意刪削了印度佛典中關於男女性交的論述，避開了「接吻」「擁抱」一類詞語。如《華嚴經》把「擁抱」譯成「阿梨宜」，接吻譯成「阿眾鞞」。敦煌寫本佛經中有一篇敘述蓮花色尼的出家因緣，但其中刪去了蓮花色尼出嫁的關鍵一節，即她因屢次出嫁，因而與所生的子女也彼此互不相識，後來竟然與自己所生的女兒共嫁給了自己所生的兒子。蓮花尼發覺後，因極度羞惡後削髮為尼。這樣的論述與中國傳統倫理道德相去太遠，所以被略去不譯。此外，關於夫妻關係、父子關係、君臣關係方面也都注意符合儒家的綱常名教，如流傳最廣的《無量壽經》就憑空加上了忠、孝、禮、義、信等類用語。所以，印度佛教倫理在流傳到中國時，一開始就偏離了他的原本內容。

儒佛衝突

翻譯佛典雖然儘量調和適應儒家的倫理道德，但並不能完全避免與儒家思想的衝突。儒家的最高理想人格是成為聖人賢人，因此重人生、重人事、重現實。而佛教的人生理想在於解脱。因此要通過痛苦的反思、修持，通過超脱世俗世界來進入涅磐境界。隨着佛教愈益普及，僧眾愈益增多，矛盾、衝突與調和也就不斷地發生。魏晉南北朝時期儒佛的衝突可歸結為三大問題：一是沙門不敬王者問題；二是沙門袒服的問題；三是神不滅的問題。

東晉時庾冰、桓玄曾一再提出沙門應該向王者跪拜而不只是合掌致敬。慧遠作文五篇，專門闡發沙門不敬王者的立場。他強調在家信佛者應當忠君孝親，遵守禮法名教，恪守王制。而出家修道的沙門認為人身是人生痛苦的根本，沙門既不重視生命，也就不必順從自然，遵守禮法，從而委婉地否認了君臣父子倫理觀念。但是，他又説一旦沙門全得成佛，那就救濟了父母兄弟等六親，救濟了整個天下。慧遠用折衷的辦法兼顧了儒佛兩方面的特點和尊嚴，是中國佛教領袖公開提倡儒佛結合的開始，對後來佛教的中國化產生了深遠影響。

關於沙門穿袈裟，偏袒右肩，東晉何無忌作《難袒服論》，對此提出異議。慧遠針鋒相對作《沙門袒服論》和《答何鎮南書》（何無忌官鎮南將軍），指出沙門與世人不同，印度與中國異俗，堅持了沙門袒服的立場。

關於神不滅論在南朝更是引起了一場軒然大波。慧遠作《三報論》《明報應論》，把印度佛教業報輪迴思想和中國有關傳統迷信結合起來，將神不滅論與因果報應論結合起來。慧遠代表大乘有宗一派，其觀點在佛門內部也引起大乘空宗的批評。而中國儒家的無神論派更是與之展開了辯論。典型的是范縝《神滅論》，闡明形體是精神所從屬的實體，而精神則是形體所具有的作用。

東晉南朝時代，佛學一方面與中國傳統觀念發生衝突，另一方面也對中國傳統思想有所補充。例如佛學對當時的玄學就有一個從依傍到補充的歷史過程。

所謂依傍玄學是指佛教徒在闡釋佛教教義主要是般若學類經典時，用老莊哲學的名詞、概念和範疇去加以比附，以便易於為當時人所理解。這叫做「格義」。東晉佛教領袖釋道安稱之為「因風易行」，即「以斯邦（中國）人老莊教行，與《方等》經兼忘相似」。他的弟子慧遠講經時也常常借用老莊的詞語解釋。一次有人就佛經的「實相」一詞提出疑問，慧遠引《莊子》加以說明，於是「惑者曉然」（《高僧傳·慧遠傳》）後趙佛圖澄的弟子竺法雅講經時，也常「以經中事數（佛教中的事項、教義等），擬配外書（比附佛典之外的僧道作品），為生解之」。（《高僧傳·竺法雅傳》）。如把「性空」「真如」解釋為「本無」「道」；把「五戒」解釋為「五常」等等。這樣，佛教的格義，便成為會通印度佛教和中國傳統文化的一種形式。

印度大乘般若學流派在中國的發展過程中又有所謂六家七宗的說法。這是指魏晉般若學崇尚精通簡要，不執著經文的字句，而提倡思想的自由發揮，結果形成了不同的流派。這些流派區別大體與魏晉玄學的分歧相呼應，它們所爭論的問題、思辨的方法和論證的路數等也都受到玄學的影響。這實際上是按照魏晉玄學的思想和範疇去比附般若學說的思想和範疇的一種邏輯結果。魏晉玄學家們談論有無、本末的問題，般若學的理論中心也是有無、本末問題。

般若學派因依傍玄學各派而失去了其獨立性，僧肇《不真空論》總結性地批判了般若學各派的觀點，對有無（體用）問題作出新的說明。僧肇認為不能講「有」與「無」兩者對立起來。他運用中觀學的相對主義方法，來論證世界的空無，也就是既不只講有，也不只講無。而是講非有非無，亦有亦無，有無雙遣，有無並存，合有無以構成空義。這種有無統一，不落兩邊的觀點，是為「中觀」。僧肇在《不真空論》中說：「欲言其有，有非真生；欲言其無，事現既形。象形不即無，非真非實有。然則不真空義，於茲顯矣。」這段話的意思是說：如果說事物是有，有並不真正存在；如果說事物是無，它的現象卻已出現。既已出現，就不是物，只是不實有罷了。這就是「不真空」的本義。僧肇的佛學思想深刻地受到老莊的相對主義思想影響，同時又以佛學的中觀理論補充與豐富了魏晉玄學，使之達到了一個新的發展階段。

總之，佛教與中國本土文化的對話，經歷了三種方式，一是翻譯和解釋佛典之時採用「格義」的方法與中國傳統思想接軌。二是用論戰的方法（如關於袒服問題、不拜君親問題、神不滅問題等）與中國的社會政治習俗溝通。三是用偽造佛經的方式與中國倫理意識通融。

佛教傳入中國的最初三百年，士大夫們反對寺院生活方式及其蘊含的一切，這可能就是四世紀初之前佛教在這個階層中傳播緩慢的主要原因。進入四世紀，出現了傑出的中國法師後，佛教才真正開始滲入士大夫的生活和思想，由於佛教階層的領袖已是中國知識分子，所以能採用與中國傳統觀念相糅合的、可被普遍理解和接受的觀點護教和弘法。這樣一來也加快了佛教中國化的進程。到隋唐時期，儒家反佛時居然大量應用佛教的觀點作為立論依據。人們進表上疏排佛，表疏中卻隨處可見對佛經教義的闡釋。如佛因心成，不可外求，以此反對搜刮民財，營寺造像。用佛教的教義來證明佛教荒謬，不能簡單地看成只是邏輯論證方式的問題，它反映出佛教其時已經深入人心的現實。

佛儒融合

佛教在傳入以後，就採用了種種方式，來迎合中國的封建倫理。從上述已可看出，佛教反駁士人的攻擊時，儘量不去針鋒相對，而是站在儒士的問題立場上闡發自身對於該問題的正面意義。

此種迎合之道還有更加正面的表現。首先，佛教通過對自身教義的調整，以對佛典的刪改、比附、衍生、補益等多種方式，來追尋與儒學倫理思想的契合。在翻譯佛經時，佛教通過刪改不適合的內容來保持和儒家倫理的一致性，特別是在家庭倫理和社會倫理方面。在比附方面，較為典型的是佛教天台宗創始人智顗將佛教的「五戒」與儒家的「五常」視為同一，還認為「五戒」與儒家的「五經」可以相互對應，《摩呵止觀》卷六上稱「五經似五戒：《禮》明撙節，此防飲酒；《樂》和心，防淫；《詩》諷刺，防殺；《尚書》明義讓，防盜；《易》測陰陽，防妄語」。

由於「孝」這一倫理範疇在封建宗法倫理中是一個核心的觀念，佛教費了很大的力氣來發展佛學的孝親觀，為佛教的生存開闢道路。在早期的漢譯佛典中，《尸迦羅越六方禮經》《善生子經》《華嚴經》《那先比丘經》和《遊行經》等，因為包含對家庭倫理關係特別是對事奉父母等人倫理道德的論說而受到重視。有些人則通過對固有經典的重新註釋來體現佛教的孝親觀，如宗密撰《盂蘭盆經註疏》二卷，以《盂蘭盆經》視為佛教的「孝經」，將孝道提升至宇宙性真理的高度，指出對佛教而言，「戒雖萬行，以孝為宗。」（《大正藏》卷 39）不僅如此，佛教還偽造一些經典，即所謂「疑偽經」來說明佛學基本倫理規範與儒家的一致性，此類經典以唐初的偽經《父母恩重經》最為重要。佛教孝親觀的成熟，使佛教終於在與儒家的爭論中站穩了腳跟。

六、 景教的絲路往事

絲綢之路上有汗血馬，有和氏璧，一樣樣商品，就是一串串故事。而故事的主角，始終是那些伴隨着駝鈴駿馬的長途跋涉者、經營跨國貿易的冒險者。前幾年，香港大學召開了一次「景教學術討論」，是很小眾的學術會議，可這「景教」卻與絲綢之路上的那些人和事密切相關。

什麼是「景教」？為什麼叫景教？

景教，是基督宗教的一支，以前常被叫做聶斯托里派，這種叫法現在似乎有那麼一點問題。大體說來，中文「景」字當來自於Christ（基督徒），是敍利亞文「基督徒」（首個字母是 K）的漢譯。

景教在唐朝又稱波斯經教，唐玄宗後來特別下敕，改名叫「大秦教」。景教之所以引起中外教俗世界的極大關注，與名震遐邇的《大秦景教流行中國碑》（簡稱《景教碑》）的發現關係密切。此碑公認為「世界考古史上四大名碑」之一。

《景教碑》出土於明朝天啟年間（約 1623），地點在西安（一說在不遠的周至縣）。目前矗立在西安碑林博物館第二陳列室，碑高

279 厘米，額上三角處有蓮花座，上刻十字架，左右配以雲紋花草紋飾。石碑的形制，包括螭首、碑身、龜趺三部分。螭首刻有「大秦景教流行中國碑」九個大字，碑身正面刻有碑文並頌，共 1780 個漢字。

碑文的作者景淨，其父伊斯，是郭子儀手下的重要將領，一位基督徒。景淨本人應該是景教在華的領袖人物，其敍利亞文題銜是「省主教兼中國總監督亞當司鐸」。碑文的書寫者叫呂秀巖，許多人認為他就是大名鼎鼎的「八仙」之一呂洞賓。立碑時間在唐德宗建中二年（781），距今有 1230 多年了。

《大秦景教流行中國碑》中的所謂「大秦」，指東羅馬帝國，因為建都於拜占庭（古稱君士坦丁堡，現伊斯坦布爾），又叫拜占庭帝國。「流行中國」，即流行於中原內地之意。根據呂洞賓書寫的碑文，據説唐太宗貞觀九年（635），一個叫阿羅本的古波斯傳教士，沿着古絲綢之路，經過塔里木盆地南側的西域古國于闐，經過玉門關，穿過河西走廊，進入中國內地，來到京師長安，唐朝宰相房玄齡等奉命親自去西郊迎接（十年後，也是房玄齡在同一地點迎接印度取經歸來的高僧唐玄奘），他拜謁了大唐天子李世民，並獲准在內地傳教。

碑文運用中國人熟悉的文化與語言，即用大量儒道佛經典（如《易經》《詩經》等）來講述景教教義，包括講述撒旦誘惑、人性墮落；彌撒亞化為人身、降臨人間；童真女瑪麗亞，孕子救世之類事跡。碑額有十字型浮雕，內容有所謂「印持十字，融四照以合無拘」的文句。在華耶穌會士及其影響下的中國教徒，很快感受到其中的基督教意蘊。獲知「景教碑」出土的消息，西方傳教士在第一時間趕到現場。杭州隱居的李之藻，是明朝末年著名的受洗基督徒，得到消息後，十分興奮。他仔細研究了該碑的拓片，後來由傳教士曾德昭將碑文譯文和考察情況，寫入他的著作《大中國志》，向歐洲人詳細、全面地報告了此事。羅馬的神學教授、德國人基歇爾《中國圖説》（1670 年出版）第一次把中文、敘利亞文和拉丁文碑文，收入其中，成為西方出版物中首次印刷中文的著作，進一步引發了歐洲各國宗教人士和人文學者對中國的強烈興趣。

《景教碑》説：「宗周德喪，青駕西昇。巨唐道光，景風東扇。」意思説：周朝（宗周）淪喪，老子西巡；大唐盛世，基督（景教）東來。這口氣大得驚人，難道是老子去了西方天國，才換來基督前來東土大唐？

「景教」東來幹什麼呢？是傳教嗎？似乎不全是。唐朝是不允許漢人信仰「三夷教」（景教、祆教、摩尼教）的，那麼景教東來告訴我們什麼？其實，景教也是絲綢之路上送來的舶來品。景教徒，就是絲綢之路上的送貨人。他們是絲綢之路上的商人，把自己的信仰也帶入了內地。

景教是波斯地區的基督教。西亞誕生的基督教西傳羅馬，在 5 世紀時成為羅馬的國教，便與西亞本土的基督教發生了差異。這一方面是因為教義理解的分歧，另一方面是解釋權、主導權的爭奪。儘管有教會中人士從中彌縫，但是，波斯教會的獨立性一直存在。4—5 世紀，薩珊波斯與東羅馬帝國戰爭不斷，背後暗藏着誰控制通往中國的海陸絲綢之路的利益訴求。

2006 年洛陽發現了景教經幢，經幢中「大秦寺寺主」印證了史料上有關唐時洛陽就有景教「波斯胡寺」的記載。經文與幢記之上雕刻了兩組以十字架為中心的四尊「天神」圖像，近似於「飛天」。可看出佛教的影響，來華後諸多宗教交光互影，是正常的文化現象。因此糾結於聶斯托利派的「異端」身份，對於研究唐朝景教來說，是沒有任何意義的。5 世紀的西方教會本身就是在發展過程中。

早在漢代，大秦王為得到東方的絲綢等物品，「常欲通使於漢，而安息（波斯古國名）欲以漢繒彩與之交市，故遮不得自達」。羅馬想與中國直接貿易，波斯卻從中作梗。大家熟知的故事是，東漢和帝永元九年（公元 97 年），西域都護班超（班固之弟）派麾下的甘英出使大秦時，臨西海（波斯灣或地中海）欲渡，因為安息人阻止恐嚇而止。

東漢末年之後，中國大亂，5 世紀北魏統一後，中國和波斯往來增多。波斯薩珊王朝遣使中國 10 次，中國使者亦曾通過于闐、疏勒踏上波斯的國土。波斯王常遣使獻珍物，通過于闐向北魏朝廷進貢。目的不僅是為了絲綢貿易，甚至想獲得養蠶技術。養蠶業就是這個時候傳到波斯，進而傳到東羅馬的。

美國著名學者勞費爾《中國伊朗編》推測說，養蠶業傳到波斯，發生於薩珊王朝的後期（226—640）。先由一位中國公主在419年所介紹，于闐人懂得了養蠶，促進了這個新工業的向西發展。漸漸傳播到葉爾羌、拔汗那和波斯。

也有人把時間定在公元420或440年左右。勞費爾的觀點出自玄奘的《大唐西域記》。說東國公主將蠶種祕密藏在帽內，攜帶到于闐，從此開始了種桑養蠶並紡織絲綢。

玄奘的記述是這麼說的：王城東南五六里，有一個伽藍廟，是此國先王妃所立。昔者，此國未知桑蠶，聞東國有之，命使以求，但是東國國君祕而不賜，並且嚴令邊關，無令桑蠶種出境也。瞿薩旦那（國名）國王乃卑辭厚禮，求婚東國，東國國君有懷柔遠人之志，遂允其求婚之請。瞿薩旦那國王命使者迎娶東國媳婦，並且讓人告知新媳婦說，我國素無絲綿桑蠶之種，可以帶些來，以便在這裏也可以穿蠶絲衣裳。公主聞其言，密求蠶種，放在帽絮的夾層中。出邊關之時，守關人員檢查隨行物品，唯公主頭上戴的女帽不敢拆驗。進入瞿薩旦那國，以桑蠶種留於今日伽藍廟這個地方。陽春告始，乃植其桑，蠶月既臨，復事採養。初至也，尚以雜葉飼之，後來就桑樹連蔭了。

這個新媳婦把蠶種偷帶出境的故事中，玄奘並沒有給出具體的時間，東國也無特定指稱。我寧願相信這個故事是「綜合新聞」，很難坐實。

查士丁尼大帝是東羅馬最有成就的皇帝之一。根據 6 世紀上半葉的拜占庭文獻，如《哥特人的戰爭》記載，查士丁尼（483—565）急於打破波斯對生絲貿易的壟斷，有修士來到君士坦丁堡獻計，知道查士丁尼是如何迫切希望拜占庭人不再向波斯人採購絲綢。查士丁尼詢問他們，怎樣在拜占庭生產絲綢。修士們許諾將蠶種帶到拜占庭，因為他們在一個叫賽林達（即賽里斯）的地方生活過多年，知道如何飼養蠶。查士丁尼向他們保證，如果他們成功地實現自己的計劃，他將重賞他們。還有文獻記載，將蠶種帶到拜占庭的，是一位生活在賽里斯（Seres）的波斯人。這個賽里斯就是中國，有時特指中國新疆地區。有研究者認為，這些修士（或波斯人）其實就是景教徒。所以，他們會向着東羅馬。

對於拜占庭的努力，波斯人自然是極力阻止。572 年，中國的北朝末年，為了斷絕拜占庭從海上取得通往中國絲綢的道路，波斯佔領了今天的也門。拜占庭則與西突厥遠交近攻，聯合發動對波斯的長期戰爭。於是，景教徒在波斯國家與羅馬教會之間有些左右為難。大約就是在這一背景下，一部分景教徒遠來中華。另一背景是，7 世紀中葉，阿拉伯人崛起，並且於 651 年滅亡了薩珊波斯，無論出於政治的原因，或者是由於宗教迫害，都迫使許多波斯教徒（景教徒）紛紛離開故土，東來大唐。唐高宗時代，唐朝政府一度用行動支持薩珊波斯復國。雖然沒有成功，可是景教徒卻在大唐找到了自己的樂土。

七、造紙 & 印刷東術西傳的背後

怛羅斯古城，曾經的古戰場，坐落在今哈薩克斯坦與吉爾吉斯斯坦交界，一個名叫塔拉斯河（Talas River）的左岸。就是在這裏，唐玄宗天寶十年（751），高仙芝率領的大唐軍隊與大食（阿拉伯帝國）軍隊遭遇，發生了一場激戰，唐軍先勝後敗。

大戰之後，唐與阿拉伯的關係依然在發展。在這次戰爭中被大食抓獲的唐朝戰俘中，有各種能工巧匠，也包括造紙工匠。他們把造紙術，傳到了阿拉伯世界，進而傳到西方，開啟了西方學術文化發展的一片新天地。我們今天講講這背後的故事。

眾所周知，中國人最早用竹木、龜甲作為文字的載體，絹帛也曾是名貴的書寫工具之一。紙張的應用，要追溯到東漢的蔡倫（？—121）改進了造紙技術。美國著名學者麥克．哈特的名著《影響人類歷史進程的 100 名人排行榜》，蔡倫排在第 7 位。《時代》周刊公佈的「有史以來的最佳發明家」中，蔡倫也榜上有名。殊不知，蔡倫只是擴大了造紙原料和改進了造紙工藝，早在蔡倫之前，紙張在兩漢時期隨屯田部隊和往來客商，就已經傳入西域。

1933 年，考古學家黃文弼在羅布泊漢代烽燧遺址考察時，發現一片屬於公元前 1 世紀中葉的西漢古紙，質地較為粗陋。20 世紀初，瑞典探險家斯文赫定（Sven Hedin）在羅布泊發現許多質地不同的古紙，多為公、私商業信件，其中記有年代的，分佈在 3 世紀中後期。還有一件用漢隸書寫的《戰國策》殘卷，大約寫於東漢末年。1914 年，英人斯坦因在羅布泊北端也發現了一些 3 世紀末期的漢文紙寫殘卷。

西域（今新疆地區）自然不是紙張西傳的終點，而只是中轉站。傳到這裏的紙張，隨着中外使節和商旅的活動繼續西進。1907 年，斯坦因在敦煌附近一座漢代長城烽燧遺址中發現八封粟特文紙本信函，即著名的「粟特文古信札」。目前學術界基本認定，這些信札寫於西晉末年（約當 312—313），出自往來中國和中亞的粟特商人之手，信札原本是要發往撒馬爾罕的，卻因故未發。「粟特文古信札」說明紙張已傳入粟特人居住的中亞河中地區，而且極有可能傳至更遠之地。粟特地區出土的穆格山文書，寫於怛邏斯之役前（約 722 年以前），有 17 件紙文書。吐魯番地區出土的西晉至隋朝的古紙中，寫有波斯文、粟特文、希臘文、吐火羅文、敍利亞文、梵文等各民族的文字，紙張在這時已傳入上述地區，並且為西域各國人們所使用，可謂證據鑿鑿。

過去一般認為，12 世紀紙張才由伊斯蘭教徒帶到南亞的印度，然而實際情況並不儘然。既然蔡倫造紙術改革之後不久，紙張就大量傳入西域、中亞，採用紙張書寫的也不限於漢人，那麼東漢至南北朝時期，因傳播佛教而頻繁活動於此地的印度人，或與印度有關之中亞民族，必會接觸和使用紙張，因為紙張遠比當地傳統書寫工具樹皮、樹葉優越。在印控克什米爾地區，發現了不晚於 6 世紀的寫有梵文的古紙。唐僧玄奘 645 年自印度歸國時，並未提到印度有紙，但另一唐僧義淨於 671 年赴印度取經，發現印度已開始使用紙張，比如印度各地普遍於絹、紙上印佛像以隨處供養，印度人還使用廁紙。義淨編的《梵語千字文》字典，有梵文的「紙」字。可見，中國的紙至晚在 7 世紀末期已傳到中印度，但可供書寫的高質量紙張，在當時想必依然稀少。印度人仍以樹皮和樹葉作常見書寫材料，唐代中國僧人到南亞去取回來的經書和南亞僧人帶到中原的經書，都是寫在這類材料上。

至於中國紙何時傳入歐洲，雖然文獻仍不足徵，但大體可以推測，兩漢時期既然已與大秦（拜占庭東羅馬帝國）建立聯繫，就不能排除當時從中國輸入紙張的可能。歐洲現存最早的紙文書，出自 1109 年的一道法令，是西西里伯爵羅傑一世（Roger I）用阿拉伯文和拉丁文頒發的，這已是中國造紙術傳入阿拉伯世界很久之後的事情。

漢唐時期，中國紙張逐漸傳入中亞和南亞、西亞，可以說是證據確鑿。但是，造紙術西傳，究竟在何時？文獻記載卻顯得撲朔迷離。甚至可以說，目前在文獻中還找不到任何直接的證據和線索，我們只知道，中國造紙術西傳比中國紙張西傳，要晚得多。

有材料證明，新疆大約在 6 世紀開始自己造紙。吐魯番阿斯塔那墓葬羣中，曾經出土一件斷為 620 年的文書，上有「紙師隗顯奴」字様；另一件出土文書上則有「配紙坊驅使」的字樣。「紙師」「紙坊」確鑿無疑地表明，當時吐魯番地區已經擁有專門的造紙作坊。

造紙術向中亞及更西地區的傳播契機，目前公認的就是本節開頭提到的 751 年怛邏斯戰役。阿拉伯方面的史料說，此次戰役使兩萬唐軍成為俘虜，而其中有一些造紙工匠，阿拉伯人就利用他們在撒馬爾罕建立了穆斯林世界第一座造紙工場。唐代著名詩人杜甫的同族、歷史學家杜佑的族姪杜環，是怛邏斯戰役的見證人。他作為文職軍官被俘後，經歷了 12 年的異國生涯，先是在康國（今撒馬爾罕），再到阿拔斯王朝首都亞俱羅（Akula，即今伊拉克南部古城庫法），後來又到了非洲。他經歷的這些地方都是阿拉伯人的世界。杜環歷經磨難回國後，撰有《經行記》記其遊歷，其大概內容仍保留在唐人史學巨著杜佑的《通典》一書中。杜佑撰寫《通典》的時候，仕宦尚未發達，比較容易與地位比較低、經歷卻足以在杜氏家族中家喻戶曉的杜環接觸，並將他的遊記內容收入《通典》。

杜環記載了流落在中亞的唐朝各種工匠，金銀匠、畫匠、紡織技工，他沒有提造紙匠。但是，怛邏斯戰役結束後不久，撒馬爾罕就出現了造紙工場，絕非偶然巧合。撒馬爾罕盛產可用於造紙的大麻和亞麻，「撒馬爾罕紙」以其精美適用的優點，聞名於大食統治下的亞洲各地。794 年，在呼羅珊（今伊朗東北部）總督的建議下，當時阿巴斯王朝的哈里發哈侖·拉西德，按照撒馬爾罕的模式，在巴格達開辦了西亞第一家造紙工場。此後，大食帝國境內的也門、大馬士革、的黎波里（北非利比亞首都）、哈馬（敍利亞西部城市）、太巴列（以色列東北部城市）等地，陸續建立了按中國工藝生產紙張的工場。在長達數百年的時間裏，距離歐洲最近的敍利亞大馬士革，成為歐洲用紙的主要產地，以致「大馬色紙」長期以來是歐洲人對紙的另一稱呼。

杜環的《經行記》還記載了他在北非的經歷。但是，造紙術傳播到北非，則是藉助阿拉伯人之力，於 9 世紀初傳入埃及、摩洛哥、利比亞等地，並在 10 世紀取代紙草，成為埃及的主要書寫工具。11 世紀時，紙張在埃及的用途已擴大到日常生活領域。1040 年，有位波斯遊客來到開羅時，驚奇地發現，賣菜和賣香料的小販都用紙張包裹所售之物。由於紙張在埃及被普遍使用，用來造紙的破布，也從一文不值變為身價百倍，竟至市面破布缺貨。於是有人不惜搜掘古墓，以盜取木乃伊的裹屍布，賣給造紙工廠獲利。10 世紀以後，摩洛哥首府非斯成為造紙中心，並以此為基地，在 12 世紀中葉，將造紙術傳入伊比利亞半島，繼而傳至歐洲各地。直到 18 世紀以前，歐洲各國造紙工場中採用的技術和設備，依然都是中國的傳統方法，工藝和質量還遠不及中國宋代的水平。

中國造紙術傳入南亞，很可能與文成公主入藏有關。也就是説，造紙術傳入印度是以西藏為中介的，時間上也遠早於怛邏斯戰役。吐蕃國王松贊干布於 650 年向唐高宗請求輸送蠶種並派遣造酒、碾磑、紙墨之匠到吐蕃，獲得批准。這說明西藏在 7 世紀後半葉，已經可以藉助內地的造紙工匠生產紙張。其時印度與吐蕃關係密切，很有可能通過吐蕃掌握造紙術，未必需要等幾百年後，阿拉伯人征服印度時，才將造紙術帶到南亞去。

總之，漢唐之際，中國的紙張已經傳到西域乃至更西的地區，但是造紙工藝的西傳，則在怛邏斯戰役之後。唐人杜環《經行記》記錄了中國工匠在中亞、西亞的活動，巴格達城始建之年（756—763），中國工匠就貢獻過力量與智慧。此時節，阿拉伯文獻中恰好提到撒馬爾罕和巴格達先後出現的造紙工場，無疑是從中國傳過去的。它從根本上結束了西方國家用皮革、紙草、樹皮以及羊皮紙作為書寫材料的歷史，推動世界文明的進步發展，厥功甚偉。

八、出口轉內銷：指南針的逆襲

大海航行靠舵手，舵手辨識方向，要靠指南針。於是，依據羅盤上的刻度，指引航海路線的就叫「針經」。比如，明人張燮《東西洋考》有《西洋針路》，現藏英國博物館的明人《兩種海道針經》，就包括《順風相送》《指南正法》二書。

上世紀 70 年代末，在海南發現了四本叫《更路簿》的手抄小冊子，俗稱「航海針經」，記載了海南文昌和瓊海，前往西沙、南沙羣島，以及南海各島礁之間航海針位（方向）和更數（里程，一更為十海里）。依照這本「航海針經」所標識的航向和航程，為三百餘萬平方公里的南海繪製一張航海圖，其中包括西沙羣島常用的傳統地名 33 處，南沙羣島常用傳統地名 72 處，其精準程度，幾乎不亞於用現代測繪技術製作的航海圖。

但是，用指南針導航，追溯起來，最先並不在海路，而是在陸路。

《鬼谷子》(此書年代有異議)中的《謀篇》記載:「鄭人取玉也，載司南之車，為其不惑也。」這個意思是說，鄭國人從陸上絲綢之路去獲取寶玉，也需要「司南之車」——指南針，幫助辨別方向。戰國時代關於「司南」之類的記載，見諸篇什者甚多。宋代以沈括《夢溪筆談》為代表的文獻，前前後後提到此類記載的，就更為諸家所稱道。

沈括有一段關於指南針的細緻記載，大意是：內行的人，以磁石磨針鋒，則能指南；然針鋒常略微偏東，不全指南也。浮在水面多盪搖。指甲及碗邊也可放置磁針，運轉尤其快速，但堅滑易墜，不如用絲線懸掛最佳。其法：取單根新蠶絲，用些許蠟黏絲線於針腰，於無風處懸掛起來，則針常指南。亦有磁石磨後針指北者。我家指南、指北的磁針皆有之。磁石之指南，猶柏樹樹枝之指西，莫可推究其原理。

從戰國到宋代，其間有一千年，指南針是否曾用於航海？無從推知。我們知道的是，中國南海航線上，南朝以來，一直是忙碌的。比如，公元 785 年，距今整整 1230 年前，大唐皇帝派遣的外交使節楊良瑤（736—806），率領大唐代表團，出使大食國（阿巴斯王朝，史書稱黑衣大食）。這是一次比大明朝鄭和下西洋的首航（1405 年），還要早 620 年的海上絲路之旅。

我們不知道楊良瑤的船隊究竟有多大，但是他的出行路線，卻因為同僚、時任鴻臚卿（負責唐朝外交接待任務）的賈耽（730—805）的記載，而得以比較準確地推知。

楊良瑤的船隊，從廣州出發，駛出珠海口，繞過海南島，沿着今越南東海岸南行，過軍突弄山（今越南南端的崑崙山島），南行經過海峽（今新加坡海峽），海峽北岸為邏越（即暹羅，今泰國），南岸為佛逝國（今印度尼西亞蘇門答臘島巨港），路過天竺（今印度、巴基斯坦等國一帶）、師子國（今斯里蘭卡），最後到達大食國的弗剌利河（今幼發拉底河），換乘小船北行至末羅國（今伊拉克重鎮巴士拉），再向西北陸行千里，便可到達茂門王（穆罕默德）所在的都城——縛達城（今伊拉克首都巴格達）。

這是一次海上絲綢之路的完美記錄，是中國官方船隊第一次遠到西亞的阿拉伯世界。

楊良瑤的海上出使路線，獲得了同期稍後的波斯地理學家的印證。《道里邦國志》的作者伊本·胡爾達茲比赫（820—912）有從波斯灣到廣州口岸的反向道路的記載。他描述了當時中國的幾個港口（當時都屬於唐代安南都護府管轄範圍）：占婆（栓府，又稱占城，今越南東南部）至中國的第一個港口安南（魯金，即今越南河內），陸路、海路皆為一百波斯「里」（長度等於陸地馬行一小時，水行順風船行一小時）。在安南，有中國石頭，中國的優質絲綢，並且出產稻米。

廣州時稱漢府，從安南到漢府海路四日，陸路為 20 日。他說漢府是中國最大的港口，有各種水果、蔬菜、麥類、稻米、甘蔗。從漢府至漢久（當為福建某地）為 8 日程，物產與漢府同。從漢久至剛突（江都郡）為 20 日程，物產與漢府、漢久也相同。

由此來看，當時阿拉伯商船來往於波斯灣與中國之間很普遍，他們對東南沿海主要港口十分熟悉，廣州更成為當時海路貿易的中心。唐人李肇《唐國史補》卷下説：「南海舶，外國船也，每歲至安南、廣州。」日本僧人所撰《唐大和上東征傳》，記載鑒真第五次東渡失敗，流落到海南、廣州，説珠江口「有婆羅門、波斯、崑崙等舶，不知其數，並載香藥、珠寶，積載如山。」阿拉伯商人《中國印度見聞錄》（915 年編定），稱唐末廣州的大食人、波斯人、猶太人和拜火教徒外僑，有十幾萬人，儘管這數字容有誇大，但卻反映了經由海路來華、聚集廣州之胡商盛況。

那麼在這種情況下，究竟是中國人首先使用指南針於航海，還是阿拉伯水手首先使用指南針於航海（海外學者有不同意見），已經不太重要，因為針師、水手都是可以互相僱傭的。只是，從中國人首先發現磁針的指向性而言，中國人包括楊良瑤那次出使，在官方船隊使用先進的導航工具是完全有可能的。我們今天要追問的是，為什麼中國人發明的這項技術，從此之後，就沒有什麼長進。

據考古資料顯示，宋代瓷俑手持的旱羅盤，就是用軸支承的結構；對這種結構原理的了解，甚至見之於漢代的考古資料。可是旱羅盤卻沒有在中國應用，而是從國外傳入的。明代隆慶年間蘇州人李豫亨，著有醫書《推蓬寤語》，他觀察到：「近年吳越閩廣，屢遭倭變，倭船之尾，率用旱針盤以辨海道，獲之仿其制，吳下人人始多旱針盤。」清代乾嘉時閩人王大海，著《海島逸志》，詳細記錄所見爪哇及其周圍海島地區的交通物產、風土人情，以及荷蘭統治者和華僑狀況，也提到指南針：「和蘭行船，指南車不用針，以鐵一片，兩頭尖而中闊，形如梭。當心一小凹，下立一銳以承之，或如雨傘而旋轉。面書和蘭字，用十六方向。」

我們需要反躬自問，為什麼中國人最早發現了磁石的特性，甚至最早發明了指南針，可是，最好、最便用的羅盤，卻要引進學習人家，從東邊的倭寇，到西邊的荷蘭。

至少有兩點原因值得提出。第一，國人不注意把經驗的觀察，昇華成理論的討論。從 12 世紀使用指南針以後，磁針指向何處，成為歐洲人關心的問題。有人認為磁針指向北極星，磁力磁性源於北極星；也有人認為磁針指向地球北極或南北兩極的磁山，因為磁石及其磁力產自於磁礦山。中世紀法國學者皮格林（Peregrinus）曾參加十字軍遠征，他 1269 年寫的《論磁體的信》，提出第三種看法，認為磁石指向天球的南北兩極。他還探討了如何辨認磁石，如何確定磁極，如何區別磁極與子午線地極，磁石如何相互感應，如何使鐵磁化等問題。此外，皮格林還十分強調實驗的重要性，通過天然磁石做實驗，驗證和修正理論觀點。從這些細緻的討論，可以看出他與沈括的差別。到了 16 世紀以後，歐洲關於磁性的討論已經進入現代科學的視野。現代社會，技術的縱向進步（不是橫向模仿），一定是以科學的進步為基礎的。這方面恰恰是我們至今仍存在的短板。

第二，國人對於產品和工具缺乏精益求精的精神，一切以節約成本為導向。由於人力成本的過度低廉，使得改進技藝的任何投入都不合算，提升產品技術含量缺少動力。有一次與聯想總裁楊元慶談到國人的低成本「劣勢」，即工資過度低廉，企業家不願意投入研發。他除了贊同我的看法之外，還提到知識產權得不到保護，使企業研發熱情不高，也是重要原因。就此點而言，中國古代也是有問題的。一旦別人有新的更好的產品和工具出現，相形見絀，便紛紛模仿和引進。比如，前舉皮格林談到改進了的指南針，罩在玻璃圓盒內，磁針安在金屬樞軸上，轉動的磁針，配以帶有準線和 360 度的刻盤，小巧玲瓏，便於攜帶。經過不斷改進，廣泛被歐洲水手採用。於是，指南針雖是中國發明的，旱羅盤卻在西方開花，明清時期作為舶來品進入中國。

指南針事件，只是歷史時期絲路上中西技術與物品交流的一個縮影。在中國的發明與發現中，這是非常普遍的現象，火藥是如此，印刷術是如此，甚至絲綢、瓷器的生產也是如此。今日中國出口的茶葉、中藥材，乃至稀土、粗鋼，也都是如此，原料出去，精緻的高技術含量的產品從海外引進來。多大程度上能夠改變這一狀況，將成為觀察新的「一帶一路」倡議能否成功的一扇窗口。

九、火炮的威力：明清易代的時代背影

14 世紀末，歐洲的火銃尚不及亞洲，但隨着冶煉技術的快速發展，歐洲的火器技術很快就在中國顯出優勢，於晚明前清開始了歐洲火器技術東傳的歷程，為清代前期火器的繼續發展注入新的動力。

西洋火炮亦即佛郎機，最初傳入中國是在 1517—1521 年葡使皮列士使華之時。1521 年中國開始仿製佛郎機，當時因與葡萄牙海盜作戰而敗於其火銃，由此知曉其威力，嚴從簡《殊域周諮錄》記載説：「其銃管用銅鑄造，大者一千餘斤，中者五百餘斤，小者一百五十斤。每銃一管，用提銃四把，大小量銃管，以鐵為之。銃彈內用鐵，外用鉛，大者八斤。其火藥製法與中國異。其銃一舉放遠，可去百餘丈，木石犯之皆碎。」於是，海道憲帥汪鋐設法找到懂得製炮之人進行仿製，並憑藉這種火炮在次年的戰爭中獲勝，還繳獲了一批佛郎機。

另一説法稱，「屯門之役」中的作戰將領閩廣兵備道胡璉在此役中俘獲一艘葡萄牙船，得其佛朗機銃，從而首次將佛朗機銃引入中國。明人對佛郎機銃技術的運用主要體現在，仿照佛郎機銃子銃和母炮分離的特點，製造可分次連續填裝彈藥的後裝火銃、火炮。可分離子銃的作用一是增大火銃火炮藥室抗壓強力，二是可以輪流裝填子銃，提高裝填彈藥的速度，進而提高射速。

在明清之際中國面臨外敵內亂急需加強軍事的進攻防衛力量時，歐洲火器技術進一步被中國政府和文化圈中的開明人士所認識和接受。利瑪竇 1607 年作《譯幾何原本引》時介紹了歐洲的兵防思想和火器技術，徐光啟、李之藻、孫元化都直接或間接地從利瑪竇學習火器思想。

1619 年，後金在薩爾滸大敗明軍，震驚之餘，明廷於次年一面增兵赴遼，一面命徐光啟練兵。在徐光啟奏請下，龍華民、陽瑪諾、羅儒望被聘為炮師並招進京，此外還有六名傳教士在徐光啟邀請下，以炮師名義祕密從澳門來京。但因各種原因，建台和造炮兩事直到 1621 年 6 月都未能開始。

徐光啟計劃的第二部分是從澳門購買西銃，自 1620 年到 1623 年，共購得 30 門大炮，其中 11 門調往遼東，在天啟六年（1626）正月的寧遠戰役中大顯威力。西洋火炮在寧遠大捷中的優異表現促使朝廷在當年六月命孫元化多造火器，西洋火器的使用從此在明廷軍事上日益重要。崇禎元年（1628）七月，朝廷派廣東官員到澳門募購炮師和大銃，崇禎三年四月，徐光啟又奏准由耶穌會士陸若漢（J.T. Rodrigues）負責再赴澳門置辦火器和聘請西人炮師。陸若漢於十月即召集一支由 100 多名葡國軍士和約 200 名隨從組成的遠征軍自澳門出發。但是，徐光啟積極引進洋兵的做法已遭到保守派抨擊，因此待澳門遠征軍於崇禎四年行至南昌之時，即因戰情趨於緩和以及保守派的激烈反對而被遣返。徐光啟自此之後不再積極過問兵事，明末由他籌劃的幾次購炮募兵活動亦到此為止。

明末所購之西洋火器在抗擊後金戰爭中發揮了一定作用，但終於因為其他比兵器更為重要的原因而未能藉之挽回大局。即便是在事關國家危亡存續的關頭，文化上的華夷之爭仍不能停歇，無端耗費各方力量，且最終結果是文化本位心態佔據上風，則引進西法的權宜理由也變得可疑可憎，在有限的引進中更充滿了自以為是與一知半解，引進的結果以悲劇收官居多。

徐光啟於天啟初年（1621）設想的鑄炮計劃直到 1636 年才真正得以實施，時因錦州失守，危及京都，城防官招湯若望和羅雅谷徵詢城防建議，湯若望提出用大型火炮防守北京。隨後崇禎便詔令湯若望鑄炮，湯若望徵得傳教區上級同意後接受任務。崇禎滿足湯若望製炮的一切需求，並在皇宮旁設鑄炮廠一所。

湯若望歷時兩年，製成能容四十磅炮彈的大炮 20 門，可供士卒二人或駱駝一頭背負之小炮五百門。湯若望因此深得崇禎嘉許。湯若望在鑄炮實踐之外，還口授焦勖書就《火攻挈要》，詳述各種火攻武器的製法及使用規則，尤其力圖傳授西法的「法則規制」，即火器製造與使用中所依據的數學、物理、化學、冶金知識，冀其技法能傳之後世。然而歐洲火炮最終無法挽救明朝的危亡，卻對清朝初期的平定戰爭貢獻良多。

幫助中國人製造火炮的耶穌會士，當推南懷仁最出色。他不僅製造的數量眾多，而且所製之炮發揮了重大實際作用。

南懷仁製炮始於平定三藩之亂初期，當時修復 150 門明末舊炮。1674—1676 年，南懷仁又應康熙之命鑄造適合高山深水之用的木製輕便炮，和威力強大的紅衣炮共 132 門，分別用於平藩戰役和陝西平叛。1680—1687 年，他鑄造各種大中型炮，以助進剿台灣及收復東北失地的諸次戰役。清廷 1689 年造出的 61 門「武成永固大將軍炮」（大型火炮）和 80 門「神功將軍炮」（中型火炮）也是南懷仁鑄造法下的產品。南懷仁在華期間共製炮 566 門，康熙朝所造的 905 門火炮，有半數是由南懷仁負責設計製造。南懷仁鑄造的火炮在收復雅克薩的戰役中發揮了關鍵作用，曾兩度轟塌城牆而從俄軍手中收復該城。他設計建造的火炮有三種被列入《欽定大清會典》。

1675—1721 年間，康熙政府製造的火炮在規模、種類、數量、質量及製作工藝上都達到清代火炮發展的最高水平，而南懷仁對此功不可沒。南懷仁曾撰火器專著《神威圖説》，講述「準炮之法」，但此書不見流傳。不過其《窮理學》中也有篇章論及此「準炮之法」，及關於炮的瞄準之法和放炮時炮管仰角度的調節之法。此法至乾隆朝仍得到很高評價。火炮技術之所以被中國政府青睞，在於它對國防和戰爭的重要貢獻。

然而，戰事平息之後，清廷對南懷仁傳入的火炮技術便束之高閣，嘉慶之後，清代的火器製造業日趨衰落。及至晚清重新引進西方槍炮之前，在這方面都沒有進一步的探索與創造。而與製炮有關的各項工程技術任其朽於宮廷而不能傳入民間，更無助於推動全社會的技術進步。南懷仁撰《神威圖說》原希望其中解說的各理論法則能夠流傳，不想被康熙「留覽」後便再無下文，不僅沒有刊刻，原稿都最終佚失。難怪有人認為康熙熱心招攬懂科學技術的耶穌會士供奉內廷之舉，就實質而言，與歷代帝王納各種方術之士於宮廷並無二致，雖具體技藝和事務不同，但皇帝以奇人異士炫耀天下的心態相同，持這種古老的心態自然不能指望他做出開創性的近代事業。乾隆在招攬身懷絕藝的耶穌會士這一點上，正如他在其他許多方面的作為一樣，有效仿祖父之心，只是他的智慧和識見遠不及康熙，無法鑽研天文數學等科技知識，只好對各類「奇技淫巧」更感興趣。

十、西洋風景線：西方建築的東方漂流

自明季葡萄牙人聚居澳門，澳門逐漸成為葡萄牙殖民地，當地的房屋建設自然而然受到歐風影響，建築藝術方面體現出一種「洋氣」。印光任、張汝霖的《澳門紀略》曾描述澳門各式洋房的主要特徵，多為二層以上樓房，形狀有方、圓、三角、六角、八角各種，甚至還有仿花果形狀的樓房，樓頂俱為螺旋形，並講求裝飾。樓房內有走廊，四面開窗，門楣多作圓拱形，紅牆粉壁，頗為美觀。據明人記載，明嘉靖間（1522—1566），西人在澳門居住者近萬家，則澳門的城市風光也可以想見。其後，廣州成為洋商聚居之地，與外商交往的機構如商館（十三洋行）也大都模仿西洋風格而建，景象略同澳門。

天主教傳教士來華創業，必然會重視給人以第一印象的教堂的外在形式，由於其精心的設計和建造，早期的遺跡直到 19 世紀中葉猶有留存者。當時教堂建築的形式大致有羅馬式和哥特式兩類，前者圓頂穹窿，如中國捲棚式，後者則為塔尖形式，聳立天空。16 至 17 世紀澳門建造的古教堂有：望德堂，1567 年建立教區時是主教座業；聖老楞佐堂，1575 年左右建；聖安多尼堂，約 1565 年建；聖奧斯定堂，1589 年建；玫瑰堂，又名聖多明我堂，1587 年建；聖保祿堂，1572—1602 年間，中國人稱為三巴寺。這些教堂都屬 17 世紀以前的巴洛克風格（Baroque），三巴寺堪稱典型代表，三巴寺牌坊亦即教堂的正立面則體現出中西合璧的藝術特徵。

此外，17、18 世紀建於北京城的東、西、南、北四大教堂也是典範，按照蔣友仁的説法，這四座教堂的名稱是宮中的人根據它們相對於紫禁城的位置而起的。有的西方學者説北京最早的教堂是 1650 年由湯若望在宣武門一帶建成使用的南堂，對於利瑪竇（1552—1610），則只言其在北京有居所，而未言教堂。不過，明末劉侗、于奕正合撰之《帝京景物略》提到了利瑪竇的教堂，並明確稱其為「天主堂」，但對其建築特徵僅言「堂制狹長」，大量筆墨在描繪堂內的耶穌像和聖母像。這是 1601 年利瑪竇進京後於宣武門內東城隅所建，湯若望的南堂或許就是在利瑪竇教堂的基礎上修整或重建的。南堂在乾隆四十年（1775）毀於火，次年又重建。東堂由南懷仁在北京皇城東一處傳教士住宅的基礎上興建，建於 1666 年秋天以後。北堂 1720 年落成，位於皇城的西北，是在康熙賞賜法國耶穌會士的一所住宅基礎上建成。西堂是傳信部傳教士德理格所建，1723 年他在皇城西部買了一所大住宅，據稱有大小房屋七十間，庭院近十進。隨後他用了兩年時間改造這所宅院，1725 年建成西堂開張，成為北京唯一一所非耶穌會士教堂，1730 年部分毀於地震，德理格又隨即重修。1811、1812、1826 年，西堂、東堂和北堂相繼在清政府的命令下被拆毀，19 世紀後半葉又被新來的天主教傳教士在原址分別重建，但是新的北堂在 20 世紀上半葉因火災再度被毀。

此外，傳教士的墳塚也體現了西洋建築特色，《帝京景物略》詳細記載了位於阜成門外的利瑪竇墳塋（今北京市行政學院的校內）不同於中國的建築特點，「其坎封也，異中國，封下方而上圜，方若台杞，圓若斷木。後虛堂六角，所供縱橫十字文。後垣不雕篆而旋紋。脊紋，螭之岐其尾。肩紋，蝶之矯其鬚。旁紋，象之捲其鼻也。垣之四隅，石也，杵若塔若焉。」

18 世紀中國最著名的仿西洋建築羣當屬北京圓明園內的西洋建築，俗稱「西洋樓」。圓明園始建於乾隆年間，由郎世寧設計，王致誠、蔣友仁等協助，中國工匠具體建造，雖於咸豐十年（1860）為英法聯軍所毀，其遺址上的遠瀛觀、大水法等至今仍是圓明園標誌性景觀。「西洋樓」建築羣佔地 80 畝，整體採用 17 和 18 世紀歐洲流行的巴洛克風格和洛可可風格，環以意大利式花園，端莊凝重與華麗纖巧相結合。其中的「水木明瑟」一區尤見西方影響，內中雕刻有人認為是意大利派的，但限於實物不存，無從查考。乾隆曾作《秋風清．水木明瑟》一詞以詠其景象，其序云:「用泰西水法引入室中，以轉風扇，泠泠瑟瑟，非絲非竹，天籟遙聞，林光逾生淨綠。」圓明園在中國和世界的園林史上均不失為一座里程碑式的建築，其中的西洋樓作為中國古代最大、最典型的中西建築綜合體，以其異國情調為整個圓明園平添一道異彩。

圓明園而外，清代供帝王遊覽之園林居舍，也不乏依西洋模式建造者。尤其是乾隆曾多次至揚州巡遊，揚州一帶居民便多建園林以邀乾隆駐蹕，其中有些建築便仿西洋式樣。按李鬥《揚州畫舫錄》所記，揚州虹橋東岸的江園，乾隆二十七年（1762）被皇帝賜名淨香園，其怡性堂後半部分「仙樓」即仿泰西營造法，中築翠玲瓏館，出為蓬壺影。怡性堂之左靠山亦「仿效西洋人製法，前設欄楯，構深屋，望之如數什百千層，一旋一折，目炫足懼」。其室內除陳設西洋自鳴鐘，還設計玻璃鏡以反射室內景致，頗有歐洲風味。與江園相鄰的黃園因接待過乾隆而被賜名趣園，其漣漪閣閣尾有三級，第三層五間名為澄碧堂，仿效廣州十三行的西洋式碧堂而建，其制以連房廣廈、蔽日透月為工。

從 16 至 18 世紀西學輸入中國的主要內容和對中國學術的影響中，我們不難發現，晚明至前清這兩百年間，西方輸入中國以科技文化為主，雖然其內容豐富，門類眾多，但是傳播的範圍和影響的深度很有限，無法真正把中國帶進世界近代化的潮流中。從內容和傳播媒介來講，在這場中西文化交流過程中，真正稱得上媒介的只有歐洲的傳教士和商人。他們帶給中國的歐洲科學首先由於自身的限制而並不十分系統和準確，再加上其中許多還與中國傳統文化相牴牾，因此中國真正能夠學習並接受的東西實在不多。從傳播對象看，歐洲傳來的大多數知識和器物傳到王宮貴族或少數士人那裏就停止了，上層人士無心提倡，普通百姓根本沒有機會接觸和學習。

反觀同一時期的歐洲，其所接觸到的中國文化雖然也是片面和不夠準確的，但歐洲人盡其所能地利用這些知識來促進社會轉型，對於更具客觀性的工藝技術則主動考察研究並運用到自己的工業中去。中國則不然，這段時期對西學的總體態度是「節取其技能，禁傳其學術」，不讓西方的思想傳入中國，只求維護儒家的傳統統治地位。即使是技能方面的吸納也深受皇帝興趣的左右，往往局限於皇帝周圍的一個小圈子裏，未能形成風氣和潮流並推廣到全社會。

想像的異邦

一、　中心與邊陲：非我族類與華夷之辯

與「大西洋」為文明禮儀之蠻夷不同，在明人的印象中，「佛郎機」是一羣徹頭徹尾的野蠻人，殘暴、狡詐、好鬥，經常給中國人製造麻煩，但又仰賴天朝供給。「紅毛番」是一羣較為野蠻的人，但是造成的麻煩較少，在經商方面又慷慨大方，對天朝較為馴順。但又不如「大西洋」那樣知書識禮、歆慕華風。於是，「佛郎機」「紅毛番」「大西洋」這三個名詞分別代表了三種西人形象，它們雖然與族羣和地域有所關聯，但內在的區分依據並非族羣或地域，而是華夷之別，與華人最靠近的是一羣人，離得稍遠的是一羣人，離得最遠的又是一羣人。其中，對「大西洋人」的認知最能反映這一點。

「佛郎機」和「紅毛番」的奇怪外貌，都反覆出現在晚明士人的記錄中，因為異形異種的外貌，在國人看來，向來是蠻夷身份的顯著標誌之一，然而「大西洋人」的面貌從來不是士人筆下的要點，儘管事實上「大西洋人」的長相，在中國人眼裏實際與佛郎機、紅毛番相差不大。在眾多論及利瑪竇的晚明筆記中，提到利瑪竇長相

的竟然屈指可數，至今只見顧起元《客座贅語》、方弘靜《千一錄》以及劉侗、于奕正的《帝京景物略》有此描述。顧起元較詳細，「面晰，虬鬚，深目而睛黃如貓」，《帝京景物略》所言類似，方弘靜只説他「貌稍似色目人耳」。《帝京景物略》的作者並非見過利瑪竇的人，那意味着與利瑪竇交遊過而又留下記錄的人，只有兩個人描述了他的長相。對於其他耶穌會士，晚明士人也缺乏面貌描述。這不是一件可怪之事嗎？不止如此，在提到利瑪竇長相之時，一定會更多地提到他儒服漢語。顧起元簡單説利瑪竇「通中國語」，方弘靜則讚揚他「入中華未甚久而儒服漢語，楚楚佳士」，《帝京景物略》中講到利瑪竇努力效仿中國衣冠禮儀。而那些不描述利瑪竇長相的人，也會強調他的華化作風，如李贄介紹利瑪竇，就沒有絲毫及於其形貌，只是讚揚他負笈十萬里觀光上國並熱心學習中華文化。李之藻《請譯西洋曆法疏》向朝廷推薦耶穌會士編譯西洋曆法時，對他們的介紹也着意強調「慕義遠來……久漸聲教，曉習華音」。

「大西洋人」因為具有文化上的共同性 —— 不僅穎異博識，還積極學習中華詩書禮儀，而被歸為同一個國族，所以姚旅稱羅華宗（即羅儒望）與利瑪竇同國人 —— 同為大西洋國或歐羅巴國，事實上羅儒望是葡萄牙人，利瑪竇是意大利人。反過來，那些來自葡萄牙或西班牙的耶穌會士，從沒有被視為「佛郎機」。且不説晚明人的記錄中不體現歐羅巴內部的劃分，《明史》接受歐羅巴內有多國的觀念並為諸西洋遠臣劃分了國籍，但是來自西班牙的龐迪我和來自葡萄牙的陽瑪諾絕沒有被與「佛郎機」聯繫起來，他們的國籍分別按西、葡兩國名稱的譯音，稱為依西把尼亞和波而都瓦爾。而「佛郎機」之名和這些音譯國名，前者被用於經商、出使、騷擾海疆的葡、西國人，後者被用於葡、西國的耶穌會士。明朝人不自覺地用文化來區別想像的異邦。

當明朝士人認清耶穌會士宣揚西方優於中土，並試圖以夷變夏時，蠻夷面貌立刻成為文化上之異端的一個表徵而受到重視，之前被有意無意選擇性忽略的人種相貌，就成為一個被質疑的問題。比如崇禎年間，蔣德璟在《破邪集序》中質問耶穌會士：「若吾儒家性命之學，則畏天敬天，無之非天，安有畫像？即有之，恐不是深目高鼻一濃鬍子耳！」萬曆四十四年（1616）南京反天主教事件中，南京禮部侍郎沈㴶乾脆把「大西洋」等同於「佛郎機」，而試圖徹底顛覆大西洋人的形象，目的是揭穿其虛偽狡詐。沈㴶《南宮署牘．參遠夷三疏》中針對意大利籍耶穌會士王豐肅的一段話中，體現了兩個值得關注的論證邏輯：第一個，佛郎機 = 呂宋 = 大西洋，王豐肅既是佛郎機人，自然是一狡夷，亦即人羣劃分與羣體歸類的根本依據是品性，而一旦這種歸類體系形成和被認可，則它又可以作為證明工具 —— 倘要有力地論證一個人或一羣人品性不端，只要論證其從哪裏來就可以了。第二個，「大西洋」是一個杜撰概念，倘有人將中國附近的地方謊報為幾萬里之遙，那自然是心懷別意，即通過神化其出身地而神化其人。

明朝人還知道了一個叫「如德亞」的地方，此地是耶穌會士所言之天主誕生地，耶穌會士還將此地對應為中國古書中的大秦國與拂森國。對此，中國士人沒有對如德亞與大秦或拂森的位置關係稍置可否，而比較敏感於如德亞在耶穌會士的敍述中有六千年歷史、綿延不絕的史書記載並且是天主肇生人類之邦，這種說法引起的基本反應就是「誕謾」「荒謬」。

二、神聖的邊界：從利瑪竇到馬戛爾尼

2015 年初，圍繞《查理周刊》漫畫所引發的的危機，隱藏着一個不容迴避的事實：西方堅持言論自由的神聖性，與伊斯蘭世界先知不可褻瀆的信仰神聖性，發生了正面衝突。德國總理默克爾 1 月 15 日在聯邦議院的演講中發問：為什麼謀殺者在製造襲擊事件時，要援引伊斯蘭教義？同一天，羅馬教皇在表示捍衛言論自由的同時，明確表示：你不能挑釁，不能侮辱他人的信仰。可是，英國首相卡梅倫卻公開回應教皇說，在自由社會，可以侮辱他人的宗教信仰，言論自由神聖不可侵犯。

究竟是對穆罕默德先知的信仰更神聖，還是言論自由更神聖？每個族羣所堅持的「神聖」性，是否有邊界？前不久在三亞，與朋友聚會，朋友的丈夫是歐盟官員，法國人，我這樣問他。他給我説了一句，他小時候孩子們玩耍都會説的俗語：My liberity stops where your liberity starts.（我自由的邊界，正是你自由開始之處。）顯然，神聖是有邊界的。無論信仰如何神聖，也不能成為恐怖襲擊的理由。無論言論自由如何神聖，也不能成為無端冒犯他人信仰的根據。

於是，我不由得想起了利瑪竇。今年（2015 年）是利瑪竇在北京病逝 405 周年，倒不是因為這個日子，才想起了利瑪竇，而是想起他在面對異域文化時，所經歷的曲折，所採取的態度。

利瑪竇初次來到廣東，踏上中國的土地，矢志要將上帝的福音，向這個幅員遼闊人口眾多的國家傳播。他碰到的第一個麻煩，就是如何向中國人講清楚「God」這一人格神的上帝？漢語中哪一個術語可以表達天主教中的「神」，而不至於走了樣？

早在公元 1 世紀，基督教傳入古希臘—羅馬世界之時，這個問題就曾出現。但是經歷了宗教改革之後的羅馬天主教，格外的矯情，不容許絲毫褻瀆其信仰的純潔性。利瑪竇最早使用釋道儒三家文獻中都出現的「天主」一詞來指稱 God。他在《天主實義》中用了幾頁篇幅，闡述「天」和「上帝」，就是指他所布道的真神。此後，雖然經歷了反反覆覆，但是，用「天主」來移譯 God（基督宗教的真神），得到絕對多數人的肯定。

利瑪竇的另一個麻煩是，如何理解中國人的風俗習慣，特別是祭孔與祭祖的信仰。這些風俗習慣是否違背天主教的一神論信仰？中國人祭祖，在祖先牌位前，供奉着肉、水果、絲、香料，還要焚香點蠟燒紙。祀孔禮儀在文廟舉行，也包括對孔子牌位叩頭和上香。這些祭禮在天主徒眼裏幾乎具有了宗教祭祀的所有外在形式，中國人甚至將牌位稱為「靈位」。

利瑪竇很用心，也很務實。通過 20 年（1583—1603）的觀察，他發現中國禮儀中某些關鍵因素，並不具有宗教含義。例如焚香和叩頭普遍存在於中國社會，都是表示致敬的行為，那麼對逝者或其牌位焚香叩頭，也同樣只是敬意。祭祖和祭孔儀式，無非是向父母和知識權威表達尊敬罷了。利瑪竇認為，儒學是士人的一種生活方式，其中的觀念和準則又通過士人影響大眾。祭祖祀孔禮儀，是儒家教化行為之一，用祭祖來鼓勵「孝道」，是為了維護淳風化俗的社會秩序，就本質而言，是在執行有關「孝道」的功能，沒什麼或根本就沒有迷信的色彩。

利瑪竇對中國禮儀的態度，充分體現了耶穌會的人文主義精神和文化相對主義態度。利瑪竇努力按照中國人的觀念，理解中國禮儀，沒有生硬地為中國符號注入歐洲式含義。他努力發現禮儀中是否有符合自然和理性的東西，從而能被允許，而不在於挑剔禮儀與天主教信仰的出入。為什麼利瑪竇這麼「善解人意」呢？前提是他肯定中國文化的價值，並尊重中國人的權利。利瑪竇這種「善解人意」的背後，不僅是他的天資穎悟，更在於他內心有一份謙卑和敬畏，唯有此份對於中國文化的謙卑和敬畏，所以他才能站在中國士大夫的立場上去理解中國。這樣的理解，被稱為「利瑪竇規矩」。

令人遺憾的是，當世俗的利益以神聖的名義摻入進來之後，情況陡然生變。先是新任福建宗座代牧、巴黎外方傳教會派遣的教士閻璫，來勢洶洶地指責「利瑪竇規矩」違背天主教義：（1）中國人的「天」是指物質性的天空，無論如何不是天主教的神；（2）中國人絕不是耶穌會士所說的那樣，崇拜唯一真神，中國儒士幾乎都是無神論者，孔子是「無神論之王與博士」，朱熹是毫無疑問的無神論者，中國皇帝則是當代的首席無神論者；（3）祖先崇拜就是迷信，因為中國人對他們的祖先有所祈求，崇拜孔子的行為也非常類似。

閻璫的指責得到了巴黎索邦（Sorbonne）神學院和羅馬教廷的認可。特別是當在華宮廷傳教士（他們曾幫助清政府，參與《中俄尼布楚條約》的簽訂）聯名向康熙上書，請求裁示之後，問題急轉直下。康熙皇帝的批覆肯定耶穌會士理解正確，說，「本日奉御批：這所寫甚好，有合大道。敬天及事君親、敬師長者，係天下通義，這就是無可改處。」

可是，當康熙批覆的拉丁文譯本，在1701年秋天送達羅馬後，不僅沒有解決問題，反而使問題更加糟糕。梵蒂岡極度震驚：耶穌會士竟然搬出一位異教徒國王，來判定宗教真理的是非。羅馬方面立即派特使鐸羅前往檢閱中國教務，糾正利瑪竇規矩的影響。

值得特別指出的是，法國人閻璫的指責和羅馬教皇的震怒，表面上是為了捍衛宗教的純潔性，其實不乏世俗利益在其中作祟。18世紀的葡萄牙已經衰落，法國的崛起，梵蒂岡的不甘寂寞，都不願意把遠東的教務完全拱手，任由葡萄牙主管。這才是他們給葡萄牙控制的中國教務「找茬」的背後原因。

康熙皇帝一連三次接見羅馬使者鐸羅，均不得要領。召閻璫來熱河陛見，康熙發現，閻璫漢語水平很低，不識得。「中華大道」。

於是，下令禁教。至此，關於中國禮儀之爭的性質已然發生變化，教皇認為中國皇帝僭越了他的權力，康熙也堅信羅馬正在破壞他的國家的社會和政治制度。爭論不再是單純的神學和非神學、正統和異端這樣的辯論，而是中西權勢者面對面的一場政治交鋒。

1939 年，梵蒂岡發表諭旨，同意中國教徒祭祖祭孔。這份遲到的寬容，晚了二百年。

從「利瑪竇規矩」及其後的中西衝突中，我們有什麼感悟呢？我們發現，在利瑪竇那裏，「神聖」是有邊界的。你「神聖」的邊界，就是他人的「神聖」。不管是宗教信仰也罷，言論自由也罷，政治制度也罷，乃至人間真理也罷，其實都是有邊界的。也就是說任何真理都是相對正確，相對神聖的。人類社會走到今天，凡是堅持自我「神聖」，否定他人「神聖」的，就會走向衝突，走向戰爭。凡是堅持自我「神聖」的同時，也認同他人「神聖」的權利的，就會走向和解共生，走向和平發展。我們要大聲講出這個道理，同時，我們自己也要踐行這個道理。

德國哲學家哈貝馬斯（1929—），被稱為當代最有影響力的思想家之一。他年輕的時候曾經十分激進，但是他發現技術進步並不能解決生活世界的價值觀問題，為此他提出的溝通行為理論，倡導人類行為的理性化，以便解決現實世界的社會危機。哈貝馬斯有一段關於普遍主義的名言，寫在這裏，對我們不無啟發：「普遍主義究竟意味着什麼？它意味着在認同別的生活方式乃合法要求的同時，人們將自己的生活方式相對化；意味着對陌生者及其他所有人的容讓，包括他們的脾性和無法理解的行動，並將此視作與自己相同的權利，意味着人們並不孤意固執地將自己的特性普遍化；意味着並不簡單地將異己者排斥在外；意味着包容的範圍必然比今天更為廣泛。道德普遍主義意味着這一切。」（哈貝馬斯《現代性的地平線 ——哈貝馬斯訪談錄》，第 137 頁，上海人民出版社）

三、徐光啟：「西學中用」的第一人

徐光啟（1562—1633），上海人，明崇禎朝官至禮部尚書兼文淵閣大學士、內閣次輔。其科技名著《農政全書》寫進了中小學歷史課本，是中國歷史上著名的科學家。這樣一個內閣輔政級別的高官，在梵蒂岡的檔案裏，卻是一名歸化了的基督徒，教名 Paul，中文名字叫徐保祿。

徐光啟歸化天主了嗎？法國學者謝和耐就不相信，我也不完全相信。那麼，如何理解「徐保祿現象」呢？

徐光啟生長的 16、17 世紀的江浙地區，已經不再完全封閉。西洋人在馬六甲的活動、在澳門和珠三角地區的經營，帶來了新氣息，傳教士就是深入內地傳播新氣息的使者。徐光啟萬曆九年（1581）中秀才，二十五年（1597）中舉人，三十二年（1604 年）進士及第。總體而言，科舉功名是比較順利的。

中舉之前，徐光啟赴廣東韶州任教，結識了耶穌會士郭居靜。1600 年，進士及第之前，他在南京與利瑪竇有一面之緣。並於進士及第前一年，即 1603 年受洗入教。徐光啟與利瑪竇合作翻譯「幾何原理」，給利瑪竇的論著作序推介。1616 年的「南京教難」，徐光啟挺身而出，作《辨學章疏》，不僅為耶穌會士説情説理，進而提出要全面翻譯「天學」書籍，「凡事天愛人之説，格物窮理之論，治國平天下之術，下及曆算、醫藥、農田、水利等興利除害之事，一一成書」，若其中有內容荒謬悖理，不足勸善戒惡、易俗移風，可以即行斥逐。「臣與受其罪」。他還舉出歷史上的例子，秦穆公用西戎的由余，佐助秦成霸業；金日磾來自西域之子，成為西漢的名臣。苟利於國家社會，何論遠近呢？

顯然，徐光啟始終用務實的態度對待西方宗教與科學知識。明朝末年，由於利瑪竇規矩的影響，儒耶之間並沒有表現為嚴重的信仰衝突。天主教的意義，對於他而言，主要具有補益儒學，修身做人的實用功能，不具有宗教信仰的意義。

徐光啟説利瑪竇的天學「略有三種」，大者修身事天，小者格物窮理，另有一端「別為象數」。大者為修身事天的道德、宗教，小者為格物窮理的哲學、科學，其「餘緒」則為象數。無不可以補足儒學在道德和政治層面、科學技術、個體救贖問題方面的短板。

《二十五言》是繼《交友論》之後，利瑪竇編譯的一部倫理箴言集，內收二十五則短論，故取名「二十五言」。利瑪竇自稱，該書「只談人內心的修養」。1604 年徐光啟為之作《跋》。徐光啟感慨萬千地説，「百千萬言中求一語不合忠孝大指、求一語無益於人心世道者，竟不可得」，歸根結底，徐光啟仍是在儒學的框架內接受和容納西學，通過藉取他認為切實可行的天主教道德體系，「補益王化，左右儒術，救正佛法」。

在他眼裏，天主教道德規範，因藉助一種外在理性的監督，能迫使人實現約束內心，傳教士的誇張性宣傳，使他深信西方因尊奉天主教，而成為一片無悖逆叛亂的樂土。他比其他士人更熱衷於以這種虛幻的西方樂土，補益儒學之不足。徐光啟早年受陽明心學影響，而在思想中留下基於善疑的開放性，利瑪竇附會古儒，以拒斥、批判佛老二氏和宋儒，這與徐光啟拒斥佛老、痛恨明末空疏、虛浮的學風很相契。

徐光啟除了肯定「其教必可以補儒易佛」，特別推崇的是其「格物窮理之學」，「凡世間世外、萬事萬物之理，叩之無不河懸響答、絲分理解，退而思之窮年累月，愈見其說之必然而不可易也。」「格物窮理之中，又復旁出一種象數之學。」包括物理、數學、幾何等，「大者為曆法、為律呂，至其他有形有質之物、有度有數之事，無不賴以為用，用之無不盡巧妙者」。徐光啟自稱，「生平善疑」，接觸了天學之後，竟然到了「了無可疑」的境界。身為科學家的徐光啟，對於西學中科學技術內涵，表現出空前的熱情，完全可以理解。

總之，徐光啟是中國接觸西方文明後，第一個設想通過引進「天學」，促進中國社會進步的人，是後世張之洞等洋務派主張「西學中用」的先驅，是「中體西用」的最早版本。

四、《職方外紀》所展現的世界圖像

「坐井觀天」，是眼光狹窄，見識短淺之意。韓愈《原道》:「坐井而觀天，曰天小者，非天小也。」晚明盛清時期，國人初次接觸西方的世界圖像之前，就如井蛙觀天。

中國人的天下觀，從地理空間上說，中華為中心，周邊有四裔，並納入朝貢體系。此外，就是遙遠的「絕域」或者叫「絕國」。至於這個絕域何在？完全是一片混沌。戰國稷下學宮的學者鄒衍，號稱「談天衍」，盡談天下事，提出「大九州」之說，赤縣神州之外，另外還有八洲。歷來認為不經。明朝末年，先是利瑪竇攜「萬國輿圖」（世界地圖）展示給國人，後有艾儒略（1582—1649）的《職方外紀》，展現 15 世紀以來地理大發現的成果。

晚明首批與利瑪竇接觸的士人，雖然知道利瑪竇來自遙遠的西洋，但多數人對西洋與中國的實際距離不甚究心，同一時期就有人說二萬里、有人說九萬里、十萬里，還有說幾千萬里的。直到艾儒略《職方外紀》問世，國人方有五洲概念。

艾儒略是利瑪竇去世後 1610 年來中國傳教的，1623 年在杭州士人幫助下，編譯《職方外紀》，共有「亞細亞總説」「歐邏巴總説」「利未亞總説」「亞墨利加總説」「四海總説」等五卷。前有《萬國全圖》《五大州總圖界度解》等，卷一亞細亞（亞洲），介紹了「職方之所未載」的亞洲諸國，至於《大明一統志》等國人熟知的內容「不復贅」。卷二介紹歐邏巴（歐洲），是「天下第二大洲」，「共七十餘國」。卷三介紹利未亞（非洲），是「天下第三大洲」，「其地中多曠野，野獸極盛」。卷四介紹南北亞墨利加（南北美洲）和墨瓦蠟尼加（大洋洲）。卷五是《四海總説》，介紹各大洋的情況。最早的一些知識分子，讀到此書而改變了對世界的看法。

如瞿式谷《職方外紀　小言》說，鄒子九洲之説，説者以為閎大不經。彼其言未足盡非也。天地之際，赤縣神州之外，何只有九。「中國居亞細亞十之一，亞細亞又居天下五之一，則自赤縣神州而外，如赤縣神州者且十其九！」自以為中土即天下，此外盡斥為蠻夷，「得無紛井蛙之誚乎！」瞿式谷明確指斥傳統地理觀有如坐井觀天，稱中國不過是亞洲之一角，亞洲則只是天下五大洲之一。

艾儒略在書中還介紹了哥倫布（「閣龍」）等發現新大陸的情況，只是頗帶傳奇色彩。

「初，西土僅知有亞細亞、歐邏巴、利未亞（非洲）三大州，於大地全體中只得什三，餘什七云是海。至百年前，西國有一大臣名閣龍（哥倫布）者，素深於格物窮理之學，又生平講習行海之法，居常念天主化生天地，本為人生據所，⋯⋯畢竟三州之外，海中尚應有地。」「一日行遊西海，嗅海中氣味，忽有省悟，謂此非海水之氣，乃土地之氣也，自此以西，必有人煙國土矣。因聞諸國王，資以舟航糧糗器具貨財，且與將卒以防寇盜，珍寶以備交易。」

「閣龍遂率眾出海，輾轉數月，茫茫無得，路既危險，復生疾病，從人咸怨欲還。閣龍志意堅決，只促令前行。忽一日，舶上望樓中人大聲言，有地矣。眾共歡喜，頌謝天主，亟取道前行，果至一地。初時未敢登岸，因土人未嘗航海，亦但知有本處，不知海外復有人物。且彼國之舟向不用帆，乍見海舶既大，又駕風帆迅疾，發大炮如雷，咸相詫異，或疑天神，或疑海怪，皆驚竄奔逸莫敢前。舟人無計與通，偶一女子在近，因遺之美物、錦衣、金寶、裝飾及玩好器具，而縱之歸。明日，其父母同眾來觀，又與之寶貨。土人大悅，遂款留西客，與地作屋，以便往來。閣龍命來人一半留彼，一半還報國王，致其物產。」這是世界地理大發現在中國最早的系統記載。

類似《職方外紀》的作品後來還有一些。艾儒略 1637 年刊出《西方問答》，分上下兩卷分條介紹西方的風土國情，涉及有關地理地貌、物產、制度、禮俗、衣食、教育、文化、法律等方面的 40 多個問題。後來康熙向傳教士了解西方風土人情，利類思、南懷仁等就節錄《西方問答》相關內容，撰成《御覽西方要紀》一書。1672 年南懷仁還出版《坤輿圖說》兩卷，上卷為自然地理，下卷為人文地理，體例與《職方外紀》相似，分別介紹五大洲諸國道里、山川、民風、物產。

《職方外紀》被收入乾隆年間編纂的《四庫全書》，紀曉嵐總纂的《總目提要》云，「所紀皆絕域風土，為自古輿圖所不載，故曰《職方外紀》」。在介紹了各卷內容後，又說，「所述多奇異不可究詰，似不免多所誇飾。然天地之大，何所不有，錄而存之，亦足以廣異聞也」。

張廷玉《皇朝文獻通考》如此評論《職方外紀》：意大利人所稱天下為五大洲，蓋沿於戰國鄒衍裨海之說。夫以千餘里之地名之為一洲，而以中國數萬里之地為一洲，矛盾虛妄，不攻自破矣。其所述外國風土物情政教，反有非中華所及者。荒遠偏僻，水土奇異，人性質樸，似或有之。所謂五洲之說，純粹荒誕不經。

如此看來，一本書可以影響一些先進的中國人，但是要想改變國人的世界觀，還是很有難度的。

就是以《職方外紀》最詳細介紹的歐羅巴而論，盛清時期，國人對有關「西方」或「西洋」的地理概念仍是稀里糊塗。歐洲國家來華使團也不斷遭遇這種尷尬，最典型的是荷蘭使團。清人對遠在歐洲的荷蘭國與歷次派遣使團的巴達維亞殖民當局，總是搞不清，把荷蘭在東南亞的殖民地看作荷蘭本土，稱台灣海域向南就可到荷蘭。其實每一次荷蘭使團都是由巴達維亞殖民當局與荷蘭東印度公司共同組建的，而且荷蘭人也無意避諱自己來自巴達維亞，但這似乎並無助於中國官員們記住，荷蘭與巴達維亞是兩個不同的地方。

他們一貫稱巴達維亞總督為「荷蘭國王」。康熙六年（1667）荷蘭使團帶來的大馬和小牛在中文記載中都被歸於「西洋」或「荷蘭」的物產，然而荷蘭使節曾清楚地回答鰲拜等人，這些馬和牛來自波斯和孟加拉。

中國人長期以來將歐羅巴視為一個國家。如文人沈德符稱利瑪竇之國為歐羅巴，史學家談遷亦稱湯若望為大西洋歐羅巴國人，實則兩人分別來自意大利和日耳曼。然而更多的人連大西洋與歐羅巴也不區分，只是泛稱「泰西」「西海」「大西洋國」「大西國」，而這些又實為耶穌會士常用以自稱之名，如《西國記法》中署名「泰西利瑪竇」，《職方外紀自序》中落款「西海艾儒略」，龐迪我和熊三拔在奏疏中自稱「大西洋國陪臣」，《熙朝定案》題下為「遠西臣南懷仁謹奏」，《不得已辯》自敘「極西耶穌會士利類思著」，不一而足。

其實，艾儒略《職方外紀》明確說「天下第二大州名歐邏巴……共七十餘國」，但是傳教士出於方便權宜、中國人出於觀念固着，都更願意使用「大西洋國」這類稱呼。

《職方外紀》印行 200 年間，國人多視之為西洋《山海經》或者齊諧志怪，直到鴉片戰爭後人家的船堅利炮打上門來，才如夢方醒。

大約到了洋務運動後期，《職方外紀》方受到更多人的重視。林則徐所參考的《海國圖志》已經充分吸收了其成果。光緒十六年（1890 年）薛福成出任駐英法意比四國大臣，隨手攜帶的就有一本《職方外紀》，次年春，薛福成參觀羅馬以及彼得大教堂，他經常比照書中關於意大利的章節，作為導遊。

《職方外紀》首用的地理詞彙影響深遠，如卷五說：「地心最為重濁，水附於地，到處就其重心，故地形圓而水勢亦圓。」此處「地心」以及北極、南極、經度、緯度、熱帶、溫帶、冷帶（後改寒帶）、人類、冰川等，都是經過利瑪竇、艾儒略等書首創，在洋務運動譯學時被廣泛借用，從一般名詞變成專門術語的。

五、帝師與寵臣：從湯若望到南懷仁

明清之際的三股政治勢力都與耶穌會士發生了關係。李自成進北京時對傳教士並未加殺害，張獻忠在四川，神父安文思（Gabriel de Magalhaens，1609—1677）、利類思（Louis Baglio，1606—1682）被招引出山。他們受命製作的天地二球曾受到張獻忠的讚賞。而南明幾個朝廷裏，傳教士尤為活躍。

建於南京的南明弘光政權中，畢方濟（Framcois Sambiasi，1582—1625）神父以弘光皇帝在河南藩邸的舊識，曾受命赴澳門向葡萄牙人請救兵。福州唐王政權的執政鄭芝龍（鄭成功的父親）是一位教名為尼古拉的天主教徒，與畢方濟交遊亦篤。廣西的桂王政權中，大臣瞿式耜與權臣龐天壽都曾接受天主教洗禮，施洗神父分別是大名鼎鼎的艾儒略與龍華民（Nicolas Longbardi，1559—1654）。由於龐天壽的引介，傳教士為宮中的皇后、皇太后、太子、妃嬪以及數以百計的官員人等施洗。在清兵的步步進逼下，南明朝廷寄希望的當然不止是上帝的庇祐，甚至想入非非地寄希望於澳門的葡萄牙人乃至羅馬朝廷的武裝支持。龐天壽曾經從澳門方面獲得百餘支火炮，這無疑是杯水車薪。而持永曆皇帝書信赴梵蒂岡求救的使節卜彌格（Michel Borm，1612—1677），更是緣木求魚。在清兵的打擊下，十字架無論如何也挽救不了南明政權滅亡的厄運。

在清朝方面，1644 年清兵佔領北京以後，耶穌會士與前明遺老繼續得到重用。這一年正好發生了一場日食，回回曆官和漢人曆官都不能準確地加以測試，而湯若望不僅預測到 9 月 1 日（清兵是 6 月 7 日進京的）的日食，而且推算出它在北京及其他城市的觀測時間，於是，湯若望被任命為欽天監正，這是中央主管天文曆法工作的最高官員。

湯若望（Adam Schall，1592—1666）是德國萊茵河畔科隆市人，19 歲參加耶穌會。1618 年他 26 歲時起程來華，先在西安傳教，後來奉召進京，崇禎朝已經因為其淵博的天文知識而受到重用，是《崇禎曆書》的主要撰著者之一。清初順治帝時期，改《崇禎曆書》為《時憲曆》，頒行全國。在任職欽天監正期間，湯若望還撰著了不少天文曆法方面的書籍，或者與中國學者共同譯述這方面的作品。他還身體力行設計製造天文儀器，包括望遠鏡、天體儀、星高儀、日晷、圓規等，中國歷史博物館現在還收集着一個他製作的小型象牙日晷。利用這些儀器，他與中國學者共同繪製了《見界總星圖》。它突破了中國傳統的製圖方式，在恆星的測量推算、星圖的形制和表繪上，都有創新意義。

由於湯若望的卓越才能，順治皇帝對之寵信異常，先是封他為太常寺少卿，繼爾太常寺卿，最後加號光祿大夫，成為朝廷的顯貴，甚至湯若望的父母、祖父母、曾祖父母也被加封通奉大人和二品夫人。湯若望一再以自幼出家學道、誓絕婚宦為由推辭，但是仍然被禮部駁回「不准辭」。又按例准其「蔭一子入太學」，湯若望不納妻室，沒有子嗣，只得收養一個「義孫」，取名湯士宏，令其入學。順治帝曾經去湯若望的館舍看望他二十多次，稱他為「琺瑪」（滿語「可敬的老爺爺」之意），為他提碑說：「事神盡虔，事君盡職，凡爾疇人，永斯矜式」。意思是要人們以湯若望為榜樣，學習他虔誠盡職，忠君事上的精神。

1662 年，康熙即位。皇帝只有七、八歲，朝政掌握在鰲拜等輔政大臣手裏。當時爆發了一場所謂「曆法之爭」，把湯若望等教士投入了監獄。

事端首先由安徽歙縣人楊光先挑起。還在 1659 年，楊光先就寫了《摘謬論》《辟邪論》批評西洋曆法，次年又上書禮部，說湯若望居然在《時憲曆》上寫上「依西洋新法」等字樣，豈不是明目張膽地講「大清奉西洋之正朔」嗎？當時由於順治對湯若望恩寵未衰，所以禮部將上書按下不發。1661 年，順治死於天花，1664 年，楊光先再次上《請誅邪教疏》，羅列湯若望有潛謀造反、邪說惑眾、曆法荒謬三大罪。結果，湯若望及其晚年助手比利時傳教士南懷仁（Ferdnand Verbiest，1622—1688）等均被下獄。

傳教士們經過幾度審訊，被指控的罪名是：湯若望出任欽天監正的職務，並不是要為大清王朝出力，而是企圖籍此更易於在全中國遍設教堂，更廣泛地傳播基督教；傳教士認為伏羲是亞當的後代，中國的始祖來自歐洲，荒謬之甚，傳教士散佈聖牌、聖像、十字以及教義問答手冊，發展教徒，居心叵測，其目的在推翻清王朝，教徒均為其同黨，教堂乃是其巢穴，甚至說在澳門已屯集三萬武裝力量。又有指控說湯若望在選擇某宗王安葬日期上，故意誤用洪範五行，大不吉利，致使災禍接踵而至，親王夭折，其生母董妃旋即死去，接着順治皇帝駕崩。這樣的罪行，幾同弒君，朝廷上下沒有人再敢為湯若望辯護了。

1665 年，湯若望被宣佈處以陵遲的極刑，南懷仁等七人被判處斬。恰好在這時，北京連續四天發生地震，而宣判的前夕，天上又有彗星出現，地震後宮中繼以火災，一連串的災象說明了什麼？康熙的祖母孝莊皇太后發佈懿旨說：湯若望乃先帝之愛臣，當政大臣如此迫害先皇舊臣，致使上天降怒。堅持必須將湯若望等人無罪釋放。

湯若望雖被開釋，不久仍然因病死去，欽天監正由楊光先擔任。但楊光先制定的曆法錯誤很多，以至於康熙八年的一年之中竟有兩個春分兩個秋分，不當閏年而有閏十二月。南懷仁發現這一情況立即成文上告。康熙帝這時正宣佈親政，有心鏟除權臣鰲拜，而新舊曆法之爭正是一個藉口。所以康熙接到呈文，認為打擊鰲拜一夥的良機成熟，下令南懷仁與楊光先當場測驗日影，先在觀象台，後又移至宮中測試，繼而又作天象觀測，結果南懷仁的測試全部正確，而楊光先等則謬誤很多。於是，楊光先被革除欽天監正，南懷仁先出任欽天監副，幾年後任欽天監正，成為康熙的寵臣。

南懷仁曾陪同康熙出巡東北，在清朝同荷蘭、俄國的外交談判中充當中方翻譯。他還曾為康熙講授天文、數學與幾何知識，為清政府平定三藩製作各種型號的火炮 130 多尊。對於南懷仁多方面的才能與貢獻，康熙讚賞不已。康熙本人對自然科學的興趣也日益增加。他寫信請求西方世界派遣更多的博學多才的教士來華。於是就有法國國王路易十四派遣白晉、張誠等六名被稱為「國王數學家」的傳教士來華。

根據教會史專家的統計，西方來華傳教士在康熙以前法國只有 26 人，康熙以後即達 89 人，僅次於葡萄牙而佔第二位。1661 年路易十四親政後，對內加強王權，實行重商主義，對外積極爭奪歐洲霸權，擴張海外勢力。十七世紀中葉以後，法國派到中國的教士增多，正反映了法國本身的這種形勢。

1685 年，白晉（Joachim Bouvet，1656—1730）等六人奉路易十四之派乘船離開法國，途中幾經周折，除一人留在暹羅（泰國），其餘五人於 1688 年 2 月抵達北京。康熙接見他們後，留白晉、張誠（Jean—Francois Gerbillon，1654—1707）在宮中服務，洪若翰（Jean de Fontaney，1643—1710）、劉應（Claude de Visdelou，1656—1737）、李明（Louis Le Comte，1655—1728）赴陝西、上海等地傳教。

白晉、張誠都是康熙的宮廷教師，受命為康熙講授自然科學知識。根據白晉所著《康熙皇帝》，似乎他曾試圖說服中國皇帝設立一個科學院，類似於法國皇家科學院的性質。白晉及洪若翰等人曾在中國進行有關科學考察，將科學觀測報告寄回法國，而法國科學院則給他們這些活動以指導，或寄贈書刊與儀器等。張誠是《中俄尼布楚條約》的中方主要譯員之一，深得康熙的倚重，白晉曾奉康熙之命出使歐洲。在他的努力下，一艘名為「昂菲特里特」（L'Amphitrite）、載重量為 500 噸的法國商船於 1698 年遠航中國，這是第一艘航行中國的法國商船，不僅載來了馬若瑟（Joseph de Premare，1666—1736）、巴多明（Dominique Parrenin，1665—1741）、雷孝思（Jean—Baptiste Regis，1663—1738）等後來在中西文化交流中作出了貢獻的八名耶穌會士，而且滿載了中國商品回到歐洲，成為中歐關係的友好使者。

六、康熙大帝與羅馬教皇

康熙皇帝與路易十四、羅馬教皇都有直接或間接的交往。他請路易十四多派傳教士來華，請羅馬教皇允許傳教士遵照利瑪竇規矩繼續留在中國。

17 世紀末葉，耶穌會內部正為中國禮儀之爭，鬧得不可開交。核心內容是，中國教徒可以祭祖祀孔嗎？康熙也被帶進去了，為此還與羅馬教皇及其使節有一次激烈的交鋒。

徐日升、張誠、白晉等在華耶穌會士，是曾經幫助大清朝與俄羅斯簽訂《尼布楚條約》的功臣，也是康熙皇帝在天文、曆法、數學等自然科學上的老師。他們焦心於羅馬教皇對於其在華傳教事業的干預，特請示康熙帝，關於中國禮儀的問題。這個問題是，請皇帝證明，中國人祭祖祀孔之禮儀，無關乎宗教信仰。康熙慨然應諾，特頒發諭旨，確認耶穌會士理解正確。此諭旨被翻譯成拉丁文，送到梵蒂岡，教皇大怒：我們宗教事務，豈容一個異教君王判斷。並派出特使鐸羅到中國去檢查教務。

鐸羅 1705 年 4 月到達廣州，同年 12 月 14 日抵達北京。12 月

31 日首次覲見康熙皇帝。雖說是禮節性的，但雙方為一些人事問題有不同意見。鐸羅提出在北京設立總主管，管理全體教士。康熙當時沒有答覆，後來答覆說，這位宗教事務主管，必須從在宮廷中服務了十年以上的傳教士中選擇。這不符合羅馬教皇的意圖，教皇之意要奪回在華傳教的主導權。康熙提出在鐸羅使團中選一人出使羅馬，以報聘教宗。鐸羅推薦的人選，康熙業已同意，後來發現此人不通中文，提出由宮廷耶穌會教士白晉為正使，鐸羅推薦的人為副使。白晉曾撰寫《康熙傳》，深得皇帝信任。對此，鐸羅很不悅。由此可見，康熙意識到不通中文，不了解中國文化的傳教士，很可能會壞了大清與西方關係。半年多以後，即 1706 年 6 月 29 日，康熙第二次接見鐸羅，對於鐸羅的目的已經有所警惕。康熙很關切教皇對他那道諭旨有什麼回應。鐸羅支支吾吾，不願意正面回答。康熙不得要領，邀鐸羅次日遊覽暢春園。次日，在暢春園會面。康熙開門見山警告特使，不要干涉中國人的習俗，天主教須與儒學和諧共處，若反對祀孔祭祖，西洋人將很難再留居中國。鐸羅無法迴避，說天主教與儒學之間的衝突，他本人沒有能力解釋，福建宗座代牧閻璫，精通中國文獻，可作詳細解答。

閻璫是法國人，主持福建教務，不滿葡萄牙耶穌會士在華壟斷地位，此時奉鐸羅之命，早已來到北京，並被要求從儒家經典中摘錄出，他認為與天主教相牴觸的內容。閻璫硬着頭皮從「四書」「五經」中摘錄出一些章句，分列為 48 個命題，說儒家「太極」或者

「理」不可能指天主教的神，中國皇帝祭祀天地、星辰、山岳等的行為與天主教相牴觸。

康熙特地在熱河召見了閻璫。閻璫摘錄的文字，錯誤百出，康熙斷定，閻璫完全沒有能力解釋中國書籍。現在他要當面測試閻璫，看看他對「四書」的熟悉程度，並指着御座後的幾個漢字，要閻璫識認。閻璫只會講幾句福建地方方言，既不能從「四書」中翻出皇帝要求的內容，幾個漢字也只認得一個，見駕時全靠翻譯。這水平與康熙身邊的傳教士，差別太大了。康熙指斥閻璫「愚不識字，擅敢妄論中國之道」。說閻璫不諳中文，卻把不倫不類的譯作發往歐洲，導致教宗誤解中國教義。閻璫辨稱他的中文的確不夠熟練，但儒家經典也的確有不符天主教之處，他挑出這些內容寄給教宗，是將疑難問題都提交教宗裁定。

閻璫這種冥頑態度，使皇帝不再有容忍之心，於是很快就下令驅逐他。皇帝同時通知留在北京的鐸羅，他的國家裏不需要任何唱反調的傳教士。康熙命各地傳教士進京接受審查，發誓永居中國，發誓遵從利瑪竇規矩，即尊重中國文化和風俗，否則，請立即出境。

這次的事件後來愈演愈烈，到雍正、乾隆時期發展成為一場禁教活動。就當時的情形而論，康熙最後的處置，雖然有簡單化之嫌，但維護中國傳統的態度，無可厚非。羅馬方面干預在華教務，夾雜着權力與利益考量，居心叵測。設想當年佛教在中土的傳播，如果「娘家人」也如此顢頇干預，恐怕也會中途夭折的。

七、《字彙》：伊甸園的「初民語言」

漢字莫非是上帝在伊甸園裏使用的語言文字？——這不是天方夜譚，而是歐洲帶着沉重的腳步，走出中世紀途中，曾經的一道風景線。

文藝復興晚期，歐洲人文主義者，試圖探尋一種叫做初民語言，或者自然語言的東西。他們設想，它就是當初在伊甸園裏，上帝與亞當、夏娃和蛇對話時使用的語言。據《聖經》「創世紀」記載，上帝看見人類聯合建造的巴比塔，就要通到天庭，感到人類的力量實在可怕，於是使用法術，讓眾人分散到世界各地，講 72 種不同的方言，互相之間難以溝通。這個故事留給後人的問題是，到底什麼是人類的初民語言？或者說巴比塔以前，人類共同使用何種語言？人們設想，伊甸園裏的對話，所使用的語言定然是妙不可言，充滿了理性光輝，應該是一種普遍性（universal）語言。17 世紀理性主義的哲人們仍然這麼執著地認為。

那麼，漢語是怎麼與此事搭上邊的呢？這與四百年前，明神宗萬曆四十三年，即公元 1615 年出版的一本叫《字彙》的書有關。作者梅膺祚（生卒年不詳，主要活動在明萬曆年間），安徽宣城人，清代著名曆算學家梅文鼎的先祖。

《字彙》是《説文解字》之後、《康熙字典》之前，最重要的一部漢字字典。梅膺祚的最大貢獻是首創了漢字的部首、筆劃檢字法。《字彙》收入 33179 個漢字，被歸併為 214 個部首。這些部首依筆劃多少為序，從一畫到十七畫，分類排列，按部首、筆劃檢字，十分方便。清代的《康熙字典》，以及民國至今的《中華大字典》《辭源》《辭海》（新版《辭海》把部首改為 250 個），都採用了《字彙》首創的按部首筆劃相結合的方法排列單字。

筆者第一次見到這本書，是二十多年前旅歐時，在柏林國立圖書館的中文善本書庫中。這本保存完好的《字彙》可是有一些來歷。它是普魯士國王腓特烈一世（1657—1713）王家圖書館的藏品，而且在西方早期漢學中扮演過重要角色。

腓特烈是普魯士的第一位國王，本為勃蘭登堡選帝侯。他野心勃勃，想發展東方貿易，成立一家東印度聯合公司，於是向荷蘭人取經，並通過荷蘭人弄來了一批中文圖書，就包括這部《字彙》。根據朱彝尊《曝書亭集》卷四十三記載，明末清初，《字彙》是一部很通行的字典。荷蘭人號稱 17 世紀「海上馬車伕」，在遠東做生意的時候，獲得這樣一部書並不難。

《字彙》到了歐洲立即成為漢學家解讀漢語文獻的助手。

第一個來華的傳教士利瑪竇，最早向歐洲介紹漢字，説漢字很像古埃及象形文字。還有人推測漢語可能是巴比塔的 72 種語言之一。

1667 年，德國學者基歇爾（Athanasius Kircher），根據在華耶穌會士提供的資料出版的《中國圖説》（*China Illustrata*），是歐洲書籍中第一次印刷漢字的著作。書中有專章討論漢語問題。他認為漢語是初民語言後裔的一支。有記載説古代一位埃及的法老，曾經產生奇想，讓人觀察剛出生就被隔離、還沒有聽過人類説話的一對孿生嬰兒的對話，不給他們餵食，想以飢餓「逼」他們開口。結果嬰兒被餓死，實驗失敗。據説 17 世紀也有人做類似的實驗。這樣做的根據是，既然孩子為上帝所賜，在被當今人類語言「污染」之前，一定會説出「初民語言」。偷聽的結果是，孩子在大喊大叫，「Ma Nou」！這是什麼東西？有人説，這不是猶太人出埃及後，在沙漠裏跋涉時的食物嗎？更有到過中國的人説，嗯，這就是中國人的常用食品「饅頭」呀。

勃蘭登堡選帝侯中文圖書館館長門澤爾（Christian Mentzel），曾藉助王家圖書館收藏的這部《字彙》，編纂出版過一本「中文—拉丁文小詞典」（1685 年，距《字彙》初版 70 年），還利用《字彙》等文獻，找到了關於伏羲和女媧的記述，並與亞當和夏娃的故事相比附。

梅膺祚《字彙》釋「媧」:「女媧，《説文》: 古之神聖女，化萬物者也。或云伏羲之妹。又云：女媧始製笙簧。」釋「咼」:「咼，苦乖切，快平聲。口戾不正也。」門澤爾大體對此作出了拉丁文轉寫，如：「Niu Kua [Xue Ven] Ku Chi Xin Xim Niu Hoa Van Ve Che Ye」（女媧，《說文》：古之神聖女，化萬物者也）；又如「Hoe Hiun Fo Hi Chi Moei」（或云伏羲之妹）。《字彙》「媧」字下在這兩句之後緊接着還有「又云：女媧始製笙簧。」門澤爾雖未照錄拼寫，但把意思翻譯出來了。

門澤爾由此判定，女媧是伏羲的妹妹，並發明了許多東西，與亞當和夏娃的關係很接近。耶穌會士都說伏羲就是亞當，那麼女媧自然就是夏娃。門澤爾還不滿足於這類歷史推斷，他仔細解讀了「媧」字的結構特徵，從中居然找到了夏娃偷吃禁果的信息。

首先，從字形看，「媧」的左半部「女」是女人的意思，右半部「咼」（wai），《字彙》是這樣釋義的：「咼，苦乖切，快平聲。口戾不正也。」門澤爾拼讀成：「Kuai keu kuai po chim ye」，從讀音推測，大體對應於「咼、苦、乖、不正也」。雖然拼讀不完整，但「Kuai」是「媧」的右半，是門澤爾指明了的。18 世紀有一位研究門澤爾的德國學者巴耶爾解釋說，「Kuai keu kuai」，大約分別是關於「咼」「嘴」和「咬」的字，至於「Po chim」，大約是「不正確」，即違法，一項罪；而「ye」似乎只是最後的虛詞。

總之，門澤爾從這句話中得出，「咼」的意思是「咬」（口戾不正也），正是一個人吃來自樹上之物或樹上的果子時的動作。再配合「女」字，可知這個女人是通過一條祕密途徑來到這樹下，這個途徑不合法也不正確。這個女人不是夏娃又能是誰呢？

與從「媧」字中發現了亞當、夏娃的原罪類似，耶穌會士和早期歐洲漢學家，把在漢字中尋找基督教含義的工作，當作一項嚴肅事業去做，認為漢字是上帝所造初民語言的遺存，包含豐富的聖跡。他們尋找中文古書中以隱喻方式包含的基督教信息，最常用的基本方法就是拆解漢字。比如從「公」的古體「Δ」字，讀出「三位一體」（聖父、聖子、聖靈三位一體）的信息。從「船」字讀出了諾亞洪水的故事：諾亞一家八口，製造方舟，逃避大洪水，你看，中文的「船」字，不就是由「八」「口」「舟」組成嗎？從「婪」字發現夏娃的原罪：樹林裏一個女人，偷吃蘋果，因為貪婪而犯罪。總之，研究漢字的目的，是為了從中揭示出大洪水之前的人類記憶，證明中國人是諾亞子孫最接近的傳人。

著名哲學家萊布尼茨，同樣熱衷於從漢字中研究普遍語言。他在青年時代就憧憬有一種真正的哲學文字，精確的語言，它應該是類似於微積分解答算術和幾何問題那樣的東西，「它也許屬於希伯來哲學的文字、畢達哥斯哲學的算術，或者東方大哲的實踐函數吧」。他聽說柏林教士米勒（1630—1694）「發現了」解讀「中文的鑰匙」（大約就是《字彙》創造的部首檢字法），特地寫信提出 14 個問題，詢問中文結構之謎。例如，是否中文所有的文字也由相同而準確的元素構成，如同字母 abc 和數目字一樣，可以誦讀，或者還必須藉助於其他來表義；如果將西方語言逐字譯成中文，是否能保留原文的韻味及意義。他為米勒的著作未能出版惋惜不已。他認為中國文字是一種精心構築的系統，所以給遠在北京的傳教士白晉寫信說：「由數字次序及相關性的表達來看，中國字是較富於哲理和智慧的。」他鼓勵一位朋友從事中文研究：「這項研究工作對我們十分重要。假如我們能夠發現解讀中文的鑰匙，就能夠發現用於思想分析的一些形式。」三年後，他在一篇傑出的語言學論文中斷言，「如果上帝真教過人類以語言的話，應該是類似於中文那樣的東西」。萊布尼茨一生設計過多種普遍語言的符號方案，漢字吸引他的注意，是因為漢字系統可能存在一種可簡約的內在規則，一種按照理性構造起來的形式系統。然而直到去世，對於萊布尼茨來說，漢字的神祕世界依然是個謎。究竟是不是《字彙》的部首檢字和漢字形聲字的規律性排列，誤導了那個時代苦苦尋求理性語言的歐洲學人？給人留下了巨大的想像空間。

八、《趙氏孤兒》：歐洲道德「收割機」

普契尼（1858—1924）的《圖蘭朵》，改編自阿拉伯作品《一千零一夜》中的中國故事。可是，在《一千零一夜》流行歐洲之時，真正從中國直接流傳到歐洲的戲劇是元雜劇紀君祥《趙氏孤兒》。而且當時的《趙氏孤兒》風靡歐陸和英倫，要比《圖蘭朵》風光得多，也更加受到作家學者和社會大眾的喜愛。

《趙氏孤兒》的譯文是法國在華傳教士馬若瑟（1666—1736）翻譯的，最早發表在1685年法國耶穌會士杜哈德編纂的《中華帝國全志》第四卷。該卷收錄的中國文學作品，還有另外一名法國來華傳教士殷弘緒（1664—1741）所譯《今古奇觀》中的四篇故事《莊子休鼓盆成大道》《懷私怨狠僕告主》《念親恩孝女藏兒》《呂大郎還金完骨肉》。

英國劇作家威廉·哈切特（William Hatchett）最早根據《趙氏孤兒》的法文譯本，改編了一出《中國孤兒》，戲劇以首相弄權、朝政腐敗為主題，諷刺的鋒芒指向英國權相沃爾波爾時期的統治。與後來英法德意的幾位作家改編的《趙氏孤兒》相比，哈切特的版本算是與中國原本最接近的一個。即使如此，此劇也不是為傳播中國戲劇藝術而作，而是一本採取戲劇形式的政治諷刺作品，也許正因為如此，該劇從未上演過，劇本在沃爾波爾 1742 年被迫下台前不久出版。

1759 年 4 月，英國演員和諧劇作家阿瑟·墨菲（Arthur Murphy）又改編了一部《中國孤兒》出版，改編中參考了耶穌會士馬若瑟的譯本，也吸取了赫德對《趙氏孤兒》的批評，但是總體而言，墨菲的劇本主要是對伏爾泰劇本的改編（伏爾泰的改編詳下）。

《趙氏孤兒》本來講的是春秋時期晉國老臣程嬰、公孫杵臼捨生取義，以自己的犧牲保護了趙氏孤兒的故事。這個故事在《史記·趙世家》中原本非常簡約，元代劇作家紀君祥進行了再創作，劇本主題歌頌的是忠誠仁愛和正義。墨菲的改編本移花接木，講的是中國抵抗韃靼侵略的故事，變成一個民族抵抗另一個民族侵略的故事，表現了與殘暴的侵略者殊死抵抗的英雄畫卷，如英勇的孤兒以及扶持王室、不惜生命來爭取自由的忠臣、義士、愛國者。這對英法七年戰爭時期（1756—1763）的英國，具有現實政治意義，被認為是宣揚愛自由、愛祖國的作品。在倫敦上演後，獲得巨大成功，轟動整個文藝界，作家哥德斯密還發表了戲劇評論。也許《趙氏孤兒》的復仇主題與英國莎士比亞的《哈姆雷特》的復仇情節有一定的沿襲性，但是，我們還應該看到，借中國故事表現當代政治事件，是那個時代的普遍做法。錢鍾書先生在英國留學時的畢業論文就是研究18世紀歐洲文學中的中國形象，曾詳細討論了威廉·哈切特和阿瑟·墨菲兩種《趙氏孤兒》的改編本，也特別提到哥德斯密對墨菲改編本的評論。

除了《中華帝國全志》外，1761年珀西出版過《好逑傳》譯本。1785年格魯賢出版的《中國概述》中收錄《詩經》中的《小雅·斯干》《邶風·谷風》和《小雅·常棣》的譯文。此外耶穌會士介紹中國詩歌、戲劇、小說的文字還有不少。但是，18世紀的歐洲人並不真正對中國文學感興趣。無論是在中國生活過的耶穌會士，還是通過耶穌會士了解中國的本土歐洲人，對中國的戲劇和詩歌通常評價不高。然而中國文學作品中的道德訓誡色彩，卻如同孔子哲學，吸引了許多歐洲人的關注。中國的小說和戲劇對18世紀的歐洲人來說，不是文學作品而是道德手冊，正好又被他們用來諷諫資本主義發展過程中，歐洲社會道德滑坡、世風日下的現狀。

儘管對中國戲劇的藝術性評價不高，伏爾泰卻也親自將《趙氏孤兒》改編為《中國孤兒》，並促成其上演，他看重的就是該劇所包涵的道德意義。他認為孔子的道德學說已包含於此劇中，因此為他的劇本所作的副標題是「儒家道德五幕劇」。1755年8月20日，《中國孤兒》首演，伏爾泰獻詞道：「《趙氏孤兒》是一篇寶貴的大作，它使人了解中國精神，有甚於人們對這個龐大帝國所曾作和所將作的一切陳述。」

伏爾泰對原作的改編是大手筆的，時間被後移到成吉思汗征服中國時（墨菲的改變就是吸收了這一點），故事說成吉思汗搜求前朝遺孤，遺臣盛締猶如程嬰，為保護遺孤而寧願犧牲自己的兒子，盛締之妻拒絕以接受成吉思汗的求婚為條件來挽救丈夫和孩子。成吉思汗本來如屠岸賈一樣殘暴，但是，伏爾泰的筆下，成吉思汗卻被他們的道德所感動，決定赦免一干人等並撫養遺孤。伏爾泰力圖把盛締塑造成孔子後裔式的角色，並通過成吉思汗之口，向觀眾說出，是中國人的道德使他改變了主意，從而把他這部戲的主旨直白地表露無疑。

《趙氏孤兒》中的仁愛和道德不僅俘獲伏爾泰，也感動了 18 世紀末的歌德。歌德曾於 1781 年 8 月着手將其改編成《額爾彭諾》一劇，但只完成兩幕便中輟。無論是伏爾泰和歌德闡發道德主題的改編本，還是哈切特與墨菲表達政治觀點的改編本，《趙氏孤兒》並非作為戲劇藝術和文學作品被歐洲人接受，它只是這些歐洲作家抒發自己對社會的某方面理想的載體，它的一些元素如故事情節、思想意義、異國來源，既能幫助這些作家達成目的，又能吸引歐洲讀者的興趣。這種現象從一個側面反映出中國因素是那個時代歐洲的時髦話題。

《中華帝國全志》中收錄的四篇《今古奇觀》故事也同樣給歐洲人不少道德啟示，這四篇故事本來就充滿道德說教，因此《莊子休鼓盆成大道》成為伏爾泰哲理小說《查第格》第二章的創作根據，也被哥德斯密採用到《世界公民》中。而連《好逑傳》這樣的才子佳人故事都被珀西作為勸善懲惡的工具出版，並在歌德那裏引起強烈的道德共鳴，可見18世紀的歐洲人對中國和歐洲的道德要比對文學敏感得多。《好逑傳》初譯本的來歷不很明晰，珀西1761年以英文編譯出版時，在序言中明確稱自己對這部小說的技巧並不重視，但欣賞它的道德思想，認為它對歐洲世風有勸善懲惡的作用。《好逑傳》英譯本刊出後的確很流行，先後被轉譯為法文、德文、荷蘭文，從而引起德國的歌德、席勒等人注意。席勒曾因為譯文拙劣而想寫一個改編本，但未完成。歌德不但當時看了，晚年又細讀一遍，並就小說裏的名教思想發表了有趣談話，認為書中人物不管在哪個方面都比德國人更加純潔更加道德。《好逑傳》之所以成功，原因在於18世紀歐洲也流行一種類似中國名教的思想，有人說是清教思想。

不難看出，18世紀的歐洲知識分子很重視社會道德問題，這正是歐洲社會轉型期的基本問題之一。從前的道德體系是以神學訓導和神權統治為基礎的，當神權遭到鄙視甚至顛覆時，特別是資本主義的銅臭衝擊着中世紀倫理時，如何建立一套獨立於宗教而又能有效維繫社會秩序的道德體系，這當然是一個縈繞在啟蒙學者們心頭的重要問題。社會動盪、戰爭頻仍造成的人心凋敝、風俗頹壞局面，使這一問題顯得更加迫切。耶穌會士曾經出於論證中國人心性純潔、適合接受基督教的目的而溢美儒家道德，自17世紀就已經讓歐洲人印象深刻，只是此前人們多循着耶穌會士的思路，討論儒家道德與基督教道德間的相似性。而18世紀人們卻像突然受到點撥一般，發現中國人原來是在一種非宗教性的道德約束下，過着幸福安寧的生活，而這正是資本主義興起時歐洲所亟需的。中國道德的非宗教性特徵及其實際效果在反映社會生活的文學作品中得到生動展現，比教條式的儒學經典更通俗明白和有感染力，就這樣，有限的幾個中國文學故事被歐洲作家們發掘出無盡的道德價值來。

18 世紀和 19 世紀初葉的歐洲，正是資本主義飛速發展的時代，英國學者亞當斯密《國富論》之外，還出版了《道德情操論》，就反映了市場經濟衝擊下的道德需求。伏爾泰、歌德等藉《趙氏孤兒》《好逑傳》之類的中國作品，特別張揚其中的道德意味，折射的就是，在歐洲宗教神學受到批判、資本主義發展撕毀了溫情脈脈的面紗、財富積累過程中道德缺失的現實需求。每當一個時代缺少什麼的時候，總能從歷史上或者異域文化中發現自己所需要的東西。

九、 虛幻與真實：從魯濱遜到安森

18 世紀歐洲的中國形象，在不同的國度、不同的學者，或者同一個學者的不同時期，都會有所不同。大體說來，狄德羅前期讚揚多，後期批評多。伏爾泰正面評價比較多，孟德斯鳩負面看法比較多。其中一個原因是資訊來源不同，伏爾泰更相信耶穌會士的材料，孟德斯鳩卻親自訪問了一些遠東歸來的船長和商人。18 世紀對中國最負面的評價還是來自英國。

英國在 18 世紀已經進入工業革命階段，自信滿滿。英國著名現實主義作家笛福（1660—1731）的第一部小說《魯濱遜漂流記》，講述了英國冒險家開拓「新世界」的殖民者魯濱遜，獨自在荒島上創造新生活的故事，使他聲譽鵲起。他還創造了《魯濱遜二次漂流記》，這次的旅行來到了中國的南京和北京。10 天的南京行，使魯濱孫覺得，儘管這個城市人口繁盛，但是同英國相比，則毫無可稱道之處：當我把這些國家的可憐的人民同我們國家的相比時，他們的衣着、生活方式，他們的政府、宗教，他們的財產和榮耀，幾乎不值一提。「他們的建築，拿什麼同歐洲宮殿和皇家建築相比？他們拿什麼同英國、荷蘭、法國和西班牙進行普遍貿易？他們的城市在財富、堅固、外觀的艷麗、富足的設施和無窮的樣式上，有什麼可與我們的城市相比？他們那停泊了幾艘帆船和小艇的港口，如何同我們的航運、我們的商船、我們巨大而有力的海軍相比？」「我們的倫敦的貿易量就超過他們全國一半的貿易量；一艘配備 80 架槍炮的英國、荷蘭或法國軍艦就能摧毀所有中國船隻。」「中國沒有一個設防的城鎮能夠抵擋歐洲軍隊一個月的炮轟和攻打。」「當我回到家鄉，聽到我們的人民在談論中國人的力量、光榮、輝煌和貿易這類美好事情時，我感到很奇怪；因為就我所見，他們顯然是不值一提的一羣人或無知羣氓、卑賤的奴隸，臣服於一個只配統治這種人的政府。」

笛福還藉魯濱遜的北京之行，貶低中國人的道德。他們進京跟在一位總督的隨從隊伍中，每天有充足供給，但要按市面價格付賬。還有另外 30 個人，也以同樣的方式隨隊旅行。總督藉此大賺一筆，因為國家無償供給他旅行用品，他則有償提供給旅行者。中國人除了像這位總督這般的貪婪，也很傲慢，富人喜歡擺架子，蓄養眾多奴僕來賣弄；普通平民也很傲慢無禮。

笛福沒有到過東方，他的魯濱遜在華遊歷是編纂加創作而成，但早在馬戛爾尼來華前半個世紀，一位叫安森（Baron George Anson）的英國船長，在其環球航行途中，有過在澳門和廣州（1742—1743 年間）停留的經歷。1748 年出版的《環球航行記》（*A Voyage round the World, in the years 1740—44*），根據安森及其下屬的航海日誌編纂而成。其中對中國的描述，來自他們的親身見聞，在很大程度上左右了 18 世紀後半葉歐洲人打量中國的眼神。

1742 年 11 月至 1743 年 4 月，安森在澳門停靠了半年，因為船隻損壞和需要補給，向廣州官員申請僱人修船並購買補給品。起先，安森沒有獲得中國官方的許可證，因此被嚴格禁止購買任何貨物或請中國人來工作。英國人為此評論說，中國地方官特別喜歡頒佈各種禁令，用觸犯刑法的辦法收取罰金，是中國官員常見的生財之道。

中國官員欺軟怕硬，甚至官賊勾結，這也是英國人從親身經歷得出的印象。艦隊在澳門時，一位因生病而乘小船上岸活動的英國官員遭到毆打和搶劫，安森立刻知會中國官員，地方官態度冷淡地表示若查獲這些賊，將懲罰他們，但他根本就沒有行動。後來英國人從一羣來賣供應品的中國人中，認出了那天的一名首犯，於是安森將他扣留。當中國地方官前來交涉時，安森態度強硬地威脅說可以將這名罪犯擊斃，於是地方官立刻從高高在上，變成卑躬屈膝地懇求安森放人，甚至很快又來了好幾位地方官，許諾一大筆贖金請求放人。安森揣測，這些地方官吏與竊賊之間肯定互通情報，狼狽為奸，怕事情鬧大，廣州知府拿他們問罪，故而苦苦哀求安森放人。但這種官民同盟也有因分贓不均導致破裂的情況。安森的旗艦丟失一根中桅，打聽不到下落，只好以重金懸賞，結果很快就有地方官通報說他手下有人找到這根中桅，安森派船取回中桅並如約付給這些人酬金。安森許諾這位地方官一份單獨的酬勞，並託一名牙人轉交，不料牙人將錢私吞。於是一天早上，那位地方官找藉口登船，於談話間問起安森是否再次丟失中桅，安森明白該官吏是為錢而來，就問他是否從牙人那裏收到錢。雙方都明白牙人做手腳之後，安森答應再付一筆，地方官卻回答不必，因為第二天他派人把那位牙人搶劫一空。

安森也一口咬定欺詐和自私是中國人的習慣或天性。安森 7 月份自澳門駛往廣州並一直停泊在廣州河口，這時終於獲得總督許可能夠自由購買日常消費品，但還需為返回英國的航程準備充足給養，中國人賣給安森供應品時，在增加分量方面所耍的花招令人難以置信，比如給雞鴨填餵石塊和沙礫，給豬肉注水，給活豬餵許多鹽迫使它們因口渴而大量喝水。安森買上船的禽畜因中國人做手腳而很快死亡，當它們被船員扔下船時，尾隨船後的中國人就會搶為己有，尋機再次出售，因為中國人不避諱吃自然死亡的動物。凡此種種，足見中國人的性格並非天主教傳教士們神話般描述的那樣，他們顯然與耶穌會士所說的一切美好品質的模範相去甚遠。

《環球航行記》的編者根據安森等人的描述評論說，中國人所自命的文雅道德其實只是外表舉止有度，而非內心誠實和仁慈。中國人一貫注意壓制所有激情和暴力的徵兆，這算是一種道德，但中國人所不加克制的偽善與欺詐，對人類普遍利益的傷害常常大於魯莽粗暴的性情所造成的傷害，因為魯莽與粗暴並不排斥忠誠、仁慈、果斷，也不排斥其他許多值得讚揚的品質。一個人在抑制較為粗野和狂暴的激情時，往往導致自私性格膨脹，所以中國人的怯懦、矯飾和不誠實，或許多少應歸罪於該國如此盛行的沉着鎮靜和外表得體。

安森認為，在中國無論是帝國憲法還是政府的一般命令都不易貫徹。中國雖然人口眾多、富饒遼闊，自詡其文明智慧，卻還是被一撮韃靼人用十年左右就征服了。而且清帝國仍在不斷遭受各種反叛暴動和邊境騷亂，這正是由於居民的膽小懦弱和缺乏適當的軍事管理。安森曾經因為遲遲不能被廣州總督接見而在 10 月 13 日勇闖廣州河，徑入廣州城，並未遭到中國軍隊的有力抵抗。英國人由此得出結論，僅安森這一艘旗艦的軍力就勝過中國整個海軍力量。廣州是中國的主要海軍力量駐防地，但這裏的戰船載重僅約 300 噸，船上最多四個人，裝備 8—10 門炮，其中最大的一門只能發射不超過 4 磅重的炮彈。而中國商船也無法抵擋任何歐洲武裝船隻的進攻，它們從整體到部件都不結實，船上不配加能炮（cannon），這就是說，政府既不為商船配備可觀的火力，也不提供較好的造船法以保護它們，此亦中國政府不健全的又一證據。

總之，《環球航行記》一出，立時成為暢銷書，並大大改變了歐洲人對中國的印象。比如 1748 年 12 月刊的《環球雜誌》立刻有人對此遊記做出反應，稱讚安森船長做得好，迫使整個中華帝國對英國國旗表示尊敬，這是一件莫大的快事。

安森的遊記影響到著名哲學家休謨對中國的評價。安森對中國人道德的看法也影響了法國的孟德斯鳩，他在《論法的精神》中將西班牙人和中國人的性格對比，說西班牙人以信實著稱，而中國人的性格恰恰相反。

當然，魯濱遜的虛幻遊記，安森的真實感受，都還不及後來馬戛爾尼陛見乾隆時的傲慢。但是，他們打量中國的目光背後，分明流露出經歷過資產階級革命的大英帝國，對於沉浸在落日餘輝中的天朝上國的睥睨和輕視。

十、 法國傳教士的《中國通史》

明清時期來華傳教士數以百計，只有法國人馮秉正（J. de Moyriac de Mailla，1669—1748），因為編譯了《中國通史》而名垂青史。黑格爾（1770—1831）、馬克思（1818—1883）那個時代，關於中國歷史的最系統的知識，都來自他的這部書。

路易十四派了白晉、張誠、徐日升等六名「國王數學家」到中國，康熙十分滿意，還想邀請更多的這樣的學者前來大清。馮秉正是這樣以「國王數學家」的身份，被康熙皇帝邀請來華的。馮秉正出身於法國的一個貴族世家，1703 年來到中國，先在廣州，後到北京，歷事康、雍、乾三朝。1748 年出世，葬在今天的北京海淀區彰化村（今藍靛廠附近），在其附近的正福寺出土的馮秉正墓碑，碑文用拉丁文和中文兩種文字書寫。馮秉正精通滿漢語言，熟悉中國古籍，曾通過對古代文獻的考證，堅決支持中國古史的真實性，但他最具深遠影響的貢獻是出版了法文版《中國通史》。

這部書的法文書名，直譯是「中國通史，帝國編年史，馮秉正譯自《通鑒綱目》」（*Histoire générale de la Chine, ou Annales de cet*

Empire; traduit du Tong—kiere—kang—mou par de Mailla）。《通鑒綱目》究竟是什麼書？一般認為是朱熹根據司馬光《資治通鑒》改編的那本書。但是，朱熹《通鑒綱目》敘事到五代後周顯德年間（969 年），而且缺少春秋以前部分。馮秉正《中國通史》則上起伏羲、黃帝，下至清代乾隆時代。作者所説的《通鑒綱目》顯然不是朱熹的本子。

有學者認為，該書卷 8—卷 9 講宋、元歷史，是馮秉正依據明代商輅等人編修的《續宋元資治通鑒綱目》為範本編輯而成。馮秉正中文雖精，是否有能力從商輅的原著中摘編出有關內容，這是很可懷疑的。

馮秉正編撰《中國通史》歷時 6 年，於 1730 年完成，為 7 卷本。1737 年將書稿寄回法國，儘管學術界一直對它感興趣並等待它的問世，這部書稿卻在里昂學院圖書館沉睡了 30 年。法國學者格魯賢（Abbé Jean Baptiste Grosier）受託整理出版書稿，於 1777—1785 年間在巴黎分 12 卷付梓，並附地圖和説明圖。1785 年格魯賢又出版《中國通史》第 13 卷，是他本人所撰《中國概述》。

法文版馮秉正《中國通史》第 1 卷除序言和評論外，是周穆王以前的中國古史的概述，起自伏羲、黃帝；第 2—7 卷講周穆王至唐末五代，這部分主要是依據朱熹的《通鑒綱目》編譯，且大體是從康熙後期譯成的滿文本《通鑒綱目》轉譯，但周威烈王之前（特別是公元前 403 年之前）的內容，應該另有來源。第 8—9 卷講宋、元歷史，過去一般認為是以明代商輅等人編修的《續宋元資治通鑒綱目》為範本。第 10 卷敘明事，第 11 卷述順治至乾隆（1780 年）間清事，雍、乾兩朝之事由格魯賢補寫。第 12 卷中有按字母順序排列的皇帝年號表，還有關於交趾支那與東京的歷史、地理論述，以及中俄邊境之爭，本卷作者是奧特拉耶。《中國通史》中也包含很多《書經》的內容，因此馮秉正也是為西方提供詳細《書經》知識的第一位歐洲學者。

就在馮秉正從事編譯過程中，康熙年間出版了另外一部綱鑒體歷史著作，即《古文觀止》編者吳乘權主持編著的《綱鑒易知錄》。該書 92 卷，記述三皇五帝到元朝末年的歷史，大體相當於馮秉正《中國通史》前 9 卷的內容。《綱鑒易知錄》的明代部分另外編輯為明紀 15 卷，相當於馮書的卷 10 部分。卷 11 敘述清朝到乾隆年間的事情，這部分馮秉正沒有寫完，主要部分是格魯賢補寫的。

《綱鑒易知錄》康熙五十年（1711）初次刊刻。而馮秉正《中國通史》則是 1730 年完成，1735 前後翻譯成法文。這中間有 20 多年時間。筆者推測，作者法文本之所謂《通鑒綱目》，其實就是《綱鑒易知錄》的簡稱，該書構成了《中國通史》前 10 卷的內容。

黑格爾的孩童時代，恰逢《中國通史》出版，馬克思生活的 19 世紀，這部書都是「中國史最完備之本」（費賴之的《在華耶穌會士列傳及書目》），甚至直到 20 世紀初，仍為關於中國歷史的各種敘述提供了最重要的基礎。

第七章

絲路的中國鏡像

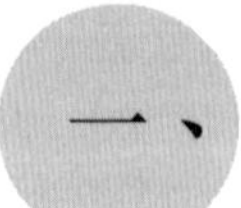

一、想像的異邦：從認同到識異

截止到 18 世紀初，歐洲仍深受聖經神學觀念制約，對待包括中國在內的異域文化的態度也在此制約之下。16 和 17 世紀，歐洲人雖然認為中國是個異教徒之邦，但又堅持基督教的普適性理想，故而試圖在中國與歐洲間尋找相似性，並自認為找到了中歐之間的「同」。

這種「同」或者說相似性的基礎，是宗教根性的「同」，亦即不同地區的人對於上帝有着同樣的需要和接受能力，它忽略文化的現實差異，其目的是試圖將中國已有的宗教納入基督教範疇。這種基於基督教普遍主義思想產生的對相似性的認識，在耶穌會士具有特定意圖的不斷宣傳之下更加強化。耶穌會士希望在不撼動中國原有文化的情況下將基督教平穩移植到中國，因此更注意在兩者之間尋找可供嫁接的相似之處。他們還要把自己的一整套理念傳遞給歐洲的宗教贊助者和普通民眾，以獲取他們對自己做法的支持。結果在相當長時期裏，歐洲人完全通過耶穌會士來認識和評價中國，腦子裏完全被兩種文明的巨大相似性所佔據。無論耶穌會士還是歐洲本土的知識分子，一度沉醉於在中國古代宗教中尋找原始基督教的痕跡，在中國的上古史中尋找《創世記》關於人類起源故事的蹤影，在漢字中尋找上帝和初民的聲音，這一切都是直接在聖經背景下認識中國並彰顯中國與歐洲之相似性的努力。流風所及，17 世紀末期的普遍語言或哲學語言理想中即使不着眼於神學的相似性，也難免要把漢字作為代表整個人類文字發展過程中初級階段的符號。但是這種尋找或構築相似性的努力進入 18 世紀就逐漸褪色，到 18 世紀中葉已經黯然無光，取而代之的是日益強烈地認識到中西文化的差異性和對立性，而這種認識又成為 19 和 20 世紀歐洲人認識中國的起點。

18 世紀中葉發生這種明顯變化的原因有幾方面。首先，神權的急劇衰落和對教會的強烈敵對情緒致使人們會有意否定與基督教神學有關的種種思想，包括其普遍主義思想。否認中西思想間的相似性在某種程度上就是對教會權威的挑戰。其次，原先極力灌輸中西宗教相似性的耶穌會士在時代變局中遭受巨大衝擊，他們的失勢直接影響歐洲人對他們所塑造中國形象的重新估價。最後，中西文化本身就有巨大的差異性，18 世紀時兩者的社會發展趨勢又截然不同，當極力尋找兩者相似性的動機解除之後，它們之間的「異」就突顯出來，被察覺出來，原來被熱情擁抱的對象，突然之間變得陌生，直至建立起「中國是歐洲的他者」這樣一種認識。

二、歐洲人眼中的中國

從 16 世紀末門多薩在《中華大帝國史》中提出中國是地球上治理得最好的土地開始，所有 17 世紀描述中國的文章都非常關注中國的政府和行政管理，提供有關信息的主要是在中國長久生活的耶穌會士，而來過中國的使節、商人與海員也有一些補充。

（一）皇帝制度

歐洲作家們首先被構成中國政治核心的皇帝的絕對權力所吸引。利瑪竇、曾德昭等明末耶穌會士，都發現中國皇帝被當作神一樣敬拜。入清以後，在宮中任職的耶穌會士描述清初幾位皇帝是賢德之君和世人楷模。白晉的《康熙皇帝畫像》可謂最有針對性的一部，杜赫德則從諸多傳教士的敘述中匯集出中國皇帝在歐洲的主導印象，清初來華歐洲使團的報告中也屢屢有對清朝皇帝的讚譽，連遠在歐洲的基歇爾《中國圖説》都長篇描寫清初皇帝。

傳教士大事頌揚清朝皇帝的有兩個重要原因，其一是他們寄身宮廷，還寄希望通過獲取皇帝本人的好感來迅速勸化中國。因此當康熙 1692 年頒佈《容教令》後，傳教士奉康熙為曠世明君，並且在他們的影響下，歐洲大陸也把康熙與當時眾人仰慕的「太陽王」路易十四比肩而論。另一個原因是，這些頌揚中國皇帝不惜筆墨的傳教士以法國耶穌會士為主，他們是享受法國政府津貼來到中國的傳教士，並且還希望能得到法國政府更多的支持，因此要報告一些令法國君主感興趣的內容，以康熙的榮耀來映襯「太陽王」的光輝，以中國集權君主制的成功來證明法國集權君主制的英明，這也是耶穌會士們吸引法國政府注意力的策略之一。

耶穌會士肯定中國是君主專制，因為沒有世襲貴族與皇帝分享權力，但他們也覺察到文官系統對這一權力的制約。

利瑪竇就已經發現皇帝只有在與大臣磋商或考慮過他們的意見後才能對國家大事做出最後決定。皇帝無權單憑己意封任何人的官或增加對任何人的賞賜，或增大其權力。皇帝憑自己的權威賞賜家族成員時只能從他的個人財產中提取。他不能隨意處置各種税收和貢物。皇室的開支由國庫提取，但每項開支都由法律規定和管理。

李明強調皇帝作為道德榜樣的角色，説中國人認為皇帝有義務不去濫用權力。法律賦予皇帝無限權力，同時也要求他克制和謹慎地使用權力，這成為長期以來支持這龐大的中國君主制體系運轉的兩個推進器。皇帝具有對死刑案的最終裁決權；可以任意規定税率，也可以對發生饑荒的省份減免税賦；決定發動戰爭或停火；自由從子嗣中選擇繼承人；皇帝對死去的人也可以實行賞罰大權，他本人是最大祭司；皇帝有權廢止或創造文字，更改省份、城市名稱或他人姓氏。這一切都顯示出皇帝有絕對和無限權力，但中國的法律防止皇帝濫用權力，並要求他從公眾利益和維護個人名譽出發而慎用權力。

首先，中國法律要求皇帝待臣民如慈父而非奴隸主，這種觀點深入人心並具有道德約束力；其次，每位官員都可以指出皇帝的過失來勸諫他；再次，皇帝的所有行為都要被寫入史書，足以使每位顧及名譽的皇帝考慮自己的行為。

（二）監察制度

皇帝權力受限反應出文官行政系統的重要性，在這一體制中，令耶穌會士印象深刻的是監察系統、審判體系和科舉選拔制度。

監察系統在西方政府中沒有可對應的部門，而它對於政府的有效運轉意義重大，因此所有耶穌會士都注意到它並樂於描述它。利瑪竇《中國札記》介紹說，監察官分為科吏（給事中）和道吏（監察御史），各由六十位以上經過挑選的謹慎可靠、忠君愛國的哲學家組成，他們是公眾良知的捍衛者，負責監察並向皇帝報告各地的違法事件。

曾德昭說科吏和道吏的職責是注意國政的失誤和動亂，並向皇帝指出他的過失，也揭露官員們的不當行為。他要比利瑪竇冷靜一點，指出監察官有指責他人過錯的特殊才能和充分自由，但他們常常缺乏公道。利瑪竇和曾德昭對六科給事中和都察院監察御史合而論之，安文思則更清楚地知道這是兩個系統。他注意到都察院的普通都察官只有七品官銜，然而位低權重，負責監察宮廷和全國的法律和風俗是否正確，並判斷官員們是否公正誠實地行使職責，百姓是否安分守己。他們懲處都察院內部的輕微過錯，也向皇帝彙報重大罪行。都察院每三年一「大察」，每年一「中察」，每三月一「小察」。因御史在所察之地有至高權力，他們常常憑藉這種權力大肆收受賄賂，因此監察的結果只有部分惡行昭著無法隱瞞的官員和清正自守不肯行賄的官員會遭彈劾。「科吏」根據六部來劃分監察範圍和確定名稱，也是七品官，但同樣權力了得，負責勸諫皇帝和監察六部並向皇帝彙報，中國歷來不乏無畏的諫臣。17 世紀後半葉的耶穌會士對清朝監察系統的描述接近於利瑪竇、曾德昭對明代監察系統的描述。只是李明報告說，滿人入關以後排擠了中國原有的監察官，一則也因為他們中有些人受賄瀆職，不過這樣一種促使官員恪盡職守的有用方式並未被全部放棄，都察功能至少部分地被康熙的親自出巡所取代。

中國的法律系統包含在文官行政系統中，地方行政官員通常也是起訴人、法官、陪審團，上級行政長官則充任上訴法庭。17 世紀的耶穌會士對中國的基本法律意見不一，龍華民認為中國有良好的法律和政府，龐迪我則注意到中國沒有成文法典，判案嚴重依賴官員們的個人智慧。利瑪竇也與龐迪我有同感，認定中國沒有能與羅馬《十二銅表法》和《愷撒法典》相媲美的、可以傳世的古代法典，新朝的創建者總是按照自己的思想制訂新法律。曾德昭的分析也許最準確，他說中國的法律體系包括兩方面內容，一是記載於五經中的古老的風俗和儀式，一是據以審判案件的國家律法，這些都是以儒家教導的五德及從五德衍生出的五倫為基礎。古代中國人在儒家道德的指導下生活，法律很少但眾人奉守，學者們拒絕在不守德行的君主手下任職。後來隨着野心與貪婪滋生，品德淪喪，上述建立在自然啟示和自然法則上的生活方式開始崩潰，律法隨之增多。新的王侯總要修改或增加法律，但仍以古法為依據。直到今天，那些從未被官府傳訊或被控以罪行的人被視為具有了不起的節操和品德而受到尊敬。

關於中國的審判體系，耶穌會士評價各異，有人認為中國的審判很殘暴，有人認為很散漫，但他們對一些審判細節認識一致。比如都注意到絕大多數官員不願定死刑，以免落下酷吏的惡名而影響仕途，所以只有私鑄錢幣、謀殺、搶劫等罪行會判死刑。又如刑杖在中國很常見，無論是法庭上逼疑犯認罪，還是主人和官員責罰僕人，或是老師教訓學生，都習慣打板子，而中國人也都接受捱板子。犯人雖未被判死刑，卻常常死於刑杖。曾德昭《大中國志》因此說：「中國人如沒有竹子 —— 他們用來打人的棍子，他們就不能進行統治。」曾德昭談到中國監獄比歐洲的監獄寬敞，但它不是令人愉快的地方，勒索成風且名目繁多。17 世紀後半葉的耶穌會士對清初法律和審判的介紹基本與曾德昭看法一致，只是又補充了許多以親身經歷和觀察為基礎的第一手資料。安文思還及時反映出清初法律改革的一些內容，如明朝時刑部、都察院、大理寺分權制約，清朝時刑部權重，安文思便記錄了這一變化，說刑部執掌全國的刑案，對其審查、審判、定刑，大理寺負責核查疑案，而對皇帝認為有疑問的死刑判決，召三法司會審，三法司是刑部、都察院、大理寺的共同會議。

（三）科舉制度

旨在選拔官吏的科舉制是文官政治系統的重要基礎，不僅受到耶穌會士高度重視，從 16 世紀末就引起不少本土歐洲人的興趣。耶穌會人文學者馬菲（Giovanni Pietro Maffei）1588 年出版《16 世紀印度史》，在介紹中國的第六冊中就對科舉制大施筆墨。他說中國的考試是筆試，考生在戒備森嚴的考場中根據考官指定的關於公共事務、國家大事和人性問題的題目即席作文，考官對文章篩選三輪後錄取 90 份最出色的，金榜題名者受到皇帝賜見並授予官職。馬菲稱讚科舉入仕，說中國無世襲貴族，每個人都是自己命運的「奠基者」，任何稱號、官職都不會合法地從上一代傳到下一代。1590 年，澳門刊印《關於日本使節朝拜羅馬教廷的對話》，由當時的遠東視察員范禮安（Alexandre Valignani）以西班牙文原著，中國傳教區會長孟三德（Duarte de Sande）譯為拉丁文，有關中國的材料來自利瑪竇等入華耶穌會士。其中對科舉制的描述尤為詳細和準確，述及「秀才」「舉人」和「進士」的三級升遷制與考試方式，以十分推崇的口吻說：「中國的行政管理，就其主體而言，與自然本能相合，權力交由那些熟諳學問的用途、知道如何使用它們的人執掌，而不是交給魯莽和缺乏技巧的人。」（引自雷蒙·道森：《中國變色龍》，第 53 頁）

17 世紀上半葉有關中國科舉制的介紹主要來自利瑪竇和曾德昭。他們將秀才、舉人、進士分別對應於歐洲的學士、碩士和博士，說除去幾類特殊職業的人之外，普通百姓均可投考學位，並介紹歲考、科考與鄉試、會試、殿試諸級別及有關考試內容。鄉試和會試都有三場，初場試《四書》義三道，經義四道，文辭要求簡潔、優美並有警示。二場試論與判，涉及如何處理政府遭遇的問題和疑難以及如何向皇帝進諫。三場試經史時務策，對此，利瑪竇說是有關指導行政的計劃，曾德昭說是有關國家律法。他們還詳細介紹了考官的構成和考場的規矩，如有彌封、謄錄、對讀、受卷及巡綽監門、搜檢懷挾等程序；試官入院即鎖閉內外門戶並加封條；參試諸生被鎖入號房，每間各有號軍看守；試卷之首要書寫三代姓名及其籍貫年甲。利瑪竇還提供了各省的舉人名額和錄取進士的名額。他說殿試的一、二名享有歐洲公爵或侯爵的地位，但不能世襲。其他進士也立刻獲得較高品級的官職，並成為全國高等公民享有無上尊榮。不願再參加會試的舉人可以獲授低級官職。事實上一旦中舉，就變得偉大、尊貴，並且突然富有起來。曾德昭談到殿試之後還有一次自願參加的入選翰林院的考試。利瑪竇還簡單提到武舉，考試內容比科舉簡單，投考人數和錄取人數也少得多，因為中國不重視軍事科學。安文思對科舉制的介紹很簡略，只説舉人們每三年一次聚集在京師參加為期 13 天的考試，授予 366 人博士學位（進士），皇帝從博士中挑選最年輕和最聰明的進入翰林院。李明對科舉制的描述不出利瑪竇和曾德昭的範圍，又不及他們詳細精確。杜赫德《中國通志》對會試的描述幾乎就是引用安文思原話，又談到秀才和舉人在中國也屬於貴族。

利瑪竇與曾德昭對科舉制並未做出太多評價，利瑪竇只是讚揚在同年的候選人之間發展起來的延續一生並惠及親屬的兄弟般的關係，以及考生與主考官之間父子師徒般的情誼。曾德昭則針對舉人進京赴考的旅費由國庫開支這一點，稱讚君王為培育賢人捨得大筆投入資金。利瑪竇還對無論哪種考試的主考或監考都由哲學元老擔任表示一些不滿。但李明對科舉制可謂讚不絕口，他説年輕人因為要參加考試而勤奮學習，杜絕了無知和懶散，而且學習使他們增長智慧；中國的官員都是從這樣的年輕人中通過一次次嚴格考試層層選拔出，他們懂得去消除或阻止因無知和無德造成的貪婪；並且由於官位是皇帝授予而非世襲的，他可以撤換不勝任者。

（四）文官系統

以上描述不管涉及中國政治結構的哪一層，都反映出文官系統是中國制度的基礎。在許多歐洲觀察家眼裏，中國是一個由西方人稱為哲學家的文人學者階層井然有序地管理着的國家。比如深受在華耶穌會士影響的基歇爾認為，中國是以柏拉圖式的方式由學者統治的政府，符合神聖哲學家的意願，他判斷中國是一個快樂的王國，中國的國王能夠以哲學家的方式思考行事或至少允許哲學家來治理國家並指導國王。衛匡國也有類似表述。中國人對學者型官員的尊崇是無止境的。曾德昭認為有功名的士大夫和尚未取得學位的學子都屬於中國的貴族，不過是靠學問而非世系從微賤升至高位的貴族，而且這種貴族不能世襲，如果後代不學習上進，還會跌入困境。杜赫德也説：「最高爵位僅靠讀書就能獲得，而且人們一般是按照他們的能力獲得相應提升；根據延續四千多年的帝國法律，只有有學問的人才能擔任城市和省份的總督並享受所有的朝廷官職。」他還詳細描述了獲得博士學位者（進士）的待遇，「得到這一學位後他們就擁有了足以使以後生活舒適的尊敬和榮譽。因為那以後他們就有保證能在短時期內獲得一官半職；即便是那些還在等待授官的人，返回鄉里也受到當地官員的高度尊敬，他們的家庭也會免受貧窮困擾，而且他們在家鄉能享受到眾多特權。」中國文官雖然薪水不高，但生活得很好。超勤收入、接受遺產以及憑地位得到的餽贈是他們的可觀財富，而且他們旅行時的路費、工具和住宿地，任職地的房屋、家具和聽差都由皇帝提供。學者官員的至高地位還表現在對軍隊的控制，他們常常約束軍隊，而官兵們對他們十分尊敬，「戰爭政策由哲學家規劃，軍事問題僅僅由哲學家決定，他們的建議和意見比軍事領袖的更受皇上的重視。」

中國這一哲學家政府的某些實踐也獲得耶穌會士的普遍景仰。比如說迴避法，文官不能在家鄉所在省任官，以免為親友謀私。法官主持法庭時，親屬不得離家，以免通過他們受賄。為防止官員勢力坐大和結黨營私，在一地連任不得超過三年。這三年的政績會被嚴格考評，作為升黜的依據。中國由學者統治，導致國內不尚武，凡是希望成為有教養的人都不贊成戰爭，他們寧願做最低等的哲學家也不願做最高的武官，以獲得更多的尊敬與財富。而學者對皇帝與國家的忠誠往往超過以保衞國家為職責的武人，原因是「人們有了學問，心靈也就高尚了。」與尚文的普遍意願一致，中國自一開始就奉行和平的對外政策而沒有興趣擴張版圖。

總之，在耶穌會士筆下，中國有一位開明專制君主和一套行之有效的行政管理體系，而這樣一個值得稱道的政治結構以儒家的道德和政治哲學為依據，無論皇帝還是文官，行事都以儒家理論為指導。比如安文思指出孔子在《中庸》裏規定了明君應具有的九種品質，即修身、尊賢、親親、敬大臣、體羣臣、子庶民、來百工、柔遠人、懷諸侯，他還論述每一種品質如何能使皇帝成為臣民的好榜樣並產生出好政府。晚明前清的中國現實政治狀況並非如制度設計所顯示的那麼令人愉快，耶穌會士也並非遲鈍得覺察不到。其實龐迪我、利瑪竇、曾德昭等早期耶穌會士在景仰中國的同時也不乏批判性，17 世紀後期的耶穌會士則加大對中國政治理想狀態的描寫力度。因為耶穌會士渲染中國政治制度優越性是論證儒家倫理優越性的一個手段，目的是讓歐洲的宗教贊助者和教會長上接受儒學作為道德、哲學、政治、宗教合一的體系，與基督教有相似之處，而受儒學薰陶的中國人，其道德如宗教般純潔，這正是在中國傳播福音的適宜準備。隨着 17 世紀末期禮儀之爭日益升級，耶穌會士維護自己上述立場的壓力也越來越大，因此對中國的讚美之聲遠遠壓倒批評之辭。另一方面，自 17 世紀末期開始，關注禮儀之爭以及進而關注中國的已不止是教會中人，世俗知識分子介入有關中國的討論，整個歐洲對政治問題的熱情日益升溫而相對淡薄了對宗教問題的熱忱，這都導致歐洲知識界自 17 世紀末開始對中國道德與政治方面的內容遠比對宗教內容更關心，早期耶穌會士著作中的相關內容開始被他們如獲至寶地把玩起來。耶穌會士看來是覺察到了這種變化，並且自 17 世紀末開始，越來越多耶穌會士都同時肩負着為某個王室效勞的使命，因此為了爭取更大範圍的同情與支持，為了扮演好他們的新角色，耶穌會士們也有意識加強對這部分的描寫，而且是正面描寫。這果然攫取了歐洲知識分子的心，因此儘管有不少耶穌會傳教區史的報告和歐洲來華使團的記錄中已經刻畫出傲慢的地方官，專制和報復心強烈的、懦弱優柔的、受賄的官員，貪婪與敲詐勒索的太監，也表現出部門之間派系糾葛，辦事程序煩瑣且效率低下，但 17 世紀末以來的歐洲知識分子們大多還是為耶穌會士刻畫的中國理想政治模式着迷，這些描述成為他們反思本國社會與政治狀況並探索改革方向的參照系。

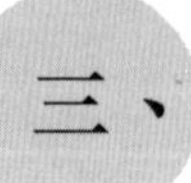

三、 法蘭西設計：中國模式抑或英國模式？

1768 年春的一天，巴黎郊外的一處耕地上，年僅 14 歲的法國王儲，扶犁親耕 —— 這在中國史書上叫「籍田」。王儲（路易十五之孫，因為父親三年前去世而被立為王位繼承人）在大臣的陪同下，行禮如儀，完全模仿中國皇帝親耕儀式。這在當時是很酷的事（奧地利王子也舉行過類似的親耕典禮）。它傳遞的強烈信息是：法蘭西要學習中國，重視農業，走開明專制的中國道路。

就在四十幾年前，即 1715 年（距今三百年了），不可一世的太陽王路易十四（1638—1715）崩駕。在巴黎，在法國，如喪考妣者有之，如釋重負者亦有之，就像許多享祚長久而又毀譽參半的君主去世時那樣。只有他的曾孫年僅 5 歲的路易十五（1710—1774），不知所措地登上了新君之位。曾祖父為王七十年，留下一個輝煌而又傷痕纍纍的法國。戰爭消耗了國家的財政，熠熠生輝的凡爾賽宮，也無法掩蓋這個歐洲最大的君主國的外強中乾。

改革是必須的。雖然啟蒙思想家的觀點常常大相徑庭，但是改革，卻是時代的主流。問題是，如何改革？路易十五統治的六十年，是法蘭西最迷茫的時代。路易十五的優柔寡斷，除了家庭不幸（從小父母兄弟姐妹皆亡故），除了個人心有旁騖（中年之後忙於追蜂逐蝶），也反應了他所處的時代。法蘭西向何處去？有兩個完全不同的改革流派，即自由主義派和開明專制主義（又稱新君主主義）派，朝野上下，為此爭吵不休。

自由主義者相信人民主權，崇尚議會制度，嚮往英國模式：即君主立憲制或共和制。光榮革命之後的英國氣象萬千。這個法國的老對手，七年戰爭（1758—1763）又戰勝了法國，越發蓬勃向上。另一個模式是西方媒體中的治國楷模——中華帝國。開明專制主義者（新君主主義者）同樣主張掃除貴族及教士特權，卻不相信議會民主是國家的正確方向。他們認為路易十四的中央集權制度並沒有根本錯誤，問題出在具體措施上，只要把法國君主專制制度加以適當的改造，就能清除封建殘餘，擺脱國家的困境。

與自由主義者鼓吹英國議會制度的勝利不同，主張開明專制主義的人，在中國找到了他們的典範。在思想界，對此鼓吹最積極的就是啟蒙時代的旗手伏爾泰（1694—1778）。伏爾泰理想中的政府必須既是專制集權的，同時又是依據憲法行事的。他強調集權不等於獨裁。這在歐洲歷史上找不到合適的參照系，而耶穌會士描繪的中華帝國，成功實行君主集權制，恰恰符合他的理想。

中華帝國像羅馬一樣古老，至今仍然繁榮昌盛、秩序井然；

人口像歐洲一樣眾多，卻沒有享受特權的世襲貴族、沒有教會；皇帝的權利來自上天賜予（天命），由學者型官吏（柏拉圖的「哲學王」）組成高效的官僚機構來進行統治。中國與法國的王權有一個共同點，都以父權制為基礎。看來，中國這個模式很適合新君主主義者。中國就是一個成功運用了專制君主制原則的現實範例。

最令伏爾泰感興趣的是中國政治與倫理高度統一。有一本叫做《中國哲學家孔子》的書，除了孔子傳記外，還收錄了利瑪竇以來幾代人辛苦翻譯的儒家經典《論語》《大學》《中庸》拉丁文譯本，1688 年出版。該書的法文版書名被改作《國王們的科學》（可譯《王者之道》）。法文編譯者特別強調，在中國，倫理是一種真正的政治倫理，是國王們的學問。政治原則與個人道德、家庭倫理的原則是一致的，家國同構，政治的合理由此而生。中國君主至高無上的權力，不是靠武力而是靠說服（教化）、表率（子率以正，孰敢不正）和仁愛（仁民愛物）。賢明君王通過溫和、寬厚和仁慈的品德來吸引臣民愛戴他。總之，這部《國王們的科學》為法國讀者提供了一個開明專制主義的操作案例，很對伏爾泰的口味，因為他認為好的政府是擁有至高的權力，卻又能加以限制，即開明專制主義。

伏爾泰認為，中國人雖然對皇帝敬若天神，中國政府卻不獨裁，中國皇帝一方面是專制的，另一方面又受到哲學家型官員（士大夫）的限制和指導，這些官員「為民父母」，提倡「以民為本」，體現了父權觀念下的社會和諧。伏爾泰對這樣的政府模式充滿神往，在名著《風俗論》中對中國政府不吝稱讚之詞，彷彿這就是「理想國」。

為什麼中國有如此良好政治制度和政治實踐？伏爾泰認為，根源就是孔子所制定的道德，孔子的道德和中國法律實際高度統一。他在《路易十四時代》中對這一點有詳細闡發，在《風俗論》中也稱中國人是最懂得道德和法律的民族。伏爾泰對身兼道德楷模與制度執行者的中國官員充滿敬意。伏爾泰讚美中國以道德為基礎的法律和制度，一個重要原因是他相信，中國幾千年來維持國家良好運轉，征服馴化野蠻的入侵者的心靈，靠的就是以道德為基礎的法律與制度的力量。包括曾經使歐洲發抖的野蠻的蒙古人，也是如此。這一點在他改編的《中國孤兒》裏表現得淋漓盡致。

伏爾泰的看法不是孤立的。18 世紀法國的開明君主派人士，無論是中國的擁躉還是漠視者，從耶穌會士介紹的儒家「理想君王」（明君）中找到了共鳴。明君不僅利益上與臣民一致，而且他最重要的品德就是仁慈，仁慈是君王與臣民聯繫的紐帶（君仁則臣敬）。君王有權制訂法律，法律以道德為基礎，但是君王本人也要受到自己制訂的法律的約束。1769 年，一位遊歷亞洲的學者在所撰《哲學家遊記》中說：「只要中華帝國的法律成為各國的法律，中國就可以為世界可能變成什麼樣子提供一幅迷人的景象。到北京去！瞻仰世上最偉大的人，他是上天真正完美的形象。」

後來的歷史發展，我們都知道，法國既沒有走英國君主立憲之路，也沒有搞成開明專制，而是爆發了法國大革命。送上斷頭台的國王，就是當初那位扶犁親耕的路易十六（1754—1793）。為什麼改革會鬧成這個樣子？托克維爾《舊制度與大革命》總結的主要兩點原因是，第一，貪婪自私的獨夫體制，只想坐穩江山，不願丟掉權位，也不願在利益上做出讓步；第二，缺乏政治智慧，未能滲透、影響進而掌控改革進程。這兩條，前者是缺德，沒有判斷力；後者是缺才，沒有領導力。

反思法國大革命的還有狄更斯的《雙城記》。雙城是指倫敦和巴黎，故事的主要場景在這兩個城市。小說裏描寫了大革命前法國貴族如何腐敗、如何殘害平民，平民百姓對貴族的積怨已久，導致了暴力革命不可避免。小說鞭笞貴族的無恥，也批判民眾缺乏理智的暴力革命，它的辦法是用仁愛化解仇恨。馬內特醫生的以德報怨，為了女兒的幸福，壓抑了自己對艾弗勒蒙德家族的憎惡，用無比寬恕的心態接納查爾斯。小說最後，深愛露西的卡頓，代替查爾斯上斷頭台，不惜自我犧牲，以成就露西的幸福。這一切所體現的正是仁德思想。伏爾泰改編的《中國孤兒》，就是征服者如何放棄仇恨，服膺於偉大的道德。與《雙城記》表達的是同一主題。

今天回顧當年的那一場爭論，恰如夢幻一般。道德基礎上的法治政府，只是伏爾泰的一廂情願，並不是中華帝國的實態。同樣，《雙城記》所揭示的是，「光榮革命」以後的英國也不是人間天堂。也許理想的道路是，取法於英國模式中的制度約束，同時取法於中國模式中的道德崇尚。這在當下，依然不失現實意義。

四、英吉利視角：黨派鬥爭中的他山之石

與啟蒙時代法國人看中國的玫瑰色不同，英國人看中國帶有異樣眼光。這個異樣眼光，是英國的歷史特性鑄就的。今年是《大憲章》發表 800 周年紀念，白金漢宮早早就在宣傳、造勢。從大憲章（1215 年）到光榮革命（1688 年）後通過的《權利法案》，是西方憲政史的重大里程碑事件。正是這些特殊的歷史背景，塑造了英國人看中華帝國的異樣神情。

英國是第一個實行現代西方內閣制的國家，正是羅伯特·沃爾波爾（1676—1745）以財政大臣主政的時候，內閣民主制得以成型。因此，沃爾波爾被稱為英國第一任首相。在那個期間，中國因素成為議會黨派之爭中互相攻擊的「他山之石」。

「光榮革命」的最大成功是使英國建立了對議會負責的君主立憲制。《權利法案》規定，不經議會同意，國王無權徵稅、募兵，無權中止法律的效力。稍後的《王位繼承法案》規定，國王作出的國事決定，只有執政大臣同意並簽署才能生效，而該執政大臣要取得議

會的信任，對議會負責。雖然此事在執行上還有曲折，但是，這些法律規定在一種程度上，已經構成了責任內閣制的基本原則，為首相內閣制的形成，創造了條件。

在這樣一種政治氣氛下，1730 年代以來，英國在朝的「輝格黨」和在野的「托利黨」（英國保守黨的前身）之間，無論是在議會還是在報章界，鬥爭都異常激烈，中國就在這個時候成為輿論界的明星，頻頻被在野黨用作攻擊輝格黨的武器。

《蜜蜂報》（*the Bee*）發表文章説，中國在政治和道德方面，超越於一切國家之上，以此迂迴曲折地攻擊「在朝黨」缺乏道德。又説，中國沒有才能和學識的人不可能登上皇位；中國皇帝願意傾聽臣民對卿相的意見，並鼓勵任何人當面申訴，不加限制；中國人的新聞報道必須符合真實情況，弄虛作假的人，會受極刑處置。作者用意很明顯，用中國的範例，諷刺沃爾波爾政府對新聞的嚴格檢查和控制。作者公開説，自己這個「蜜蜂」的尾巴帶刺。

沃爾波爾有一個政治上的反對派切斯菲爾德勳爵，在 1730 年代辦了許多小型報刊，以幽默、精巧的小散文來對政治冷嘲熱諷。他寫了一篇關於中國人撓耳朵呵癢的文章，指斥沃爾波爾首相（當時的首相還是俗稱，正式職務是以財政大臣主政）身後一大羣逢迎吹拍之徒。説在中國，撓耳朵是一種微妙的享受，下級官員替中級官員撓耳朵呵癢，中級官員替高級官員撓耳朵呵癢，高級官員和太監又替皇上撓耳朵呵癢，所以中國人的耳朵總是被人撓來撓去，妙不可言啊。接下來就説英國何嘗不是如此。只是呵癢時主要用口吹而非手撓，也有人手口並用，得到回報更加豐厚啊。沃爾波爾為了獲得下院多數議員的支持，利用財政大臣之便收買拉攏議員。1734 年大選，為收買議員和選民，政府掏了 11 萬英鎊。平時政府為討好議員和選民也花費了許多銀子，據説一般多達 5 至 10 萬英鎊。為此，沃爾波爾身後自然有一批追隨者，撓耳朵呵癢的文章，是很有針對性的。其實，沃爾波爾爭取下院多數議員的做法，恰恰為責任制內閣的體制建立，打下了慣例性的基礎。

沃爾波爾主政時期，《工匠報》（*The Craftsman*）是其最堅定的反對者，而且影響巨大，1731 年發行量達到 13000 多份，號稱 18 世紀「最成功的政治刊物和大臣官員們的必讀品」。該報曾登載過稱讚中國諫議制度的文章，説臣下向君主提不同意見，沒有任何禁忌，中國人的這種諫議制度應該在英國推行。特別是當國王是個暴君，或者圍繞在國王的身邊都是奸佞小人時，臣下的諫諍非常必要。沃爾波爾長期執政的一個重要條件是，他與英王關係奇好。漢諾威選帝侯兼英王喬治一世，英文都説不好，國事全交給沃爾波爾。喬治二世更願意呆在漢諾威，王后卡洛琳攝政，她對謙恭的沃爾波爾極為滿意。《工匠報》含沙射影地批評沃爾波爾是巴結國王的小人。

1740 年還出現過一本小冊子，叫《一篇非正式的論文，是由讀了杜赫德的〈中國通志〉所引起的，隨時可讀，除了這個 1740 年》，説了中國很多壞話，這一方面表現作者對中國的實際認識程度，另一方面則如上文稱讚中國的人一樣，是藉中國來諷刺英國現政權，把英國的消費稅（沃爾波爾強制性刺激國內消費）、言論壟斷（沃爾波爾對於新聞的控制很強）等弊政都算作中國的制度描寫出來。

18 世紀的歐洲，報刊上流行一種「探子文學」。所謂「探子文學」，就是作者藉異國他鄉陌生人之口，發表對本國政治、社會和世風的評論和看法。其中最著名的作品是孟德斯鳩的《波斯人的信札》（1721），此外還有《土耳其人的信札》之類。七年戰爭時期，首相羅伯特·沃爾波爾的幼子何瑞思·沃爾波爾撰寫的《旅居倫敦的中國哲學家叔和致北京友人李安濟書》（簡稱《叔和通信》），也屬於「探子文學」之一。《叔和通信》藉中國哲學家之口，議論英國政壇，説英國三個黨派互相爭鬥，使內閣長期空置。這封信迅速被翻印多次，評論者和模仿者眾多，其中最有名的是哥德斯密（Oliver Goldsmith,1730—1774）自 1760 年 1 月 12 日開始在《公薄報》（*Public Ledger*）上連載的《中國人信札》。該信札連載了好幾個月，共刊出 119 封。1762 年，作者把這些舊作加以整理，又補上 4 封，合計 123 封，結集出版，叫做《世界公民》，副標題是「中國哲學家從倫敦寫給他的東方朋友的信札」。

信札開始刊登時不被重視，用小號字排版，到第四封信函標上了「中國人信札」的字樣，而且改用大號字排列，便越來越受讀者關注了。信札中，李安濟從北京來到了倫敦，給在北京的朋友、禮部官員福洪寫了許多信，也有部分福洪的回信。

哥德斯密的這些信札，其實是諷刺英國社會、批評現實的作品，不僅涉及英國的生活細節，也觸及包括政治、法律、宗教、道德、社會風尚在內的英國的重要問題，有時還聯繫到整個歐洲社會。

比如，在第 41 封信函裏，北京的福洪給李安濟回信說：你說歐洲人在科學和藝術上造詣高深，在造船、製炮方面也許高明。但在治國理政方面，難道也比我們高明嗎？又藉福洪之口讚歎中國，這個帝國換了多少朝代，依然保持古代的法典、古代的學術。與其說屈服於韃靼的統治，倒不如說它兼併了韃靼。哥德斯密想運用理想化的中國事物，如開明統治、獎善罰惡的法律制度、合理近情的道德準則，來襯托英國或歐洲的事物，並發表感想和評論，實則是用自己理想的制度藍圖來抨擊現狀，這種做法是 18 世紀歐洲知識分子的共同愛好。藉助真實又遙遠的國度，來抨擊本國現狀，對於歐洲的政論家來說，是一種比較安全也比較有說服力的做法。

比如，第 118 封信函說：英國的法律懲戒邪惡，中國法律更重褒獎善行。我十分羨慕中國法律具有的寬恕精神。中國這麼大的國家，只服從一部法律，英國法律的繁多和複雜，簡直如同古代巫術的魔幻本本，誰也搞不懂。你問一個英國人，哪個民族享有的自由最多？他們自以為是他們自己，然而，再問他們的自由，到底允許幹點什麼的時候，他們一般都無話可說。因為，很少有英國人在日常生活中不觸犯一兩條法律條文的。哥德斯密舉例說，一個五歲的孤兒，先按「居住法」，被從一個教區趕到另一個教區；接着又依「濟貧法」被送到勞教院，學做木工，每天幹活十個小時。學習期滿後找不到工作，在路上偶爾捕殺了隻兔子，卻因違反了「獵狩法」和「流浪法」，被關進監獄坐了五個月的牢。然後又被押上輪船，賣給海外種植園做農奴。服役期滿後設法回到英國，正趕上英法七年戰爭，被拉去充軍，打仗時，失去四個指頭和一條腿。哥德斯密在批評英國法律體系，實際的作用是推進了英國法治社會的建設，中國因素卻不其然地成為了其中的一個推手。

總之，他山之石，可以攻玉；借他人之酒，澆心中塊壘。在啟蒙時代英國黨派鬥爭和內閣制議會民主政治推進中，中國所扮演的就是那塊「他山之石」和「他人之酒」。

五、 政治無意識：中國歷史的西方解讀

著名文化批評學者、美國杜克大學教授詹明信（1934—2024），曾經訪問過中國北京和上海。1980 年代中期北京之行的演講，出版了《後現代主義與文化理論》一書，曾經風靡一時。但我感興趣的是他北京之行前稍早，在康奈爾大學出版社出版的《政治無意識》（*The political unconscious*），該書副標題是「作為社會象徵性行為的敘事」（*narrative as socially symbolic act*）。他認為，一切作品的文本都是帶有政治內容和含義的「社會象徵性行為」。對於中國歷史紀年的爭論，又何嘗不是一種「政治無意識」。我們不能説西方的學者，包括研究中國古史的嚴肅學者都是有意識地抹黑中國的歷史，但是，那種潛意識的或者無意識的作用，卻不可小覷。它會使人們發出的聲音更加理直氣壯。

夏商周斷代工程

記得十幾年前，清華大學李學勤教授主持的夏商周斷代工程，

公佈階段性研究成果的時候，曾引發西方學術界的軒然大波。美國漢學家、斯坦福大學榮休教授倪德衛（David S. Nivison）在《紐約時報》撰文說，「國際學術界將把工程報告撕成碎片」。為什麼把話說得這麼難聽？因為他們攻擊說，中國政府支持的這項工程，是民族主義、大國沙文主義在作祟，不是一項嚴肅的學術研究工作。

夏商周斷代工程只是對於西周「共和元年」（公元前 841 年）之前的歷史紀年資料，進行了梳理和推斷，並且確定了幾個年代數據。如夏代始建年代為公元前 2070 年，夏和商之交推算為公元前 1600 年，周武王伐紂滅商的年代是公元前 1046 年。這些數據是 200 多位不同學科的學者，從歷史學、考古學、天文學等角度進行考證的結果。比如根據《古本竹書紀年》的「天再旦」（日全食）的天文學現象，證明周懿王元年是公元前 899 年，排除了之前中外學者的另外一個斷代時間，即公元前 925 年，減少了 26 年。

上面提到的倪德衛這位老先生（生於 1923 年），本人就是做先秦斷代史這一行的，他的代表作就是《西周諸王紀年》，比如他認為西周建立的年代是公元前 1040，而不是傳統說法公元前 1122 年。比夏商周課題組定武王伐紂為公元前 1046 年晚 6 年。

如果出於學術的潔癖，為這麼一點年代差距大動肝火，倒是可敬又可愛。然而不是。芝加哥大學夏含夷教授就這樣評斷說：中國政府「出於沙文主義的意願，而把歷史記載推溯至公元前 3000 年，從而使中國與埃及平起平坐」，這不是學術，而是「出於政治和民族主義意圖」。

中國歷史：基督之前 3000 年

說中國歷史始於基督誕生之前 3000 年，其實是傳教士最早提出來的。早在 300 多年前的 17 世紀，西方人就曾經為中國歷史紀年引起激烈爭論。只是當時的爭論是在歐洲內部進行的，中國是渾然不知的局外人。

意大利耶穌會士馬爾蒂諾·馬爾蒂尼（Martino Martini），中文名字叫衛匡國。1643 年經里斯本來到澳門，明清之際在中國內地傳教，1661 年病逝，葬於杭州。衛匡國曾隨南明政府南撤，並赴歐洲求助，他 1658 年出版的《中國上古史》，說中國的歷史開端在諾亞大洪水之前的 2952 年。依據這個年代，到了 20 世紀，中國歷史可不就是 5000 年了嗎？

當時歐洲的主流觀點認為，諾亞大洪水以來的世界壽命，總共有 4000 多年。就是說，基督誕生之前上溯到諾亞大洪水，新人類歷史有 2400 多年，基督誕生之後到現今的世界（17 世紀）有 1600 多年。

衛匡國的意見在歐洲炸開了鍋。基督教世界的敏感人士馬上意識到問題的嚴重性。因為中國歷史到底有多長，不僅僅是中國人的問題，而是涉及到《聖經》構建的人類起源故事的真實性問題。也就是說，它不是一個文化學術問題，是一個政治與信仰問題。經過了宗教改革的歐洲，天主教的保守勢力，神經比較脆弱，擔心有人會利用中國歷史的可靠性攻擊《聖經》記載的可靠性。

中國歷史記載的權威性，是尊敬而博學的耶穌會士鑿鑿有據地提出的。那麼，否定是不可行的。於是，「調和」《聖經》編年與中國紀年的衝突，便成為歐洲人最早的選擇。17 世紀後半葉的歐洲學者，甚至從《聖經》的版本上找彌合點。大體是要削掉一點中國歷史的長度，拉長一點大洪水事件的記載，這確實是一項「政治任務」。於是，衛匡國的《中國上古史》所帶來的唯一不用爭論的結果就是，歐洲宗教界內部，對於《聖經》版本的權威性之爭，愈演愈烈。

也有人懷疑中國歷史記載的真實性。比如，大規模焚書尤其是秦始皇的焚書事件，就受到關注。先秦的歷史記載，從何而來，是否真實可靠？為什麼世界上其他古代民族的文獻中，沒有提到中國？不能想像中國人的起源，與諾亞的其他子孫們有什麼不同，只能說明中國的歷史不夠古老。

不管這些詰難出於何種動機，不再按照《聖經》的是非定是非，尋求可靠的史實來判斷中國編年史的長度，這已經是西方社會觀念的一種進步。換句話說，西方社會的懷疑精神、批評規則，通過「中國歷史的真實性」這樣一個話題，在逐步的發展過程中。在這裏，接受挑剔的，不只是來自中國的知識，還有《聖經》自身的尊嚴。

到了 1730 年代，有人以非宗教的方法，進一步論證了中國歷史的古老性、真實性，也不迴避中國古老歷史與《聖經》編年史有衝突。從而在事實上為否認《創世記》關於諾亞洪水是全人類的歷史開端的說法，邁出了第一步。這就為啟蒙旗手們伏爾泰等提供了炮彈，他們運用中國編年史這樣堅固的新證據，配合關於人類其他古老文明的證據，猛烈轟擊教會關於人類起源的說教。1738—1770 年間伏爾泰在多處論及中國歷史，並堅持世界歷史是從中國開始的，而不是從《舊約》中的猶太人開始的。伏爾泰用嘲諷的口氣說，諾亞大洪水，不過是猶太人的地方敘事，卻謊稱是人類的普遍的事件。

伏爾泰捍衛中國歷史紀年的激情，源自於他自身的理性訴求，這就是打擊教會權威和《聖經》權威，樹立人類理性之統治地位。

今日之視角

從今日之視角，看 300 多年前的那場關於中國歷史紀年的爭論，真讓人有恍若隔世之感。但是，似乎有一點沒有改變，就是對於中國歷史紀年的懷疑。

要是說中國的歷史五千年，多少人在撇嘴，哪有五千年？三千多年而已！從商朝算起，確實只有 3600 年左右。如果從夏朝算起，則可以增加到 4000 年。夏朝以前呢？

甲骨文出土之前，西方否定商朝的存在。商朝被確鑿考古材料證實後，1999 年出版的《劍橋中國上古史》，仍對夏朝的歷史持懷疑態度。這就是該書主編夏含夷氣憤地指責中國的野心是要把歷史拉到和埃及一樣古老的原因。根據《史記》的記載，夏朝之前，還有五帝，即黃帝、顓頊、帝嚳、堯、舜。謹慎的司馬遷，把五帝之前的三皇歸入傳説時代，不予以追述。但是，五帝在公元前 3000 年則不含糊。黃帝發明了一切被中華民族可以稱之為文明的東西，百草五穀、舟車、醫藥、刑法、還有他妻子嫘祖發明了蠶桑。黃帝被中華民族尊為人文始祖。至此，我們不難明白，否定 5000 年中華歷史，也就是否定黃帝，意味着什麼？

我們看看媒體上、網絡上，對於中國歷史紀年的攻擊言論，有多少是學術性的關懷，有多少是一種政治無意識所使然呢？把 300 年前的爭論，與當前的爭論作一比較，發現有一點是相同的，那就是熱衷於從政治上解讀異域文明，是西方主流社會至今沒有改變的態度。

「絲綢之路」把東西方的物質世界連接了起來；同時也傳播着東西方的精神文明。但是，在現實的生活世界中，如何在思想文化領域中，東西方國家之間彼此有一份互相信任和理解，是我們面向新時代構建人類命運共同體之時，必須解決的問題。為此，東西方學術界身上都有一份文化人的責任和使命。

六、 中國印象：中國人的性格

關於中國文明和中國人基本特徵的認識深刻影響了後來的歐洲人，不管是不諳中文的歐洲學者，還是親歷中國的各類遊客，不管他們以怎樣的方法和立場來發揮引申，其基本模型都是 18 世紀所塑造好的。比如關於中國人的性格，19 世紀末期美國公理會傳教士明恩溥（Arthur H. Smith，1845 — 1932）有一本名著《中國人的性格》（*Chinese Characteristics*），他所總結的中國人性格特點包括愛面子、節儉、勤勞、知足常樂、對生活狀態和對具體事情都有強烈忍耐性、重視禮節、孝行仁慈、漠視時間和精確性、天性誤解、沒有契約精神、拐彎抹角、因循守舊、柔順固執、麻木不仁、心智混亂、互相猜疑、缺乏同情、共擔責任（或者説株連）、敬畏法律等等。這些看法在安森船長的遊記和馬戛爾尼使團成員的各種報告裏都隨處可見，只是明恩溥將它們系統化、專題化，作了更全面的描繪。而法國作家瓦萊里（Paul Valéry，1871 — 1945）寫於 1928 年左右的一段關於歐洲人如何看待中國人的總結更具代表性：「他們既聰明又愚蠢，既軟弱又有忍耐性，既懶惰又驚人的勤勞，既無知又機靈，既憨厚而又無比的狡猾，既樸素又出乎常規的奢華，無比的滑稽可笑。人們一向把中國看做地大物博但國力虛弱，有發明創造但墨守成規，講迷信但又不信神，生性兇暴殘忍卻又明智，宗法制而又腐敗。」（何兆武、柳御林主編：《中國印象 —— 世界名人論中國文化》，廣西師範大學出版社 2001 年，第 84—85 頁）這段話中更值得注意的是，所有評價都是以一組組的對立詞彙表達，上述每一對特點在歐洲人看來都是不該並存的，但偏偏在中國人身上同時出現，這令歐洲人困惑不解。將中國人的特點以這種對立的方式來表達，本身就體現了歐洲人以為中國是超出他們理性理解範圍之外的世界另一極。中國和中國人存在如此多對立特性給歐洲人帶來的困惑使他們無法在自己認可的文明序列上定位中國。

除了中國人的性格特徵之外，18 世紀形成的關於中國文明靜止孤立的看法，關於中國專制主義的看法，無不被 19 世紀和 20 世紀初的歐洲學者所繼承，黑格爾有著名的歷史開始於東方、但東方在歷史之外的論斷，馬克斯・韋伯（Max Weber，1864 — 1920）則換了一個「家產制」的名詞來繼續闡述專制主義。

對中國的印象大致是如此了，但這些印象對歐洲人而言意味着什麼，則又隨時間變化，甚至在同一時代各人也有不同評價。伏爾泰指出中國文明的孤立主義性質，但他對這種性質大體持讚揚態度。他把以中國為首的東方世界定義為一個以靜止和孤立為準則的世界，這個世界與以積極活動和文化互動為準則的西方世界相對立，同時也是促使西方自我反省的必要參照。中國人的自給自足和由此而來的和平安寧，被伏爾泰用來抨擊歐洲的貪婪和試圖通過殖民活動征服全世界的冥頑慾念，他很是欣賞孔子的「己所不欲，勿施於人」的信條。然而對大多數正為歐洲那種生生不息的進步力量所陶醉的啟蒙學者來説，中國的停滯與孤立更襯托出充滿活力的歐洲文明的偉大與先進。孔多塞和吉本都試圖論證歐洲目前的進步之途有足夠的自我更新能力，不會像以往的各種文明那樣陷於停滯、衰落，乃至消亡，它所指示的是人類進步的新希望。基於這種樂觀主義，中國文明的價值只在於它的「歷史性」意義，它不是當前歷史進程的一部分，它只是歐洲人在確認自身發展道路之正確性時的反面對照物，也是歐洲人藉以回顧自己的黑暗歷史時的參照物，這種對立就類似光明的現代與黑暗的中世紀之間的對立，是時間上而非空間上的對立。所以孟德斯鳩、孔多塞、赫爾德、黑格爾接二連三地以中國與歐洲之間一靜一動的對比來彰顯近代歐洲的正確與偉大，歐洲人的好動、尚武、擴張全部成了優點，中國人那種深為耶穌會士和伏爾泰讚賞的和平主義精神相形之下就成了導致中國國力衰弛、國民懦弱的根源，而和平主義本身也成為與進取相對立、與停滯相關聯的劣勢特徵。

七、 時代的變奏：西風 vs 東風

人們的思想一方面來自歷史的源流，另一方面也受制於現實的生活。

第一次世界大戰，歐洲文明的優越感因為幾乎毀掉自己的戰爭，而受到了拷問。這場廝殺幾乎毀掉了歐洲所有近代文明成就，其促使歐洲人反思自己的進步理念與進步方式，當初伏爾泰對歐洲文明貪婪性的孤獨的擔憂之情此時得到許多人響應，伏爾泰希望歐洲參照中國的靜來反思自己過分的動，這一主張也被人重新提起。歐洲主要大學的漢學系都是在這種反思的基礎上建設的，已經有的漢學系（如牛津和劍橋、萊頓）也因此而獲得了實質性的擴展。

施本格勒（Oswald Spengler，1880 — 1936）在《西方的沒落》中一反啟蒙時代以來認為近代歐洲文明不會結束的樂觀理想，認為西方文明已經完成其歷史任務而正在走向沒落。不過他倒沒有把希望寄託在以中國文明來冷卻西方的狂熱，他依然認為中國在歷史之外，現存的中國是中華帝國暨帝國主義文明之一的偉大歷史碎片，行屍走肉般存在於世間。瓦萊里（1871 — 1945）則真正反思起西方人濫用物力，過分創造，不重視安寧與自由，也不尊重他人的信仰與利益，而以全人類的拯救者自居，結果導致一場令人類飽受蹂躪的大規模戰爭。對於西方人引以為傲的使事物永遠更緊張、更迅速、更準確、更集中、更驚人的創造精神，瓦萊里對其結果和價值表示質疑。他還提到，中國人也因為這場大戰意識到過於固執和持久被動的惡果，當她甦醒後會給世界帶來怎樣的震盪還不可預料。但無論如何人類的相互依賴性愈發強烈已是事實，因此西方人當收斂自己的貪慾，去重視另一個民族的生命力。他意識到傳統和進步永遠是人類的兩大對立勢力，過去與未來、舊與新都無時不在較量，並且誰也無法消滅對方，因此更需要去理解和深入。瓦萊里依然強調東西方的對立性和本質上的不可融合性，但他不認為對立就是敵對，就是一方定要藉助強勢取消另一方，他認為對立雙方可以試着去相互同情和了解。湯因比（Arnold Toynbee，1889 — 1975）更進一步，提出了東方文明與西方文明的互補性，以及東方文明對於建設一個共同的世界文明的必要性甚至是主導性。他說東亞的很多歷史遺產都可以使其成為全世界統一的地理和文化上的主軸，這些遺產之一就是中華民族那種在 21 個世紀中始終保持為一個邁向全世界的帝國的經驗。請注意，這恰恰是長期以來被歐洲人譏誚為「停滯」的中國的可詬之處，但湯因比卻讓其升起為世界新文明的晨星。

湯因比所說的其他遺產還包括中華民族的世界精神、儒教世界觀中的人道主義、儒教與佛教具有的合理主義。而此前歐洲人只認為自己的文化中才真正有世界精神、人道主義和合理主義。湯因比的這些言論發表於 1972 年，可以說是在經歷了兩次世界大戰之後對歐洲文明和世界文明進程反思後的一個結果，他對西方文明不能消除自己的掠奪性和擴張性感到不安，提出世界的統一應當在和平中實現，而不是靠武力，由此中國人積澱多年的和平主義精神和在此精神籠罩下的對世界的寧靜態度顯得彌足珍貴。然而不要忽略，湯因比也是把東西文明作為對立兩極來看待，只是他對「對立性」的價值判斷不同於啟蒙時代以來、資本主義文明急速上升時期的大多西方人。

上面所列舉的這些西方人對中西文明具有對立性這一點並無歧見，但他們對於這種對立性的態度卻隨着對歐洲近代文明的態度而反覆。當他們對自身感到樂觀時，便理直氣壯地説自己多麼優秀與合理，而指摘中國如何不合時宜。當他們對自身感到悲觀時，便又探詢着是否能從他們的對立面中找到微光燭照。伏爾泰在近代文明晨光初現之時表露出來的憂思不同尋常，這是他個人偉大的人文主義關懷的體現，但卻要被湮沒在時代的主流之中。而且伏爾泰那種略帶悲觀的冷靜態度也不能完全算是特立獨行，在孔多塞和吉本之前，啟蒙學者們出於歷史前鑒也一度在擔憂，新出現的這個文明階段，是否也像以往所有的文明階段一樣在其繁榮之後趨於衰亡。

八、「他者」的敘事與「本我」的鏡像

「中國是歐洲的他者」這種認識一經形成，便一直影響到西方對於中國的敘事模式。如果說在中國與歐洲尋找相似性是神權統治下的那個歐洲的產物，那麼對中國與歐洲對立性的深切體認，則可說是處於近代工業資本主義文明下的這個歐洲的產物，對中國的不同基本認識體現了處於不同文化時代的歐洲的特點。近代工業資本主義在人類歷史的進程中其實只是在西歐產生的一個特例，歐洲人自身對這種特殊性的感受會隨着他們征服世界的旅程不斷展開而日益強烈，將中國定位為歐洲的對立面也正是歐洲人對自身特殊性深刻領會後的一個投影。

將中國當作世界的另一極來談論，在 18 世紀的啟蒙作品中已不鮮見，從 19 世紀到 20 世紀初，這種認識的強度更是有增無減。但值得注意的是，關於這種「對立性」的評價不僅因人而異，更是因時而異。中國從 18 世紀就開始成為歐洲人認識和反思自己的鑒照，同時歐洲總是基於自己的需要決定對中國（以及其他外國）的肯定或否定的態度。因此，在討論 18 世紀以來歐洲人的中國觀時，要一

分為二，一方面是歐洲人對中國文明一些基本特質的總結和認識，比如中國和中國人的特性、中國社會發展的特徵、中國制度結構的特徵，這些知識比較具有恆定性，基調在 18 世紀差不多都定下，此後也沒有大的改觀。另一方面則是歐洲人對這些基本恆定的內容的評價，它們或正或反，總不相同。

伏爾泰就已經非常鮮明地把中國樹為歐洲的對立面，中國在遙遠的古代便不間斷地探索各種技藝和科學並達到很先進的水平，但後來的進步卻微乎其微；相反，歐洲人獲得知識很晚，但卻迅速使一切臻於完善。伏爾泰由此確定了，中國是早慧而停滯的，歐洲則是後學而富於創造性的。導致中國如此狀況的原因有兩點，其中一點就是中國人對祖先留傳下來的東西有不可思議的崇敬心，認為古老的東西都盡善盡美而無需改進。中國人崇古且固步自封，在孤立主義中陷於靜止，這些其實是伏爾泰對中國文明的基本看法，而它們也成為後來歐洲人對中國人的重要印象。事實上維柯早於伏爾泰就提到中國人直到幾百年前都一直與世隔絕獨自發展，因此文明的成就微乎其微。孟德斯鳩也認為，中國文明的古老和悠久源自因地理原因所造成的對外隔絕和國內的貧窮，中國歷史實際上是沒有進步的治亂循環。在孔多塞的《人類精神進步史表綱要》中，中國文明興起於遊牧時代之後並且始終沒有脱離這個相當低級的階段。

18 世紀後半葉的歐洲作家也不斷談論中國的制度，並且將中國作為專制主義的典型，與歐洲所追求或應該追求的政治精神相對立。孟德斯鳩談論政體和制度時，指出歐洲歷史上分別有共和、君主、專制的政體，但他最讚賞和提倡的是英國當時所行的君主立憲，認為這是由法律維護的、以理性為原則的政體形式；與這一歐洲的希望之光相反，中國是一個以恐怖為原則的專制國家，而專制主義是一種令法律失效的制度，它的專制隨着歷史的發展會愈演愈烈。狄德羅和霍爾巴赫也都認為專制主義是中國和東方政治的典型特徵，不足以成為歐洲的範本，而歐洲即使是實行專制主義，也比東方的專制要謹慎、節制和有分寸一些。

關於中國人的性格，孟德斯鳩曾將西班牙人和中國人的性格作為兩個對立面，西班牙人永遠以信實著稱，但不幸又懶惰，這對西班牙人造成的惡果是，別的歐洲國家搶奪了他們的貿易活動；中國人則恰恰相反，由於土壤和氣候性質的關係造成他們生活的不穩定，這使他們有難以想像的活動力（勤勞），但同時又有異乎尋常的貪得慾，結果沒有一個經營貿易的國家敢於信任他們。中國人勤勞卻生活貧窮，聰明卻失於狡詐貪婪，這是一些啟蒙作家對中國人的共識，也是藉助以英國海軍軍官安森的遊記為主的歐洲商人、水手、士兵們的見聞得出的認識。

通常人們總認為，19 世紀中葉以後至 20 世紀前葉，是西方中國觀發生重大變化的時期，是一個從曼妙少女轉變為灶頭老嫗的時期。其實，西方人（主要是歐洲人）在不同時期對中國的評價首先不可簡單以好和壞、美和醜這樣的對立概念表達。無論在哪個時期，西方人評價中國在很大程度上都取決於自己對這種異質文化有怎樣的需求。17 世紀的歐洲希望用中國文明來增添上帝的榮耀，因此以最大的寬容心來挖掘中國文明中符合基督教教義中善與美之要求的內容。18 世紀，中國在護教者們眼裏早無可取之處，但在啟蒙學者們眼裏則有各式各樣的可愛面目，用來攻擊教會、用來鞏固自己的觀點理論、用來證明自己社會改革理想的合理性等等。但這個「可愛」不等於「好看」，而應意味着「有用」，當時以中國作正面例子和反面例子的都不乏其人，如果着眼於對中國的好壞評價，就無法歸結這個時代的特徵。這個時代是歐洲在藉助中國來確定自己發生歷史轉型的合理性，有人通過把中國樹為同盟來進行，有人則認為把中國看作對立面更可行，可以説是具體手法的差異。但是 19 世紀之後，將中國作為對立面無疑成為西方世界主流的意見，因為此時的歐洲再不必向什麼權威去證明自己發生轉變的正當性，而是志得意滿地向全世界展示自己脱胎換骨後的強健與美麗，她需要的是能夠反襯自己絕代風華的庸常之輩，中國便扮演了這樣的角色。因此，西方的中國觀不能説是在 19 世紀後半葉隨着中國的屢次戰爭失敗而發生重大轉折，也不是馬戛爾尼訪華才形成歐洲對中國的認識新起點。

我們從前面的分析中可以看出，啟蒙時代就是近代以來西方認識中國的起點，不僅有關中國的基本知識從那時獲得並鞏固，並且從那時起，中國就被歐洲塑造為一個有助於加強歐洲人自我意識的對立文化實體，而且隨着歐洲人自我評價的變化，這個對立文化實體的價值也在搖擺。説到此，我們也已經很無奈地意識到，直到今天，歐洲許多關於中國的認識還停留在中西初識的時期，歐洲仍相當頑固地根據自己的需要來理解中國。中國文化曾經在啟蒙時代這個歷史時期裏為歐洲文化和社會的轉型做出貢獻，但歐洲還遠遠沒有認識中國。

其實，通過比較而認識自己，這恐怕是人類思維中的固有習性，在此基礎上發生種種從自身需求出發的文化誤讀也成為文化發展過程中很難消除的現象，當然誤讀的好壞結果不能一概而論。我們追溯歐洲認識中國的起點，和在這個起點上認識中國時的特點，以及這些特點對後來的影響；我們分析歐洲人的中國觀，指明多少帶有本位主義性質的文化誤讀的存在。這些努力並不是奢望去消解這種現象、奢望歷史發展進入一種理想狀態，而是希望能在我們的思維中多一些批判與反思的意識，無論是對於我們自身，還是對於別人看待我們的眼光。無論如何，歐洲人在不斷自我反思這一點上的確為我們樹立一個好榜樣，她始終把中國置於自己的對立面，並不斷改變對中國的態度，也正是因為她在不斷重新認識自己、重新定位自己。中國成為歐洲反觀諸己的「鏡像」。

20 世紀下半葉以來，中國的變化可以説是翻天覆地，時至今日，「人類命運共同體」的構建，及其具體措施之一的「一帶一路」建設，也成為中國展現給西方、給世界的新名片。但是，西方國家打量中國的眼光，依然受到歷史慣性的影響。

附錄

東西文明以何種路徑才能走得更近？[1]

在中國人的天下秩序中，「西方」具有特別意義。從單純的地理指代到其文化內涵的加重，從古絲綢之路發達的商貿往來到近代西學東漸，中華文明的發展從來都伴隨着東西文明的交流與互鑒，其間有主動、有被迫。然而今天，一些觀點認為，中華文明與西方文明格格不入、甚至勢同水火，中國的崛起被視作「霸權主義」信號。從歷史的脈絡去尋找，我們該如何回應「文明衝突」學說？東西文明以何種路徑才能走得更近？大航海時代以來，東西文明交流互鑒數百年，對於當下的解決問題之道，彼此能否在差異中找到共性？清華大學人文學院教授張國剛接受中新社「東西問」專訪，作深入解讀。

1 中新社北京 2021 年 12 月 20 日電，中新社記者丘藝寧。

記者：縱觀人類發展軌跡，不同文明的產生是否存在必然聯繫？早期的東西方文明是如何相遇的？

張國剛：現代人類先祖在能人、匠人階段分三次走出非洲，並進入亞洲和歐洲。到距今 25 萬年的舊石器時代，人類進入智人階段，分化為不同膚色和體型的羣體，並從文化上逐漸分道揚鑣。公元前 12000 至 10000 年，隨着地球氣候轉暖，農業革命推動了人類古文明的誕生。同源的人類有着相同的智力原理，因此人類在各地創造的物質文明既具有根本上、宏觀上的相似性，又在工藝、性質、用料等方面表現出區域性和差異性。

公元前 1000 至 2000 年，歐亞大陸的東西方古文明在遊牧民族遷徙推動下出現過一次大規模的交流。最早的東西方文明互動部分發軔於古印歐人，他們一支侵入兩河流域，一支向東南地區侵入印度，還有一支經中亞地區遷徙到中國北方。大遷徙帶來衝擊、也帶來新變化，各文明相互交流、汲取、融合，在戰爭與和平交替中成長。

記者：中西文明交流的歷史，也是雙方互相認識的過程，中西文明交流可以劃分為哪幾個歷史階段？中國對「西方」這一概念的認識，又有着怎樣的變遷過程？

張國剛：人類文明之間的交流和互動肇始於莽原時代，礙於自然條件，其規模和形式都受很大限制。進入文明社會，特別是國家誕生以後，文明的交流互動更多受到政權、經濟社會等多重因素影響。在此過程中，中國對「西方」的認識也產生了漸進式的改變。

「西」首先是一個地理概念，同時是一種文化符號。最早的西域僅指帕米爾高原東西兩側的中亞地區，後來逐漸包括了南亞次大陸、西亞的波斯、地中海的東羅馬帝國以及西南亞的阿拉伯，鄭和遠航又涵括了非洲東海岸。明清時期接觸到歐洲人，其所處地域比歷史上所接觸的更靠西，則「西」的概念又擴展為「歐西」，又有「泰西」「遠西」的説法。近代以來「西」的地理概念淡出，文化內涵加重，比較明顯地定格為歐美文化。

中國在不同歷史時期，對外交往的熱情與路徑也是不一樣的。傳統中國與西方文明的交流大體可以劃分為三大階段。

15 世紀以前為第一個時段，可稱為古典時期。這一時段中國長期在經濟、科學等領域領先於周邊國家，在中西文化交往中始終處於比較主動的、強勢的地位。自兩漢時期開始，東西打通直接聯繫通道，物質文化交流接踵而至。

1500 至 1800 年間的三個世紀可算作第二個時段，即晚明和前清歷史時期。新航線的開闢，使中西交往的內容擴展到宗教、科技、藝術、思想、政治等層面，內容更加完整。這一時段，中國與西方在政治上處於對等地位，西方文化的東漸和中國文化的西傳保持互惠格局。

鴉片戰爭前後到 1949 年可算作第三個時段，即近代時期，中國處於被動的、弱勢的地位。

記者：您曾在著作中提出，中西文明是真正的兩個異質文明，如何理解？各文明存在差異性之餘是否也擁有共性？

張國剛：古羅馬時代，地中海周邊的海陸通道都是暢達的；西亞歐大陸乃至南亞地區、北非地區，自古以來交往密切。只有遙遠的中國，因為高山、大漠阻隔，處在相對獨立的地理區域，發展出獨特的中華文明。對於西方世界而言，真正具有「他者」異質的東方，是在天山以東的中國。天山以西的所有文明實體都具有某種共同的歷史、宗教、語言、戰爭方面的聯繫，共同映襯出中國文明的獨特性。但差異性不代表沒有共性。

實際上各文明的共同特點都是解決人與自然、人與神、人與社會、人與人之間的關係問題。簡單來說就是人世間的利益既衝突又聯繫，所以需要治理。在治理過程中，西方強調個體權利、自治和自由；中國更注重羣體利益、集體觀念，約束個體權利。不同的治理傾向是長期歷史傳統作用的結果，中西方在人類文明諸元素的排列組合上選擇了不同路徑，優先考慮事項會有所差別，但終極目標都是解決人類的生存發展問題，不斷提升生活品質，使人與自然、社會關係更加和諧。

記者：您曾經不止一次地提到過文明互鑒的過程存在「郢書燕說」式的解讀，這種以自我需求為導向的相互影響是如何作用於中西文明交流史的？

張國剛：「郢書燕説」即指選擇式的解讀或「誤讀」，歷史中比比皆是。某種文明對外來文明的吸收借鑒，進而加以創造性轉化，豐富本土文明的內涵、也將本土文明推向新的發展階段。

對外來文明而言，本土文明對其中某些元素的選擇和借鑒過程，彰顯了這種外來文明蘊含的不同於原生方向的可能性，這也是對其超越時空價值的文明元素的發現和提示。

需求是影響文化交流的重要方面。就佛教來説，釋迦牟尼的本生故事在中國被強化了「孝」的內容，唐末五代，中國佛教徒編纂出「二十四孝」的故事；印度禪學在中國被發展成佛教禪宗。元雜劇《趙氏孤兒》被伏爾泰改編成《中國孤兒》，所要表達的道德訴求契合歐洲社會的需要，與同時代亞當．斯密《道德情操論》表達的訴求一致。古代中國的編年史以伏羲為始祖，歐洲啟蒙思想家從中發現了挑戰天主教權威的有利證據，從而採信並加以發揮。

商品也是一樣。明清兩代，西方對中國的瓷器有需求，瓷器及其生產技術傳到西方，被接受消化且製造出比中國更高質量的瓷器。指南針是中國發明的，但西方人把指南針改造成航海羅盤；到清朝，中國又把羅盤引進過來。

文明之間有流動，接受方有需求才交流。各文明的不同經驗在被解讀後，通常會加入自己的現實需要，這是一種借鑒及改造，起到本土化、工具化的作用。今天再講「郢書燕説」是希望給大家一個警示，對西方經驗百分之百地照搬行不通，需要加以改造，為我所用、為我能用、為我適用。

記者：今天，地球已成為一個村落，各文明如何通過交流互鑒從而實現彼此認可、共融？所謂「天下大同」，您認為，如果當今世界有共同價值的話，那是什麼？

張國剛：世界上的不同文明，各有特色，共存而互補；世界不可能統一於某一種文明。由於西方率先進入工業化、現代化，近幾百年來，西方文明呈現出強勢特徵。但是，世界上的大多數發展中國家仍然掙扎在貧窮和落後的狀態中。這說明，西方文明不可能解決人類面臨的發展問題。中國的發展，將使 14 億人實現全面脫貧並走向現代化，這是屬於整個人類文明的成就。這也啟示我們，人類需要有多種道路和方案，解決自身發展問題。為此，西方發達國家要有更大的包容性。中美高層會晤，美方表示不試圖改變中國的體制，要互相尊重、和平共處、合作共贏，就是一件值得堅持的好事。

因此，從現實層面講，人類的發展需要在西方文明之外，打破一段時間以來不對稱的狀態，現在的西方留下了很多不能解決問題。不論從歷史還是現實的角度，中華文明能幫助達到平衡。人類文明向前發展需要有更多的思路，需要更多的包容性。

尊重彼此的文明特性，一要改變思想觀念：世界在變化，不要固步自封、自以為是。二要改革：西方需要解決意識形態紛爭、民粹主義等問題，中國則要進一步完善法治化、市場化、國際化及國家治理能力現代化。自由、民主、人權、法治這些理念在中國社會主義核心價值觀中也有表達。構成互補、互相平衡，這是文明交流互鑒的意義所在。

略談中華文明對西方的影響與貢獻[1]

張國剛

摘　要：世界上各民族的創造構成千姿百態的文明，其中，中華文明具有獨特的價值與形態。就歷史的實踐過程而言，中西文明之間的互動構成了世界文明交流史的重要部分。中西文明的交流，顯示出由淺入深、異質文明自我詮釋、主動引進與被動接受同時進行、利益驅動等特點。無論在器物（包括技術）、制度層面，還是思想文化層面，中華文明對世界文明都有着卓越的貢獻與深遠的影響。

關鍵詞：中華文明；中西交流；文明互鑒

文明是人類社會的獨有現象，所謂「一個民族應付他的環境的總成績」。[2]這個「總成績」的內涵很龐大。我把它分成三個層次：第

1　刊載於《国际儒学（中英文）》2024 年第 4 期（第 4 卷），第 1-7 頁。

2　胡適：《我們對於西洋文明的態度》，歐陽哲生主編：《胡適文集》第 4 冊，北京：北京大學出版社，1998 年，第 3 頁。

一層次是應對能力和成果，既包括生產力水平和技術手段、組織結構乃至所形成的生產關係，也包括空間、氣候、土壤所形成的物態成果（馴化或培育的動植物等，如稻的培育在東方，麥的發明在西方等）；第二層次是應對的表達方式，即記錄、感受、摹寫這種應對的工具手段，包括語言、文學、藝術、詩歌以及歷史記錄等；第三層次，是這種應對所塑造的民族特性，包括在應對過程中形成的審美情趣、民族性格（mentality）、價值觀念、思維方式等無形的精神文明，也包括哲學、宗教、風俗習慣等等有形的精神成果。世界上有許多民族，他們處在不同的環境條件之下。因此，世界上各民族的創造，構成了千姿百態的文明形態。文明之間的交流與互動（和平的、戰爭的），構成了人類文明的發展史。

在人類文明的百花園裏，中華文明具體獨特的價值與形態，包括國家治理結構、四民分業的社會與經濟結構、基層管理組織以及禮樂文化體系等等，在世界上都是別具一格的。其具有的突出的連續性、突出的創新性、突出的統一性、突出的包容性和突出的和平性，這些文明特性的某一方面，在世界其他文明發展史中，也都或多或少地存在着，但是，這些突出特性集合於一身卻是中國歷史所獨具的。

就歷史的實踐過程而言，中西文明之間的互動構成了世界文明交流史上的重要部分。大航海之前，歐亞大陸及北非構成了古典文明交流的大舞台。舞台的東部是古老的中華文明，在它的西邊分別是中亞、南亞文明，以及西亞、北非和泰西即歐洲文明。張騫通西域，在中亞；法顯、玄奘去了南亞；杜環、鄭和去了西亞、北非；馬可波羅與「泰西孔子」利瑪竇來自歐洲；因此，中西文明交往的歷史就是中華文明與他者互動的歷史。

一、中西文明交流的歷史進程

中西文明交流的歷史源遠流長。遠古時代的中西交往，以物質形態的互通有無為主要特徵。玉石之路是絲綢之路的早期形態。中國傳統文化中，玉具的價值獨特。中國的玉文化距今有七、八千年左右，南方的良渚遺址、北方的紅山文化以及中原的南陽玉雕，都是其代表。中華文明中燦爛悠久的玉文化，就蘊含着早期中西交流的歷史印記。

考古發現表明，中原地區的玉器，就質地而言，幾乎都屬於軟玉。迄今所知中國的軟玉產地，主要是新疆和田。陝西神木石峁古城遺址出土了大量玉器，有相當一部分製作材料可能來自西域。安陽殷墟玉器中，和田所產玉佔絕大多數。與考古資料對應，文獻記載中也有相關線索。《管子· 揆度》載「北用禺氏之玉」，王國維認為「禺氏」即「月氏」。《史記 · 趙世家》載，蘇厲游說趙惠文王，若趙秦聯合，則秦乘機坐大，將從西北方對趙形成戰略包圍，使其失去西方的「崑山之玉」。除了崑崙山之玉，趙國還有代犬與胡馬，它們共同構成趙國從西邊傳來的「吉祥三寶」。

張騫的「鑿空」之旅仍具有空前的意義。他在西域十三年，所帶來的西域信息，構成了司馬遷《大宛列傳》的基本史源。漢武帝派遣他第二次出使時所率領的官方使團，分頭出使西域各地，開啟了中西官方交往的新篇章。漢朝向西南方的拓展以及循海路遣使東南亞、南亞，都是張騫「鑿空」的後續成果。張騫之後至大航海時代以前，中外交流主要通過陸海兩條絲綢之路展開。漢唐時期以陸上絲綢之路為主，海上絲綢之路為輔。前者主體方向稱之為西域，後者主體路線名之為南海。宋元至明初海上絲路貿易更加發達，除蒙元時期外，西域路途大致處於阻隔狀態，陸上絲路相對衰落。

1500 年以後，歐洲文明挾殖民主義勢力在全球擴張，遠東地區也裹挾其中。傳教士不僅帶來了西方的科技文明和宗教文化，也將中國文化介紹到歐洲，從而掀起了歐洲的「中國風」。中歐交流的高潮在 18 世紀中葉，在 18 世紀晚期發生反轉。當西歐大踏步地走出中世紀，開啟工業化之後，中國輝煌的農業文明，成為反襯西方工業文明絕代風華的落寞背景。馬戛爾尼訪華，終結了中歐文化交流浪漫的蜜月；鴉片戰爭之後，西方文化洶湧而至，至新中國成立方才改變。

二、中西文明交流互鑒的特點

文明的交流，就渠道而言，有戰爭的，有和平的；就目的而言，有商業的，有政治的。這些交流主要展現了如下四個方面的特點：

一是文明的交流往往是由淺入深，從物質到技術再到思想層面，但這個順序並非固定不變或順次展開的，有時會出現同時並行的情況。比如中國早期的青銅鑄造技術，受歐亞草原東部遊牧部族青銅文化的影響而進步，逐漸出現本土技術創新；甘肅地區發現的青銅器不僅受到西方技術風格的影響，也是冶金技術本土化的範例。與此同時，與西方將青銅用於兵器和生產工具不同，中國在商周時期形成了燦爛的青銅禮器文明。

二是「郢書燕説」式的「誤讀」是文明交流的常見模式。這裏的「郢書燕説」僅就客觀形式和效果而言，並非指故意曲解。所謂「誤讀」，是接受主體對於異質文明的一種自我詮釋，與佛家論説「心」與「境」（外物）的關係類似。印度經過西域傳來的佛教文化，在中土大放異彩，但是，無論是飛天包含的多元文明，還是禪宗孕育的儒釋道合流，都是文明交流互鑒的成果。中國古史傳説和儒家思想傳播到啟蒙時代的歐洲，伏羲神農遭遇諾亞方舟，激發了處在變革之中的歐洲人的思想光芒，他們的種種解讀，只是為了回答歐洲人關心的現實問題，漢語是不是「初民語言」？中國人是不是諾亞的直系子孫？孔子的道德哲學有何真諦？這一切都不重要，重要的是這些知識能夠解釋歐洲人自己心中的疑團。

三是現實需求決定文明交流中的主動性。中古時期的佛教入華，包括西來傳經與東行求法的雙向互動。這一歷史事實似乎在兩漢時期關於佛教入華的記載中也能體現出來。究竟是東漢明帝派博士去取經，還是西漢哀帝時大月氏王使人口授浮屠經於博士弟子，已經不是重要的事情，因為佛教入華這麼複雜的文化現象，絕對不是一人一事一時之事，而是展現了多地多人多途。

但是，主動引進與被動接受，幾乎同時進行。但在明清時期的中西文明交流中，西方更為主動。西方在走出中世紀的過程中，廣泛吸收各種文明的正能量，推動了西方文明的近代化轉型。明清中國在農業文明的歷史軌道上依然錦團簇秀，但對於利瑪竇、湯若望、南懷仁等傳教士帶來的自鳴鐘表等機械產品，只能目為奇技淫巧，並未意識到這是一種能夠推動社會變革的新生產力，正因為中國社會彼時尚未產生相應的現實需求。值得注意的是，主動的一方往往能夠定義交流的話題，從而把握主動權，明清中西交流中的術語問題、禮儀問題，都是歐洲社會廣泛討論的議題，中國社會對此卻渾然不覺。

四是利益驅動是對外交流的重要動力。就具體事件而言，交流的起因有經濟利益、宗教信仰，有惡友政治算計，但是，歸根結底，也都是利益的驅動。絲綢之路上的文化交流從來是互利共贏的。玉石之路、趙國的「吉祥三寶」、汗血馬的引進，本身就是利益的流淌。中古粟特人來華也是出於逐利的需要。宋朝出於經濟目的，鼓勵民間開展海外貿易。民間商人從事貿易的條件相對寬鬆，貿易成績顯著者還能得到獎勵甚至被授予相應官職。這些鼓勵政策使中國沿海商人紛紛投向海上貿易，徹底改變了此前中外海上貿易主要控制在波斯和阿拉伯商人手中的局面。

就文明交流的結果而言，有迎合而生存的結果；但常見的也有有心栽花花不發、無意插柳柳成蔭的後果。

比如，佛教入華釋迦牟尼的本生故事中，特別強化其「孝」的內容。以致於唐末五代時期，有中國佛教徒編纂出了「二十四孝」的故事。對於印度禪學的發揮，竟然被發展出中國的禪宗學派。

元雜劇紀君祥的《趙氏孤兒》，被 18 世紀的歐洲人進行種種改編，伏爾泰改編成《中國孤兒》，所要表達的道德訴求，契合於歐洲社會的需要，這與同時代《國富論》的作者亞當·斯密的《道德情操論》所表達的訴求一致。又比如中國的編年史以伏羲為始祖，其歷史長度比《聖經》編年史要長數千年，歐洲啟蒙思想家從中發現了挑戰天主教權威的有利證據，從而採信中國古史傳說，並且加以發揮。

「郢書燕説」這種現象的背後是有哲學意義的，這就是某一文化或者文明，能不能被另外一文化或文明理解的問題。借用康德的概念，從人類的認識能力説，不同文明之間是完全可以互相理解、互相學習的，不存在「純粹理性」上的障礙。但是，從實際上的認識效果來説，認識過程是由對象（客體）與主體（人本身）雙方完成的，還受到認識完成過程中的環境因素的影響。因此，文明的交流與互動的結果，不僅取決於對象文明，還取決於接受方的知識結構、認識能力、認知環境等，因此，從結果而言，從「實踐理性」

而言，文明的交流與互動，一定是「郢書燕説」式的。

「郢書燕説」式的誤讀，其實也是一種創造。耶穌會士傳入歐洲的中國知識本來就是選擇性的，語言障礙和傳教需要也導致了其難免扭曲，歐洲的接受者根據自己眼前的需要，將中國知識作為論説的根據，或用之以捍衛自己觀點，或據之以完善思想體系，發生「郢書燕説」式的解讀，是必然的。看起來啟蒙時代許多新學説都與中國產生了聯繫，實際上很多是誤會中國文化的性質所致，這種解讀是一種自我詮釋，促使他們更深刻地反思自己的文化。早期漢學學科誕生，就是這種「郢書燕説」的結果。

三、中國文明對於世界的貢獻

中西文明交流的歷史早在張騫「鑿空」之前就已持續上千年，新航路開闢之後，西方傳教士將中國文化介紹到歐洲，從而掀起了歐洲的「中國風」。那麼中華文明對西方乃至世界文明發展產生了怎樣的影響和貢獻？

中華文明對世界文明的貢獻是多方面的，可以從器物（包括技術）、制度以及思想文化三個方面來談。

在器物方面，造紙術、指南針、火藥、印刷術四大發明對於世界的貢獻，人盡皆知。以造紙術為例，美國學者麥克·哈特的名著《影響人類歷史進程的 100 名人排行榜》，蔡倫排在第七位。《時代》

周刊公佈的「有史以來的最佳發明家」中，蔡倫也榜上有名。蔡倫的主要貢獻是改進造紙工藝，降低了造紙成本。早在蔡倫之前，紙張已由漢朝的屯田部隊和往來客商傳入西域。1933 年，考古學家黃文弼在羅布泊漢代烽燧遺址考察時，就曾發現一片屬於公元前 1 世紀中葉的西漢古紙。20 世紀初，瑞典探險家斯文赫定（Sven Hedin）在羅布泊發現許多質地不同的古紙，多為公、私商業信件，分佈在公元 3 世紀中後期，還有一件用漢隸書寫的《戰國策》殘卷，大約寫於東漢末年。1914 年，英國探險家斯坦因在羅布泊北端也發現了一些公元 3 世紀末期的漢文紙寫殘卷。

紙張隨着中外使節和商旅的活動繼續西進。1907 年，斯坦因在敦煌附近一座漢代長城烽燧遺址中發現八封粟特文紙本信函，即著名的「粟特文古信札」。目前學術界基本認為，這些信札寫於西晉末年（312 年左右），出自往來中國和中亞的粟特商人之手。「粟特文古信札」證明紙張已傳入粟特人居住的中亞河中地區，而且極有可能傳至更遠之地。粟特地區出土的穆格山文書，寫於 750 年的怛邏斯之役前。吐魯番地區出土的西晉至隋朝的古紙中，寫有波斯文、粟特文、希臘文、吐火羅文、敘利亞文、梵文等文字，説明紙張在這時已傳入相關地區。

過去一般認為，12 世紀紙張才由伊斯蘭教徒傳入印度，然而實際情況並不盡然。在印控克什米爾地區，發現了不晚於 6 世紀的寫有梵文的古紙。唐代僧人義淨於 671 年赴印度取經，發現印度已開始使用紙張，比如印度各地普遍於絹、紙上印佛像以隨處供養，印度人還使用廁紙。義淨編寫的《梵語千字文》字典，收錄了梵文的「紙」字。可見，中國的紙至晚在 7 世紀末期已傳到中印度。

至於中國紙何時傳入歐洲，雖然文獻仍不足徵，兩漢時期既然已與大秦（拜占庭東羅馬帝國）建立聯繫，就不能排除當時從中國輸入紙張的可能。歐洲現存最早的紙文書是 1109 年西西里伯爵羅傑一世（Roger I）頒佈一道法令，這已是中國造紙術傳入阿拉伯世界很久之後的事情。

在制度方面，中國自秦漢起就建立起一套文官制度和階層管理體系，西方學者注意到秦漢國家官僚制度發達，與羅馬帝國完全不同。[1] 歐洲近代文明的形成和發展，也吸收了中華文明的因素。中國的科舉制度、司法制度、監察制度、諫議制度，是文官制度的重要組成部分，也成為西方議論、借鑒的重要內容。法國的新君主主義者甚至把中國制度作為「開明專制」的代表，視為社會改革的他山之石。

在許多歐洲觀察家眼裏，中國是一個由西方人稱為哲學家的文人學者階層管理着的井然有序的國家。比如深受在華耶穌會士影響的羅馬教士基爾謝認為，中國是由學者統治的國家，符合神聖哲學

1　塞繆爾・E. 芬納：《統治史》（修訂版）卷一，王震、馬百亮譯，上海：華東師範大學出版社，2014 年，第 503-554 頁。

家的意願。他判斷中國是一個快樂的王國，國王能夠以哲學家的方式思考行事或至少允許哲學家來治理國家並指導國王。曾德昭認為有功名的士大夫和尚未取得功名的學子都屬於貴族，但他們取得貴族身份靠的不是血緣而是學問，這種貴族身份不能世襲，如果後代不學習上進，還會跌入困境。杜赫德也說：「最高爵位僅靠讀書就能獲得，而且人們一般是按照他們的能力獲得相應提升；根據延續四千多年的帝國法律，只有有學問的人才能擔任城市和省份的總督並享受所有的朝廷官職。」他還詳細描述了獲得博士學位者（進士）的待遇，「得到這一學位後他們就擁有了實現舒適生活的尊敬和榮譽。因為（在取得學位後）他們就能在短時期內獲得一官半職；即便是那些還在等待授官的人，返回鄉里，也會受到當地官員的高度尊敬並享受眾多特權，他們的家庭也會免受貧窮。」[1]

在思想文化方面的貢獻可以從兩方面來談。一是中國對外來思想文化的吸收、消化、融匯和創新，創造出不同於其發源地的新文化和新思想。這一點以佛教最為典型。禪宗為代表的中國佛教是對人類文明的貢獻，飛天為代表的佛教衍生文化（繪畫、雕塑、俗講、音樂等），也是人類藝術寶庫中的瑰寶。二是中國思想文化的外傳，促進世界其他文明的進步。據說唐朝時《老子》就已譯介到印度，

1 張國剛：《明清傳教士關於中國政治的理想化描述》，見閻純德主編：《漢學研究》第 9 輯，北京：中華書局，2006 年，第 317-325 頁。

詳細的歷史經緯已經不得而知。但是16 世紀以來，以「四書」為代表的中國經典翻譯介紹到歐洲，則有詳細的歷史記錄。1685 年「四書」的拉丁文譯本在歐洲出版，三年後法文本也正式發行，被稱作「國王的科學」(或許可以翻譯成「王者之道」)。中國出口到歐洲的商品如絲綢、瓷器、壁紙、家具上的圖案，也刺激了藝術家的創作靈感，促進了「洛可可風格」在園林、建築、繪畫等方面的創新。中國的詩歌小説戲劇翻譯成歐洲文字，引起伏爾泰、歌德、席勒等文人雅士的興趣，伏爾泰根據元雜劇《趙氏孤兒》創作了《中國孤兒》，在巴黎等地上演。

特別值得注意的是，在近代歷史上，中國思想深刻影響了啟蒙時代的歐洲思想和政治。

英國17 世紀末葉的「光榮革命」的最大成就之一，是在英國建立了對議會負責的君主立憲制。1689 年《權利法案》規定，不經議會同意，國王無權徵稅、募兵，無權中止法律的效力。1701 年的《王位繼承法案》規定，國王作出的國事決定，只有執政大臣同意並簽署才能生效，而該執政大臣要取得議會的信任，對議會負責。雖然此事在執行上還有曲折，但是，這些法律規定在一種程度上，已經構成了責任內閣制的基本原則，為首相內閣制的形成，創造了條件。[1]

1　克萊頓．羅伯茨、戴維．羅伯茨：《英國史》(上冊)，潘興明等譯，北京：商務印書館，2021 年，第475 頁。

在這樣一種政治氣氛下，18 世紀 30 年代以來，英國在朝的「輝格黨」和在野的「托利黨」（英國保守黨的前身）之間，無論是在議會還是在報章界，鬥爭都異常激烈，中國就在這個時候成為輿論界的明星，頻頻被在野黨用作攻擊輝格黨的武器。

英國是第一個實行現代西方內閣制的國家，正是羅伯特・沃爾波爾（1676—1745）以財政大臣主政的時候，內閣民主制得以成型。因此，沃爾波爾被稱為英國第一任首相。在那個期間，中國因素成為議會黨派之爭中互相攻擊的「他山之石」。

《蜜蜂報》（the Bee）發表文章説，中國在政治和道德方面，超越於一切國家之上，以此迂迴曲折地攻擊「在朝黨」缺乏道德。又説，中國沒有才能和學識的人不可能登上皇位；中國皇帝願意傾聽臣民對卿相的意見，並鼓勵任何人當面申訴，不加限制；中國人的新聞報道必須符合真實情況，弄虛作假的人，會受極刑處置。作者用意很明顯，用中國的範例，諷刺沃爾波爾政府對新聞的嚴格檢查和控制。作者公開説，自己這個「蜜蜂」的尾巴帶刺。

沃爾波爾有一個政治上的反對派切斯菲爾德勛爵，在 18 世紀 30 年代辦了許多小型報刊，以幽默、精巧的小散文來對政治冷嘲熱諷。他寫了一篇關於中國人撓耳朵呵癢的文章，指斥沃爾波爾首相（當時的首相還是俗稱，正式職務是以財政大臣主政）身後一大羣逢迎吹拍之徒。説在中國，撓耳朵是一種微妙的享受，下級官員替中級官員撓耳朵呵癢，中級官員替高級官員撓耳朵呵癢，高級官員和太監又替皇上撓耳朵呵癢，所以中國人的耳朵總是被人撓來撓去，妙不可言啊。接下來就説英國何嘗不是如此！只是呵癢時主要用口吹而非手撓，也有人手口並用，得到回報更加豐厚啊。沃爾波爾為了獲得下院多數議員的支持，利用財政大臣之便收買拉攏議員。1734 年大選，為收買議員和選民，政府掏了 11 萬英鎊。平時政府為討好議員和選民也花費了許多銀子，據説一般多達 5 萬至 10 萬英鎊。為此，沃爾波爾身後自然有一批追隨者，撓耳朵呵癢的文章，是很有針對性的。其實，沃爾波爾爭取下院多數議員的做法，恰恰為責任制內閣的體制建立，打下了慣例性的基礎。

沃爾波爾主政時期，《工匠報》(The Craftsman) 是其最堅定的反對者，而且影響巨大，1731 年發行量達到 13 000 多份，號稱 18 世紀「最成功的政治刊物和大臣官員們的必讀品」。該報曾登載過稱讚中國諫議制度的文章，説臣下向君主提不同意見，沒有任何禁忌，中國人的這種諫議制度應該在英國推行。特別是當國王是個暴君，或者圍繞在國王的身邊都是奸佞小人時，臣下的諫諍非常必要。沃爾波爾長期執政的一個重要條件是，他與英王關係奇好。漢諾威選帝侯兼英王喬治一世，英文都説不好，國事全交給沃爾波爾。喬治二世更願意呆在漢諾威，王后卡洛琳攝政，她對謙恭的沃爾波爾極為滿意。《工匠報》含沙射影地批評沃爾波爾是巴結國王的小人。

1740 年還出現過一本小冊子，叫《一篇非正式的論文，是由讀了杜赫德的〈中國通志〉所引起的，隨時可讀，除了這個 1740 年》，說了中國很多壞話，這一方面表現作者對中國的實際認識程度，另一方面則如上文稱讚中國的人一樣，是借中國來諷刺英國現政權，把英國的消費稅（沃爾波爾強制性刺激國內消費）、言論壟斷（沃爾波爾對於新聞的控制很強）等弊政都算作中國的制度描寫出來。

再以 18 世紀歐洲對於中國文學作品的解讀為例。1735 年出版的《中華帝國全志》中收錄了《趙氏孤兒》和《今古奇觀》中的四篇故事《莊子休鼓盆成大道》《懷私怨狠僕告主》《念親恩孝女藏兒》《呂大郎還金完骨肉》。1761 年出版了《好逑傳》譯本。1785 年出版的《中國概述》中收錄《詩經》中的《小雅・斯干》《邶風・穀風》和《小雅・常棣》的譯文。18 世紀的歐洲人對中國文學的興趣，主要是其中的道德訓誡色彩，與其說是文學作品，不如說是道德手冊，正好被他們用來諷諫歐洲社會道德凋敝的現狀。《趙氏孤兒》和《好逑傳》對歐洲人而言實為孔子道德哲學的具象化，通過這些故事，歐洲人看到也相信孔子的說教貫徹到中國社會之中，更鞏固了他們以為中國人是有道德的民族、中國社會是個值得效法的道德世界的觀念。伏爾泰對這一發現的認識應該很有代表性，他說：「他們具有完備的道德學，它居於各科學問的首位。」他如此器重道德學，在很大程度上是針對歐洲現狀而發。

《中華帝國全志》中收錄的四篇《今古奇觀》故事也同樣給歐洲人不少道德啟示，這四篇故事本來就充滿道德說教，因此《莊子休鼓盆成大道》成為伏爾泰哲理小說《查第格》第二章的創作根據，也被哥德斯密採用到《世界公民》中，這沒什麼奇怪。連《好逑傳》這樣的才子佳人故事都被珀西作為勸善懲惡的工具出版，並在歌德那裏引起強烈的道德共鳴，可見 18 世紀的歐洲人對中國和歐洲的道德要比對文學敏感得多。英文譯者珀西 1761 年，在給郎格維爾夫人的題獻詞裏説：「正當誨淫誨盜的小説故事充斥國內市場的時候，這本來自中國的小説，作為一本講究道德的書，還有勸善懲惡的作用；不然的話，我也不敢請夫人過目了。」注重道德教育的珀西也沒忽視《莊子休鼓盆成大道》，將其作為《好逑傳》附錄。《好逑傳》英譯本刊出後的確很流行，先後被轉譯為法文、德文、荷蘭文，從而引起德國的歌德、席勒等人注意。席勒曾因為譯文拙劣而想寫一個改編本，但未完成。歌德不但當時看了，晚年又細讀一遍，並就小説裏的名教思想發表了有趣談話，認為書中人物在一切方面都比德國人更加明白純潔道德。《好逑傳》之所以成功，原因在於 18 世紀歐洲也流行一種類似中國名教的思想，有人説是清教思想。珀西編譯《好逑傳》除了發揮其道德訓誡作用，還打算通過小説來了解中國的風俗人情，因為他相信一個民族自己創造的東西最能説明該民族的風土人情。然而當珀西着眼於此看待《好逑傳》並為之詳細註釋時，他對中國的評價甚至對《好逑傳》主人公的評價都很低，與他那個時代大多英國人的看法類似。後來歐洲人對中國苛評日多。[1]

1　張國剛：《歐洲的中國觀：一個歷史的巡禮與反思》，《文史哲》2006 年第 1 期。

不難看出，18 世紀的歐洲知識分子很重視社會道德問題，這是社會轉型期的基本問題之一。從前的道德體系是以神學訓導和神權統治為基礎的，當神權遭到鄙視甚至顛覆時，如何建立一套獨立於宗教而又能有效維繫社會秩序的道德體系，這當然是一個縈繞在啟蒙學者心頭的重要問題。社會動盪、戰爭頻仍造成的人心凋敝、風俗頹壞局面使這一問題顯得更加迫切。耶穌會士曾經出於論證中國人心性純潔、適合接受基督教的目的而溢美儒家道德，自 17 世紀就已經讓歐洲人印象深刻，只是此前人們多循着耶穌會士的思路討論儒家道德與基督教道德間的相似性。而 18 世紀人們卻像突然受到點撥一般，發現中國人原來是在一種非宗教性的道德約束下過着幸福安寧的生活，而這正是當前的歐洲所亟需的。中國道德的非宗教性特徵及其實際效果在反映社會生活的文學作品中得到生動展現，比教條式的儒學經典更通俗明白和有感染力，就這樣，有限的幾個中國文學故事被歐洲作家們發掘出無盡的道德價值來。

總之，在對現狀充滿激憤之情而思維格外活躍的 18 世紀歐洲知識分子眼裏，來自中國的消息處處蘊涵觸動靈感的生氣。同時借遙遠的中國談天説地、指摘權貴，表面看來像講故事一樣，也很有規避迫害的現實策略性。站在歐洲的立場上，這當然是妙不可言。但是站在中國的立場來看，中國仍然如 17 世紀一樣，表面上是個熱門認識對象，實際上更是論戰中的熱門工具，只是兩個時代論戰的主題和背景發生了變化。傳遞給歐洲的中國知識並未增加多少，只是人們所具體熱衷的內容和理解它們的視角有所變化。